高职高专智慧物流与供应链岗课赛证系列教材

"基于中高本一体化人才培养模式的课程内容体系构建及新形态教材开发"课题研究成果

物流营销与客户关系

主　编　梁　旭　王海娟

副主编　黄　放　刘美伦

中国财富出版社有限公司

图书在版编目（CIP）数据

物流营销与客户关系 / 梁旭，王海娟主编 . —北京：中国财富出版社有限公司，2024.5

ISBN 978 - 7 - 5047 - 8166 - 6

Ⅰ . ①物… Ⅱ . ①梁…②王… Ⅲ . ①物资市场—市场营销学—高等职业教育—教材②物资企业—企业管理—销售管理—高等职业教育—教材 Ⅳ . ①F252.2

中国国家版本馆 CIP 数据核字（2024）第 101099 号

| 策划编辑 | 徐　妍 | 责任编辑 | 刘　斐　郑泽叶 | 版权编辑 | 李　洋 |
| 责任印制 | 尚立业 | 责任校对 | 杨小静 | 责任发行 | 敬　东 |

出版发行	中国财富出版社有限公司		
社　　址	北京市丰台区南四环西路 188 号 5 区 20 楼	邮政编码	100070
电　　话	010 - 52227588 转 2098（发行部）	010 - 52227588 转 321（总编室）
	010 - 52227566（24 小时读者服务）	010 - 52227588 转 305（质检部）
网　　址	http：∥www.cfpress.com.cn	排　　版	义春秋
经　　销	新华书店	印　　刷	北京九州迅驰传媒文化有限公司
书　　号	ISBN 978 - 7 - 5047 - 8166 - 6/F · 3669		
开　　本	787mm×1092mm　1/16	版　　次	2024 年 7 月第 1 版
印　　张	17.25	印　　次	2024 年 7 月第 1 次印刷
字　　数	388 千字	定　　价	59.80 元

物流是实体经济的"筋络"。现代物流在构建现代流通体系、促进形成强大国内市场、推动高质量发展、建设现代化经济体系中发挥着先导性、基础性、战略性作用。随着物流市场竞争的日益激烈，加强营销意识与提升客户关系管理水平已成为现代物流企业亟待解决的重要课题。党的二十大报告指出："培养什么人、怎样培养人、为谁培养人是教育的根本问题。育人的根本在于立德。"为更好地满足现代物流企业的人才需求，培养社会急需的物流营销与客户关系管理的复合型人才，特编写本书。

2024 年 4 月 16 日，由中国财富出版社有限公司参与申报的课题"基于中高本一体化人才培养模式的课程内容体系构建及新形态教材开发"，经中国物流学会、教育部高等学校物流管理与工程类专业教学指导委员会、全国物流职业教育教学指导委员会组织的专家评审，并进行综合评议，立项通过。为深入推进课题研究，在编写本书的过程中，编者与课题组成员进行对接，就如何进行中高本衔接，确保学生在不同阶段的学习中能够顺利过渡，减少知识断层和重复学习的情况，实现教育的连贯性和整体性进行了深入的探讨，并以新形态教材的出版形成课题研究成果。本书紧扣高等职业学校现代物流管理专业教学标准，全面落实国家对"岗课赛证"综合育人的政策要求，围绕物流营销与客户关系管理岗位群，对标专业教学标准，对接物流管理职业技能等级标准，结合职业院校技能大赛财经商贸大类赛项要求，以任务驱动的形式介绍物流营销与客户关系的基本知识，精心设计教学活动。每个项目均设置了知识目标、能力目标、素质目标、知识图谱、岗位分析和项目导读栏目，帮助读者把握要点及整体框架。每个任务均设置了任务描述、知识链接、任务执行、任务评价和牛刀小试栏目，实现教、学、做、练一体化。

本书由梁旭、王海娟任主编，梁旭负责统稿，黄放、刘美伦任副主编。具体编写分工如下：梁旭编写项目一和项目七，黄放编写项目二和项目五，温妙红编写项目三，王海娟编写项目四，刘美伦编写项目六。

在编写过程中，我们参考借鉴了同行专家的有关著作，在此表示衷心感谢。由于编者水平有限，书中可能存在疏漏和不妥之处，恳请各位读者批评指正。

编　者

目录
CONTENTS

01
PROJ

项目一

走进物流营销

◎**知识目标**

- 掌握市场、市场营销和物流营销的概念。
- 理解市场营销的观念。
- 理解服务的特征、服务营销的概念及其职能。
- 掌握物流营销的特征、核心理念。
- 了解物流营销的主要内容。

※**能力目标**

- 能够区分六种主要的市场营销观念。
- 能够通过文献检索与网络查询等方式收集资料,并分析物流企业营销情况。
- 能够区分物流市场营销与一般市场营销的差异。

❀**素质目标**

- 培养学生树立社会市场营销观念。
- 引导学生树立正确的世界观、人生观和价值观。

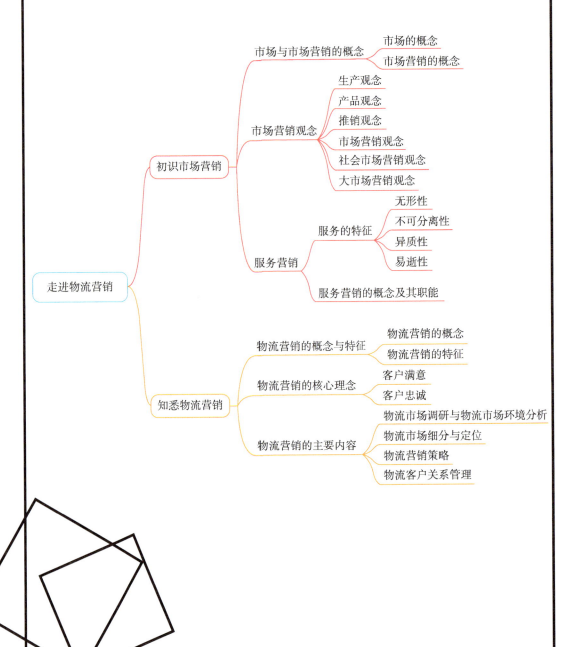

走进物流营销

初识市场营销
- 市场与市场营销的概念
  - 市场的概念
  - 市场营销的概念
- 市场营销观念
  - 生产观念
  - 产品观念
  - 推销观念
  - 市场营销观念
  - 社会市场营销观念
  - 大市场营销观念
- 服务营销
  - 服务的特征
    - 无形性
    - 不可分离性
    - 异质性
    - 易逝性
  - 服务营销的概念及其职能

知悉物流营销
- 物流营销的概念与特征
  - 物流营销的概念
  - 物流营销的特征
- 物流营销的核心理念
  - 客户满意
  - 客户忠诚
- 物流营销的主要内容
  - 物流市场调研与物流市场环境分析
  - 物流市场细分与定位
  - 物流营销策略
  - 物流客户关系管理

 **岗位分析**

岗位1：物流营销专员

- **岗位职责**：深入学习物流营销管理技能；具备出色的市场分析能力；具备全面的营销知识和技能；服从上级领导的指示，及时总结与汇报工作。
- **典型工作任务**：物流市场分析、物流市场开发。
- **职业素质**：营销意识、服务意识、学习意识。
- **职业能力**：能够敏锐地洞察市场机会，挖掘市场潜力。
- **可持续发展能力**：持续学习能力；敏锐的市场洞察能力。

岗位2：物流销售代表

- **岗位职责**：开发客户资源，寻找潜在客户，完成销售目标；签订销售合同，协调签约相关环节中可能产生的问题；解决客户提出的投诉；对接运营与客服部门进行业务交接。
- **典型工作任务**：物流市场开发、销售合同管理、客户关系管理。
- **职业素质**：市场意识、服务意识、团队意识、协作意识。
- **职业能力**：具备较强的销售技巧、销售经验、市场营销经验及渠道拓展经验，具有较强的沟通能力，组织协调能力和团队管理能力。
- **可持续发展能力**：具有较强的事业心及一定的抗压能力。

 项目导读

国家《"十四五"现代物流发展规划》提出，现代物流一头连着生产，一头连着消费，高度集成并融合运输、仓储、分拨、配送、信息等服务功能，是延伸产业链、提升价值链、打造供应链的重要支撑，在构建现代流通体系、促进形成强大国内市场、推动高质量发展、建设现代化经济体系中发挥着先导性、基础性、战略性作用。

2023年，我国全年社会物流总额为352.4万亿元，按可比价格计算，同比增长5.2%；物流业总收入为13.2万亿元，同比增长3.9%。世界银行发布的《2023年全球物流绩效指数报告》中，我国物流绩效综合排名由2018年的26位升至20位，保持了稳步上升的趋势。我国物流业务活动活跃，有力推动供应链循环畅通、经济上量提质。随着物流产业的蓬勃发展，市场竞争愈加激烈，树立现代营销理念、维护客户利益是物流企业可持续发展的重要基石之一，物流营销自然受到物流企业的高度关注。

物流营销是指物流企业以市场需求为核心，通过整体营销策略提供物流服务，满足市场需求，从而实现其经营目标的活动过程。物流营销是市场营销学的一个新兴分支，是市场营销理论在物流领域的应用与延伸。市场营销的观念演变有助于指引物流营销的健康快速发展。不同于实体产品，物流具有服务的无形性、不可分离性、异质性和易逝性四个特征，物流营销也不同于普通产品的营销，这为物流企业的营销活动带来了一定的挑战。如何与客户密切互动，设计符合其需求的个性化物流服务方案，如何开发具有异质性的物流服务质量评价标准，如何为提供无形服务的物流企业塑造物流服务品牌，如何提升物流企业客户的满意度等一系列问题都是物流营销的学习内容。

在本项目中，你将学习到市场营销与物流营销的基本知识，当然需要发挥团队的力量由你和你的同学完成一些具有挑战的任务，通过协作式的学习，你将获得更加丰富的知识，对物流营销的认识也会更加深入。

任务一　初识市场营销

市场营销学的
发展历程

 **任务描述**

任务 1：学生以项目组为单位，通过上网搜索或查阅图书等方式结合学习内容比较各种营销观念，并填写表 1–1。

任务 2：根据查找的资料归纳总结市场营销的内容框架，并绘制以市场营销为主题的思维导图。

任务 3：每个项目组需要将收集的资料加工整理制作成汇报课件，并推选代表做分享汇报。

知识链接

✤ 知识点 1：市场与市场营销的概念

1. 市场的概念

从不同的角度看，"市场"有不同的内涵。从地理的角度看，可把市场理解为特定的空间，即买方、卖方、商品聚集和交换的特定空间，如超级市场、专卖店等。这是狭义的市场概念。从社会整体的角度看，市场是商品交换关系的总和。市场是建立各种经济关系的桥梁和纽带。从卖方的角度看，市场是某种商品的现实消费者和潜在消费者需求的总和，研究的是以满足消费者需求为中心的企业营销活动。市场由三个要素构成，即人口、购买力和购买欲望，用公式可以表示为：市场＝人口+购买力+购买欲望。本书所称的"市场"均是指这一概念。

2. 市场营销的概念

市场营销是指通过创造和交换产品及其价值，满足个人或群体需求的社会和管理过程。市场营销的主要行为是交换，交换是市场营销的核心。市场营销的主要对象是产品或服务。市场营销的最终目的是满足消费者的需求。市场营销是一个积极主动的过程，营销目的的实现，取决于营销者创造的产品对消费者需求的满足程度以及营销者对交换过程的管理水平。市场营销有助于将产品更快速地推向市场，增加产品的价值，提升企业及其产品的知名度，还可以创造一定的社会价值。市场营销简化系统如图 1–1 所示。

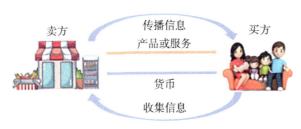

图 1-1　市场营销简化系统

✤ **知识点 2：市场营销观念**

市场营销观念是指企业在营销活动中，处理企业、消费者、社会和自然之间关系所遵循的指导思想和行为准则。营销观念是企业营销活动的指南，也被称为企业之"魂"。市场营销的主要观念可归纳为生产观念、产品观念、推销观念、市场营销观念、社会市场营销观念及大市场营销观念六种。

1. 生产观念

生产观念产生于 19 世纪末 20 世纪初，其基本特征是以产定销，即企业生产什么就卖什么，生产多少就卖多少。生产观念认为，企业应致力于扩大生产、降低成本以扩展市场。生产观念是一种重生产、轻营销的商业哲学。生产观念是在卖方市场条件下产生的。在资本主义工业化初期以及第二次世界大战末期和战后一段时期内，因物资短缺，市场产品供不应求，生产观念在企业经营管理中颇为流行。

2. 产品观念

产品观念产生于 20 世纪 20 年代末。产品观念认为，消费者喜欢质量可靠、价格合理的产品，企业应致力于提高产品质量，生产物美价廉的产品，这样自然会有销路，无须推销。该观念产生于产品供不应求的卖方市场条件下。这种观念易导致企业把注意力只放在产品上，忽视市场需求的变化，以致在营销管理中缺乏远见，产生"营销近视症"，使企业失去竞争力。

3. 推销观念

推销观念盛行于 20 世纪 30 年代到 50 年代初。20 世纪 30 年代以来，买方市场在西方国家逐渐形成。该观念仍以生产为中心，同时注重推销的作用。推销观念认为，消费者不会自觉地购买产品，企业必须积极推销和大力促销，以诱导消费者购买产品，即我卖什么就设法让人们买什么。在推销观念的指导下，企业致力于产品的推广和广告活动，以说服消费者购买。

4. 市场营销观念

市场营销观念以满足客户需求为出发点，即客户需要什么就生产什么。该观念的核心原则在 20 世纪 50 年代中期基本形成。该观念产生于供过于求的买方市场条件下。市场营销观念认为，实现企业各项目标的关键在于准确识别目标市场的需要，并且比竞争者更有效地生产与送达目标市场所期望的产品，进而比竞争者更有效地满足目标市场的需要。市场营销观念的出现使企业经营观念发生了根本性变化，也使市场营销学发生了一次革命。

5. 社会市场营销观念

社会市场营销观念产生于20世纪70年代，是在发达国家能源短缺、经济滞胀、环境污染严重、消费者保护运动盛行的背景下形成的。社会市场营销观念认为，企业应以维护和实现全社会的利益为最高目标，企业的生产经营不仅要满足消费者的需求，而且要有利于实现社会的整体利益和长远利益。社会市场营销观念要求企业在制定市场营销政策时，要统筹兼顾企业、消费者和社会三方的利益。

6. 大市场营销观念

大市场营销观念于20世纪80年代中期提出。该观念是在贸易保护主义盛行的背景下形成的，即便企业产品适销、价格合理，营销渠道和促销策略都适当，企业也未必能够进入特定的市场。大市场营销观念认为，企业为了打破各种贸易壁垒，成功进入特定市场或者在特定市场经营，应合理运用政治权力和公共关系等手段，以赢得参与者的支持和合作。市场营销观念的演变如图1-2所示。

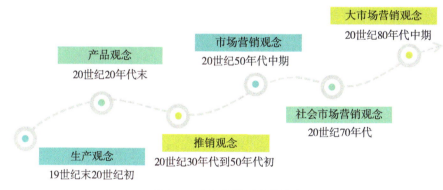

图1-2　市场营销观念的演变

✤ 知识点 3：服务营销

1. 服务的特征

（1）无形性

服务的无形性是指服务不能像实体商品那样被看到或触摸到。无形性是服务的基本特性，但服务也包含有形的实体元素，只是与有形商品相比服务包含更多的无形元素，如服务的态度、技能、标准、流程等。因此服务的无形性是相对的。

（2）不可分离性

服务的不可分离性是指服务产品出售后生产和消费同时进行。服务不能与其提供者分离，由于服务生产时消费者必须在现场，因此服务提供者与消费者之间的互动是服务的独有特性。服务提供者与消费者都会影响服务的质量。

（3）异质性

服务的异质性是指服务质量存在着一定的差异性。服务质量取决于何人、何时、何地、如何提供。异质性主要是由员工与客户之间的相互作用及与之相关的其他因素造成的。由于服务是由人创造并提供的，很难实现服务质量的一致性，因此，异质性是服务生产过程中固有的特性。

（4）易逝性

服务的易逝性是指服务难以被储存、转售或者退回。服务不能被积攒起来，当天没有出售的服务以后可能就不再存在了，没有使用的服务能力也无法留到以后再使用。服务的特征如图1-3所示。

图1-3　服务的特征

2. 服务营销的概念及其职能

服务营销是提供和交换服务以获得企业和客户所需所想的一种管理过程。服务营销的目标是建立、保持并加强客户关系，其对象是服务，基石是服务质量。服务营销的核心是整合生产与消费过程。因此，服务营销的职能包括两种。一是传统营销的职能，这种职能是传统的外部营销职能，由专职的营销人员负责市场研究及制定营销组合；二是互动营销的职能，这种职能与买卖双方的互动有关，由兼职营销人员执行。互动营销的职能是帮助企业识别各种有形资源，如员工、客户、服务场景等，并将这些有形资源与顾客结合起来，引导企业从客户的角度考虑服务过程，实现服务的传递，并创造重复销售、交叉销售，以及建立持久的客户关系。

任务执行

步骤1：比较各种市场营销观念

请以项目组为单位，通过上网搜索或查阅图书等方式，结合学习内容比较各种营销观念，并将比较结果填入表1-1。

表 1-1 六大市场营销观念的比较

序号	营销观念	产生时间	产生的背景条件	核心观点
1	生产观念			
2	产品观念			
3	推销观念			
4	市场营销观念			
5	社会市场营销观念			
6	大市场营销观念			

步骤2：绘制以市场营销为主题的思维导图

请以项目组为单位，根据查找的资料归纳总结市场营销的内容框架，并绘制以市场营销为主题的思维导图。思维导图参考如图1-4所示。

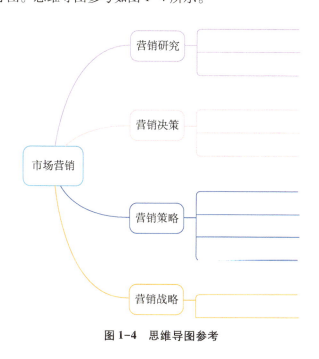

图 1-4 思维导图参考

步骤3：各项目组制作汇报课件并推选代表上台分享

 任务评价

完成上述任务后，教师组织三方进行评价，并对学生的任务执行情况进行点评。学生完成表1-2的填写。

9

表1-2   考核评价表

班级		团队名称			学生姓名	
团队成员						
考核项目		分值（分）	要求	学生自评（30%）	团队互评（30%）	教师评定（40%）
知识能力	营销观念区分准确	30	区分准确			
	思维导图内容分类正确	20	条理清楚			
	思维导图内容丰富	20	内容丰富			
职业素养	文明礼仪	10	举止端庄、使用文明用语			
	团队协作	10	相互协作、互帮互助			
	工作态度	10	严谨认真			
成绩评定		100				

一、单项选择题

1. 被称为企业之"魂"的是（   ）。

A. 营销策略   B. 营销观念   C. 营销策划   D. 服务营销

2. 应合理运用政治权力和公共关系等手段的市场营销观念是（   ）。

A. 产品观念   B. 推销观念

C. 大市场营销观念   D. 社会市场营销观念

3. 服务营销的核心是（   ）。

A. 质量   B. 服务

C. 加强客户关系   D. 整合生产与消费过程

二、多项选择题

1. 构成市场的要素有（   ）。

A. 产品   B. 人口   C. 购买力   D. 购买欲望

2. 服务的特点包括（   ）。

A. 无形性   B. 异质性   C. 易逝性   D. 可分离性

3. 服务营销的职能包括（   ）。

A. 传统营销   B. 关系营销   C. 互动营销   D. 创新营销

三、判断题

1. 广义的市场是指买方、卖方、商品聚集和交换的特定空间。（　　）

2. 市场营销的核心是交换。（　　）

3. 市场营销观念的出现使企业经营观念发生了根本性变化。（　　）

4. 因为服务不含实体元素，因此具有无形性。（　　）

5. 服务营销必须由专职营销人员执行。（　　）

四、案例分析题

顺丰的体育营销

中国体育产业高速发展以及体育消费规模呈指数级提升的一个显著标志就是马拉松赛事的急速增加。广大运动和健身爱好者掀起的"跑马热"，让很多企业看到了营销良机。早在 2016 年，顺丰速运（以下简称"顺丰"）就赞助了深圳龙岗音乐半程马拉松，为赛事提供全程物流保障服务。

随着国内各种路跑和户外赛事数量激增，顺丰也逐步强化了自己在相关赛事上的品牌存在感。北京鸟巢半程马拉松、北京通州运河半程马拉松、宁夏黄河金岸（吴忠）国际马拉松、汕头国际马拉松、杭州马拉松等众多知名赛事都进入了顺丰的营销矩阵。城市路跑以及户外赛事具有参赛人数多、物资需求量大、赛场维护要求高等特点，快递物流企业能够为赛事的成功举办提供物资配送、物资回收以及志愿者服务等多维度的支持，制定专业的行业解决方案，彰显品牌的高效化、系统化、可靠性。此外，顺丰通过服务提升赛跑者体验，也无形中加强了与消费者的情感联系。

根据以上资料回答问题：

（1）顺丰为什么为体育赛事提供全程的物流保障服务？

（2）顺丰在体育营销过程中，体现了何种市场营销观念，是如何体现的？

五、技能训练题

登录一家物流企业的官方网站，简要分析该企业是如何进行市场营销的，体现了何种市场营销观念。

任务二　知悉物流营销

物流营销与市场营销的关系

 **任务描述**

任务 1：学生以项目组为单位，扫描右侧二维码阅读材料，并通过上网搜索或查阅图书等方式，结合学习内容，比较物流营销与市场营销，找出两者的联系与区别。

任务 2：列出行业物流的代表性企业，并查阅资料分析其市场定位。

任务 3：每个项目组需要将收集的资料加工整理制作成汇报课件，并推选代表做分享汇报。

知识链接

❖ **知识点 1：物流营销的概念与特征**

1. 物流营销的概念

随着物流业的蓬勃发展，物流营销也以多样化的形式活跃在物流领域。与工业企业一样，物流企业也必须做好市场营销，才能达成企业的发展目标。所谓物流营销是指物流企业以物流市场需要为出发点，通过采取整体营销行为提供物流服务，满足市场需求，从而实现物流企业经营目标的过程。

物流营销的核心是满足客户对物流服务的需求。因此，物流企业必须充分了解客户的需求，向客户提供其需要的物流服务产品。客户对物流服务产品的需要不是物流服务产品本身，而是物流服务产品能够给客户带来的服务效用。物流营销手段是一系列整合的营销策略。物流营销不能仅靠某一项营销策略与措施，而应把物流企业各部门及营销组合各因素进行整合，采取综合的物流市场营销策略与措施，是一种整体营销行为。物流市场营销的目的是达成交易，实现物流企业的预期目标。

2. 物流营销的特征

物流营销既有一般市场营销的共性，又有其突出的特性。物流企业的营销活动通常由市场调研与分析、选择目标市场、确定营销组合、选择营销策略和营销渠道、管理客户关系等组成。物流营销活动为物流企业和其业务合作伙伴建立了一种"供应链"关系，使物流企业的行为与整个供应链中相关方的需求保持一致。与一般的工商企业相比，物流企业营销具有以下特征。

（1）物流企业营销的产品是服务

对于物流企业来说，它提供的产品不是简单的运输、仓储、装卸等环节的空间组合，而是一个系统化的全过程服务，是一个贯穿在服务产品中的整个时间和空间的增值过程服务。它的无形性使客户难以通过触摸予以评价，而与客户的感受有很大关系。物流企业需要通过场所气氛、人员素质、价格水平、设备的先进程度和强大的供应链整合能力等反映服务能力的信息让客户评价物流服务的质量。因此，物流营销是一种服务营销。

（2）物流服务的质量由客户的感受决定

由于物流企业提供产品的特殊性，它所提供服务的质量与客户的感受有很大关系，由客户接受服务以后的感受决定。物流企业可通过企业规模、服务人员素质、价格水平、供应链整合能力、先进的设备及信息管理等方面反映自己的服务能力，让客户感受到本企业服务的水平，从而影响客户对物流企业服务质量的评价。

（3）物流营销的对象广泛

由于供应链的全球化，物流活动变得愈加复杂，各工商企业为了让资源集中于自己的核心业务，常常将其他非核心业务外包。急剧上升的物流外包业务为物流企业提供了广阔的市场和大量的服务对象，已经涉及各行各业。不同行业的市场差异度很大，面对这样差异之大、个性之强的市场，物流企业在开展营销工作时，必须根据目标市场客户企业的特点为其量身定制，建立一套高效合理的物流解决方案。

❖ 知识点 2：物流营销的核心理念

物流营销的核心理念是客户满意和客户忠诚。一般情况下，客户满意度越高，对企业的忠诚度也就越高。物流企业通过取得客户的满意和忠诚实现营销绩效的提高和企业的长期成长。

1. 客户满意

客户满意是客户需求被满足后的愉悦感，是客户对企业和企业员工提供的产品或服务的直接综合性评价，是客户对企业产品和服务的认可。不断提高客户满意度是客户信任的基础。对于物流企业来说，一方面，要尽量使客户满意，因为这些满意度高的客户会给企业带来好的口碑；另一方面，还要尽量避免服务过程中的失误，以免在客户心中造成不良影响，因为对企业物流服务不满意的客户将带来不好的口碑。所以，企业的一切活动都要以满足客户需求为出发点，通过优于竞争对手的服务使客户满意，提高客户对企业的忠诚度。

2. 客户忠诚

客户忠诚是指在客户对某个产品或服务的满足感不断增加的基础上，重复选择该产品或服务以及向他人热心推荐该产品或服务的一种表现。极高的客户满意度是实现顾客忠诚的一个重要前提条件。忠诚客户常常会重复购买企业的服务，对价格并不十分敏感。客户忠诚能给企业带来业务收入的增加。因此，物流企业的工作重点不仅是追求市场规模，还要重视服务质量，培养并保持自己的忠诚客户，以获取稳定的收入和利润。

❖ 知识点 3：物流营销的主要内容

物流营销主要包括物流市场调研与物流环境分析、物流市场细分与定位、物流营销策略、物流客户关系管理。

1. 物流市场调研与物流市场环境分析

物流营销环境是一个层次多样的环境，这些环境既包括了宏观的政治环境、法律环境、社会文化环境、经济技术环境，也包括了企业内部各部门、金融服务机构以及其他营销中介等微观环境。物流营销总是受到各种环境因素的影响，环境的变化会直接影响物流营销格局的变化、竞争优势的变化，研究环境就是为了使物流企业更好地适应环境的变化。物流企业要想真正在目标市场上进行有效的服务，就要做好市场调研，准确掌握市场需求状况和客户多样化的需求，并对竞争对手进行深入细致的分析。

2. 物流市场细分与定位

从物流营销的角度看，市场表现为需求的总和，客户众多，客户的地域、行业分布十分广泛，客户需求千差万别。物流营销面对的范围很广，无论实力多么雄厚的物流企业都不可能承接所有的业务，不可能满足差异化的市场需求，所以必须进行市场细分。根据自身的条件确定目标市场，做好精准的市场定位，提供有效的服务，这是物流营销战略的重要内容和基本出发点。例如，物流企业可以将市场划分为农产品类、纺织类、医药类等多个子行业，选取其中某类作为目标市场，集中人力、财力、物力做好物流营销服务，常见的行业物流如图1-5所示。

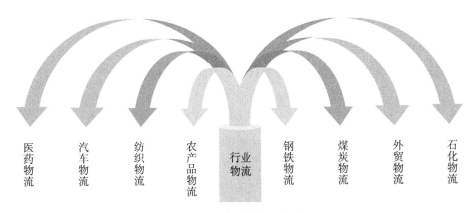

图1-5 常见的行业物流

3. 物流营销策略

在进行营销活动时要把物流市场看作一个整体，物流企业要根据市场变化，将产品策略、渠道策略、促销策略、服务策略等进行有机组合，为客户提供满意的服务。

物流营销组合，也处在不断完善和发展的过程中，与有形产品和其他服务产品的营销不同，物流营销具有其自身的特点。物流营销策略组合在传统的"4P"基础上增加围绕客户的"4C"。"4P"指的是产品（Product）、价格（Price）、渠道（Place）、促销（Promotion）；"4C"指的是客户需求（Consumer's needs）、客户愿意支付的成本（Cost）、购买的便利性（Convenience）、双向的沟通和交流（Communication）。"4C"营销组合是在"4P"营销组合的基础上发展起来的，即从"产品"转变到"客户"、从"价格"转变到"成本"、从"渠道"转变到"方便"、从"促销"转变到"沟通"，"4C"营销组合是"4P"营销组合的升华。

4. 物流客户关系管理

客户关系管理是物流营销活动的核心工作，是衡量物流营销系统为客户服务的尺度，直接影响企业的市场份额和物流总成本，因此，在物流企业的运作中，客户关系管理是至关重要的环节，其主要内容有物流客户开发与物流客户关系维护。

任务执行

步骤1：比较物流营销与市场营销，找出两者的联系与区别

请以项目组为单位，通过上网搜索或查阅图书等方式，结合学习内容总结物流营销与市场营销的联系与区别。

> 联系：
>
>
>
> 区别：

步骤2：列出行业物流的代表性企业，简要分析其市场定位

请以项目组为单位，填写行业物流代表性企业及其市场定位，参考表1-3。

表 1-3 　　　　　　　　　　行业物流代表性企业及其市场定位

序号	行业	代表性企业	企业市场定位
1	汽车物流	上汽安吉物流	互联网+汽车物流模式的推动者
2			
3			

步骤3：各项目组制作汇报课件并推选代表上台分享

任务评价

完成上述任务后，教师组织三方进行评价，并对学生的任务执行情况进行点评。学生完成表1-4的填写。

表1-4　　　　　　　　　　考核评价表

班级		团队名称			学生姓名	
团队成员						
考核项目		分值（分）	要求	学生自评（30%）	团队互评（30%）	教师评定（40%）
知识能力	物流营销与市场营销比较	30	比较正确			
	行业物流代表性企业列举	20	列举准确			
	行业物流代表性企业市场定位	20	清晰且有依据			
职业素养	文明礼仪	10	举止端庄、使用文明用语			
	团队协作	10	相互协作、互帮互助			
	工作态度	10	严谨认真			
成绩评定		100				

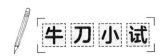

一、单项选择题

1. 物流营销的核心是（　　　　）。

A. 提高物流业务量　　　　　　　　B. 满足客户对物流服务的供给

C. 提高物流业务收入　　　　　　　D. 满足客户对物流服务的需求

2. 实现客户忠诚的重要前提条件是（　　　　）。

A. 极强的竞争优势　　　　　　　　B. 极快的市场反应

C. 极高的客户满意度　　　　　　　D. 极可观的企业利润

3. 物流营销活动的核心工作是（　　　　）。

A. 客户关系管理　　　　　　　　　B. 产品设计与研发

C. 物流服务促销　　　　　　　　　D. 物流市场调研

二、多项选择题

1. 物流营销的核心理念有（　　　　）。

A. 客户满意　　　　B. 产品至上　　　　C. 客户忠诚　　　　D. 利润至上

2. "4P"营销组合策略包括（　　　　）。

A. 价格　　　　　　B. 产品　　　　　　C. 促销　　　　　　D. 渠道

3. 属于"4C"营销组合策略的有（　　　　）

A. 客户需要　　　　B. 成本　　　　　　C. 产品　　　　　　D. 沟通

三、判断题

1. 物流企业营销的对象主要是服务而不是产品。（　　　　）

2. "4P"营销组合是"4C"营销组合的升华。（　　　　）

3. 物流企业客户关系管理包括物流客户开发与物流客户关系维护。（　　　　）

四、案例分析题

中国邮政 EMS "神操作"，"双 11"邮件当天到

2022 年，中国邮政 EMS "极速前进"项目的全国首单于 10 月 31 日产生，从付完尾款到投递完成，仅用时 13 分钟。"极速前进"模式即邮政 EMS 为新零售行业提供的"极速前进"解决方案，包括"预售出库、前置暂存、极速投递"3 个阶段，是利用平台在"双 11"期间的预售机制，将支付定金的预售订单提前包装、提前出库的配送模式。10 月 31 日 20 点前，预售订单全部到达各快递网点进行暂存，接到客户支付尾款信息后直接从末端网点进行派件，不仅缩短了"双 11"期间消费者等待的时间，同时可缓解仓储和快递的操作压力。2022 年是中国邮政 EMS "极速前进"项目推行的第 4 年，其服务模式已经在全国推广。该模式已成功拓展耐克、巧厨商贸、当当网省内配送项目，实现有效益的规模化发展。

根据以上资料回答问题。

（1）中国邮政 EMS 为什么推行"极速前进"项目？

（2）中国邮政 EMS 营销过程如何体现物流营销核心观念？

五、技能训练题

选定一家物流企业，收集其有关资料，结合本任务的学习内容，简要分析该企业是如何进行物流营销的。

02

PROJ

项目二
物流市场调研
与分析

◎**知识目标**

● 掌握物流市场的概念、特征、功能、类型。

● 了解物流市场与传统产品市场的区别。

● 理解物流市场调研的概念、作用和内容。

● 熟悉物流市场调研的步骤与方法。

● 理解物流市场预测的概念和内容。

● 熟悉物流市场预测的步骤与方法。

● 了解物流市场环境的概念、特点和分析方法。

※**能力目标**

● 能够通过多种方式收集物流市场预测的相关资料。

● 能够选择恰当的物流市场分析与预测方法。

● 能够进行物流市场数据分析和文案撰写。

● 提升学生的团队合作能力和竞争能力。

※**素质目标**

● 通过物流市场营销调研培养实事求是的精神，坚持一切从
实际出发研究和解决问题。

● 通过物流市场营销预测，以超前的眼光、开阔的视野看待
问题。

- 物流市场调研与分析
  - 了解物流市场
    - 物流市场的概念
    - 物流市场的特征
      - 竞争激烈
      - 需求波动性
      - 信息化程度高
      - 服务多样性
      - 全球化趋势
      - 环境保护和可持续发展
    - 物流市场的功能
      - 资源配置
      - 实现规模经济和集约经济
      - 提高物流效率
      - 降低物流成本
      - 支持物流金融服务
    - 物流市场的类型
      - 按市场功能进行划分
      - 按运输方式进行划分
      - 按服务类型划分
      - 按覆盖范围划分
      - 按业务领域划分
      - 按市场结构划分
    - 物流市场与传统产品市场的区别
      - 产品定位
      - 服务对象
      - 交易方式
      - 市场结构
      - 市场关系
  - 调研物流市场
    - 物流市场调研的概念
    - 物流市场调研的作用
    - 物流市场调研的内容
      - 物流市场需求调研
      - 营销环境调研
      - 物流服务和价格调研
      - 物流流量和流向调研
      - 竞争者调研
    - 物流市场调研的步骤
    - 物流市场调研的方法
      - 询问法
      - 观察法
      - 实验法
      - 文案调查法
    - 问卷调查技术
    - 物流市场预测
      - 物流市场预测的概念
      - 物流市场预测的作用
      - 物流市场预测的内容
      - 物流市场预测的步骤
      - 物流市场预测的方法
  - 分析物流市场环境
    - 物流市场环境的概念和特点
      - 物流市场环境的概念
      - 物流市场环境的特点
        - 客观性
        - 变化性和相对稳定性
        - 相互关联性和相对分离性
        - 动态性和企业的能动性
    - 物流市场环境分析方法
      - SWOT分析法
      - PEST分析法
      - 五力分析模型

 **岗位分析**

岗位1：物流市场调研员

- **岗位职责**：负责收集、整理和分析物流市场数据，撰写市场调研报告，为公司决策提供支持。
- **典型工作任务**：制订调研计划，收集市场数据，分析行业趋势，撰写报告并提出建议。
- **职业素质**：熟练运用数据分析工具，具备较强的逻辑推理能力，能够撰写物流市场分析报告。
- **职业能力**：良好的数据分析能力、沟通能力和逻辑思维能力，对物流行业有一定了解。
- **可持续发展能力**：关注市场变化，持续学习和更新市场知识，适应新技术和新趋势，为公司提供可持续的发展建议。

岗位2：物流数据分析师

- **岗位职责**：负责收集、清洗、分析大量物流数据，揭示数据背后的规律和趋势，为公司决策提供数据支持。
- **典型工作任务**：建立数据模型，分析数据，制定数据可视化报告，与团队合作优化物流流程。
- **职业素质**：熟练运用数据分析工具，有较强的数学和统计学基础，对物流业务有一定了解。
- **职业能力**：具备数据清洗和分析能力，能够发现数据之间的关联，并提出改进建议。
- **可持续发展能力**：持续学习数据分析新技术和新方法，不断提升自身能力，为公司数据驱动决策提供支持。

岗位3：物流市场策略规划师

- **岗位职责**：制定物流市场策略规划，分析市场趋势和竞争对手情况，提出有效的市场推广方案。参与公司战略规划和决策，为公司的发展方向提供建议。监测市场环境变化，及时调整市场策略。
- **典型工作任务**：进行市场调研和分析，参与制定公司的市场定位和产品定位策略，分析竞争对手的市场策略并提出应对措施，协助制定销售目标和预算并监控执行情况。
- **职业素质**：熟练运用数据分析工具，具有良好的市场分析能力和判断力，能敏锐捕捉物流市场动态并及时做出调整。
- **职业能力**：具有市场分析与预测能力，策略规划与项目管理能力。
- **可持续发展能力**：持续学习和更新市场知识，能够与时俱进，适应市场变化，发展自身的领导力和管理能力，建立良好的行业人脉和关系网。

岗位4：物流市场经理

• **岗位职责**：制定和实施物流营销策略。管理市场团队，确保销售目标的达成。监控市场销售情况，分析市场需求和竞争态势。与客户沟通，维护和拓展客户关系。

• **典型工作任务**：确定物流营销目标和策略，制订销售计划。管理市场团队的日常工作，指导和培训团队成员。分析市场数据，调整销售策略和方案。参与重要客户谈判，促成合作机会。

• **职业素质**：能够进行物流产品销售与市场推广，具有数据分析与决策及团队管理与协调能力，良好的客户关系管理能力。

• **职业能力**：具有出色的销售和谈判能力，良好的团队管理和领导能力，良好的沟通技巧和客户服务意识，以及敏锐的市场洞察力和分析能力。

• **可持续发展能力**：持续掌握市场动态和发展趋势，不断提升自身的销售和管理技能，发展个人品牌和影响力，建立广泛的行业人脉和资源网络。

 项目导读

在当今全球化的经济环境中，物流行业作为支撑经济发展的重要基石，其地位日益凸显。物流市场调研与分析，作为研究物流市场现象、揭示物流市场规律的重要手段，对于物流企业及整个行业的发展具有重要意义。

物流市场调研与分析是一门涵盖广泛、深入细致的综合性学科，致力于探究物流市场的运行规律、发展趋势以及不断变化的市场需求。这门学科不仅聚焦于物流市场的表面现象，更深入挖掘其背后的深层逻辑和内在机制。在物流市场调研与分析的广阔领域中，市场需求、竞争格局、政策法规、技术发展等多个方面都是其不可或缺的研究内容。通过系统地调查和研究物流市场的各个方面，我们能够深入了解市场的真实状况，洞察客户的真实需求、期望和偏好。更为重要的是，物流市场调研与分析不仅停留在对现状的描绘和解释上，它更关注市场未来的发展趋势和潜在机遇。通过对物流市场的深入分析，我们能够及时把握市场的动态变化，预测未来的竞争格局，从而为企业制定科学、合理的市场战略提供有力支持。此外，物流市场调研与分析还能帮助企业优化资源配置，提高市场竞争力。通过对市场需求的深入了解，企业能够更准确地把握市场的脉搏，合理配置资源，提高物流服务的效率和质量，从而在激烈的市场竞争中脱颖而出。

在本项目中，你将学习到物流市场调研与分析的基本知识，在学习过程中，你还需要通过实践操作加深对理论知识的理解和应用。通过组建学习小组或团队，共同探讨物流市场调研与分析的相关问题，勇于尝试新的方法和工具，分享学习心得和实践经验，不断培养自己的创新意识和思维能力，提升你对物流市场调研与分析的认识，为未来的职业发展积累宝贵财富。

任务一 了解物流市场

中国物流市场
规模及未来发
展趋势

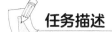**任务描述**

任务 1：学生以项目组为单位，通过上网搜索或查阅图书等方式列举一个物流市场的典型案例。

任务 2：根据查找的资料归纳总结物流市场的特征，并将物流市场与传统产品市场进行对比分析，填写表 2-2。

任务 3：每个项目组需要将收集的资料加工整理制作成汇报课件，并推选代表做分享汇报。

知识链接

✤ 知识点 1：物流市场的概念

物流市场是伴随市场经济的发展逐渐演进而形成的服务市场，是为保证生产和流通过程顺利进行而形成的，提供商品流动和暂时保管等服务，其主要功能有资源配置、实现规模经济和集约经济、提高物流效率、降低物流成本等。

✤ 知识点 2：物流市场的特征

物流市场是一个庞大的生态系统，由许多不同的行业和企业共同构成。它涉及仓储、运输、配送、信息处理等多个方面，整个市场的各个环节相互关联，共同构成一个复杂而又协同的系统。因此，物流市场的特征也十分显著，其特征主要包括以下 6 点。

1. 竞争激烈

物流市场通常是一个竞争激烈的市场，有许多物流服务提供商竞争客户和市场份额。这种竞争促使服务提供商不断提高服务质量，并降低成本。

2. 需求波动性

物流市场的需求存在周期性和季节性波动，不同行业的需求变化也会影响物流市场的需求量和性质。例如，节假日会导致物流需求激增。

3. 信息化程度高

现代物流市场越来越依赖信息技术和物流管理系统，以提高运输效率、降低成本、提供更好的服务质量。信息化程度高也使得物流市场更加透明和高效。

4. 服务多样性

物流市场涉及不同形式的服务，包括运输、仓储、包装、配送等。不同客户有不同的物流需求，因此物流市场的服务种类也呈现多样化。

5. 全球化趋势

随着全球化的发展，物流市场变得越来越国际化。跨境贸易和全球供应链的发展使物流市场需要更加复杂和全球化的解决方案。

6. 环境保护和可持续发展

在当今社会，环保意识日益增强，物流市场也在逐步向环保和可持续发展方向发展。减少碳排放、提高能源利用效率成为物流市场发展的重要趋势之一。

❖ **知识点3：物流市场的功能**

物流市场是服务性市场，其主要功能有以下5个方面。

1. 资源配置

物流市场为商品的流动和临时存储提供服务，有助于实现资源的有效配置，从而降低整体物流成本，优化资源利用效率。

2. 实现规模经济和集约经济

通过物流市场的规模效应和集约化运作，企业可以实现成本的规模经济优势，提高效率并降低单位成本。

3. 提高物流效率

物流市场的发展能够促进物流行业的专业化和标准化，从而提高整体物流效率，缩短供应链的周期，降低库存水平，提高交付速度。

4. 降低物流成本

通过提供优化的物流解决方案和服务，物流市场有助于企业降低物流成本，提高运营效率和竞争力，使企业更具市场竞争力。

5. 支持物流金融服务

物流市场作为物流金融的服务载体，不仅提供商品的暂时存储等基础服务，还有助于支持物流金融产品的开发与运作，为物流企业提供融资保障，促进产业链的健康运转。

❖ **知识点4：物流市场的类型**

物流市场的分类方式有很多，下面介绍几种主要的分类方式。

1. 按市场功能进行划分

按市场功能进行划分，物流市场可以分为基本市场和相关市场。物流运输基本市场又称物流运输传统市场，是物流运输的主要市场。物流运输相关市场是指与物流运输相关的辅助性市场，又可分为物流运输设备租赁市场、物流运输设备修造市场和物流运输设备拆卸市场等。

2. 按运输方式进行划分

按运输方式进行划分，物流市场可以分为5种不同的类型，即铁路物流运输市场、水路物流运输市场、公路物流运输市场、航空物流运输市场和管道物流运输市场。

3. 按服务类型划分

物流市场可以根据提供的服务类型进行划分，包括仓储市场、运输市场、货运代理市场、物流信息服务市场等。

4. 按覆盖范围划分

物流市场可以按照其服务范围的不同进行分类，包括国际物流市场、国内物流市场和区域物流市场等。

5. 按业务领域划分

根据物流市场的主要业务领域，可以将其分为第三方物流市场、快递市场、冷链物流市场等。

6. 按市场结构划分

物流市场也可以根据市场结构的不同进行分类，包括竞争激烈的市场、垄断市场、寡头市场等。

✤ 知识点5：物流市场与传统产品市场的区别

物流市场与传统产品市场在性质和功能上有明显的区别，如表2-1所示。

表2-1　　　　　　　　　　物流市场与传统产品市场的区别

	物流市场	传统产品市场
产品定位	物流市场关注的是物流服务和流通环节，包括货物的运输、仓储、配送等环节，其主要目的是实现货物从生产地到消费地的高效流通	传统产品市场主要关注产品的制造、销售和消费过程，重点在于产品本身的质量、价格和市场需求
服务对象	物流市场的参与者包括运输公司、仓储服务提供商、物流信息服务提供商等，关注的是物流服务的提供和物流流程的管理	传统产品市场的主要参与者是生产商、批发商、零售商和客户，关注的是产品的生产和销售
交易方式	物流市场的交易方式主要是服务提供和合作关系的建立，涉及物流服务的委托、合同的签订等	传统产品市场的交易方式主要是商品买卖，涉及货币交换和商品流通
市场结构	物流市场更多地涉及物流服务提供商之间的合作关系，共同合作以实现物流效率、降低成本	传统产品市场通常分为生产商、批发商和零售商等不同的市场参与者，形成供需关系和竞争关系
市场关系	物流市场中的市场关系主要是合作关系，各个物流服务提供商之间需要合作来实现货物的高效流通	传统产品市场中的市场关系主要是买卖关系，以商品交换为主要形式

任务执行

步骤1：列举物流市场的典型案例

学生以项目组为单位，通过上网搜索或查阅图书等方式列举一个物流市场的典型案例。

案例名称：

案例描述：

步骤2：对比物流市场与传统产品市场

根据查找的资料归纳总结物流市场的特征，并将物流市场与传统产品市场进行对比分析，并填写表2-2。

物流市场的特征：

表2-2   物流市场与传统产品市场比较

对比项目	物流市场	传统产品市场

步骤3：各项目组制作汇报课件并推选代表上台分享

 任务评价

完成上述任务后，教师组织三方进行评价，并对学生的任务执行情况进行点评。学生完成表2-3的填写。

表2-3 考核评价表

班级		团队名称		学生姓名		
团队成员						
考核项目		分值（分）	要求	学生自评（30%）	团队互评（30%）	教师评定（40%）
知识能力	物流市场案例描述	30	描述准确			
	物流市场特征归纳	20	条理清楚			
	物流市场与传统产品市场对比	20	内容丰富、论证科学			
职业素养	文明礼仪	10	举止端庄、使用文明用语			
	团队协作	10	相互协作、互帮互助			
	工作态度	10	严谨认真			
成绩评定		100				

一、单项选择题

1. 物流市场由许多不同的行业和企业共同构成，是一个庞大的（ ）。

A. 系统　　　　　B. 生态系统　　　　C. 企业联盟　　　D. 供应链联盟

2. 物流运输的主要市场是（ ）。

A. 物流运输传统市场　　　　　　　B. 物流专业市场

C. 物流小众市场　　　　　　　　　D. 物流大众市场

3. 传统产品市场的主要参与者除了批发商、零售商和客户外还有（ ）。

A. 销售商　　　　B. 中间商　　　　C. 第三方物流　　　D. 生产商

4. 物流市场不仅提供商品的暂时存储等基础服务，还有助于支持物流金融产品的开发与运作，可以作为物流金融的（　　　）。

A. 服务载体　　　　B. 运作载体　　　　C. 流动载体　　　　D. 主载体

5. 传统产品市场中的市场关系主要是（　　　）。

A. 顺承关系　　　B. 因果关系　　　C. 买卖关系　　　D. 相伴关系

二、多项选择题

1. 物流市场的特征包括（　　　）。

A. 竞争激烈　　　　　　　　　B. 需求波动性

C. 信息化程度高　　　　　　　D. 环境保护和可持续发展

2. 按市场功能划分，物流市场包括（　　　）。

A. 基本市场　　　　　　　　　B. 相关市场

C. 仓储市场　　　　　　　　　D. 运输市场

3. 物流市场的主要功能有（　　　）。

A. 资源配置　　　　　　　　　B. 实现规模经济和集约经济

C. 提高物流效率　　　　　　　D. 服务多样性

4. 在进行物流市场产品定位时关注的焦点应包括（　　　）。

A. 物流服务　　　B. 流通环节　　　C. 运输环节　　　D. 包装环节

5. 根据市场的主要业务领域，物流市场可以分为（　　　）。

A. 包装市场　　　B. 快递市场　　　C. 冷链物流市场　　　D. 第三方物流市场

三、判断题

1. 物流市场是伴随市场经济的发展逐渐演进而形成的阶梯市场，是为保证流通加工过程顺利进行而形成的，提供商品流动和暂时保管等服务。（　　　）

2. 物流市场通常是一个竞争激烈的市场，有许多物流服务提供商竞争客户和市场资料。（　　　）

3. 按运输方式进行划分，物流市场可以分为五种不同的类型，即铁路物流运输市场、水路物流运输市场、公路物流运输市场、航空物流运输市场和管道物流运输市场。（　　　）

4. 通过物流市场的规模效应和集约化运作，企业可以实现成本的规模经济优势，提高效率并降低单位成本。（　　　）

5. 物流市场按照其服务范围的不同进行分类，包括国际物流市场、国内物流市场和区域物流市场等。（　　　）

四、案例分析题

中国仍是全球需求规模最大的物流市场

2023 年我国物流业迎来恢复性增长，全年社会物流总额为 352.4 万亿元，同比增长

5.2%，我国仍然是全球需求规模最大的物流市场。制造业升级、消费新业态、"新三样"等重点领域需求贡献率稳中有升，电商物流、即时配送等细分领域保持较快增长。

这一年，我国重大物流基础设施建设取得积极进展，全国规模以上物流园区超过 2500 个，国家物流枢纽布局达到 125 个，示范物流园区 100 个，国家骨干冷链物流基地 66 个，"通道+枢纽+网络"的物流运行体系初具规模。

这一年，我国具有国际竞争力的领军企业快速成长，中国物流 50 强企业中千亿级规模企业首次超过 5 家，全国 A 级物流企业达 9600 多家，全国供应链创新与应用示范企业达 250 家。

这一年，数字技术和实体经济深度融合，物流与供应链领域成为重点。全国网络货运企业约 3000 家，赋能中小微物流企业走上"数字高速公路"。大型企业纷纷建设供应链服务平台，拥抱产业物联网。智能网联汽车准入和上路通行试点启动，无人车、无人仓、无人机等得到广泛商用，改变物流作业方式。

这一年，绿色低碳物流成为关注热点。国务院发布《空气质量持续改善行动计划》，提出大力发展绿色运输体系。中国物流与采购联合会正式推出物流行业公共碳排计算器，标志着国际国内碳排放互认工作启动。邮政快递车、城市配送车等公共领域车辆全面电动化开展试点。

这一年，国际标准化组织（ISO）正式批准设立创新物流技术委员会（ISO/TC 344），秘书处和国内技术对口单位均设在中国。推动数字物流标准化、国际化发展，为引领数字物流发展贡献"中国智慧"。

中国物流与采购联合会会长表示，展望新的一年，我国经济大盘稳定、物流市场温和增长的大势没有变。我国物流业仍将保持较强韧性，全社会现代物流发展潜力巨大，物流业正处于持续平稳增长和结构调整加速期，超大规模市场优势激发消费潜力，中高端制造需求贡献将持续加大。在新的一年里，"走出去"步伐将进一步提速，交通物流基础设施联通带来国际物流便利化，属地生产、全球流通成为趋势，在考验国际供应链韧性安全的同时，也带来物流保供稳链的新机遇。

请根据以上资料，结合你对物流市场的理解，分析并回答以下问题。

（1）什么是物流市场？

（2）物流市场的特征有哪些？

五、技能训练题

根据物流市场的基本信息，描述你所了解的物流市场。

物流市场调研
的分类

任务二　调研物流市场

任务描述

任务1：学生以项目组为单位，设计一份物流市场调研提纲。

任务2：通过上网搜索或查阅图书等方式查找资料，设计一份物流市场调查问卷。

任务3：根据问卷结果完成物流市场调研报告。

任务4：每个项目组需要将收集的资料加工整理制作成汇报课件，并推选代表做分享汇报。

知识链接

✤ 知识点1：物流市场调研的概念

物流市场调研是指物流营销人员运用科学的方法，有目的、有计划地收集、整理和分析有关物流市场的信息，以了解物流市场发展的现状和趋势，为物流企业经营决策提供科学依据的活动。

物流市场调研的主要目的是更好地进行物流营销决策服务，一般包括：了解市场需求；识别发展机会；找出与主要竞争对手的差距；衡量客户的满意度等。进行物流市场调研，有助于物流企业了解客户的需求、竞争者的发展状况、物流市场的发展趋势等信息，把握市场运行规律，从而制订合理的营销计划，在激烈的市场竞争中不断发展。

✤ 知识点2：物流市场调研的作用

物流市场调研的作用如图2-1所示。

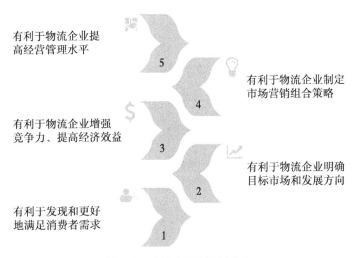

图2-1　物流市场调研的作用

❖ 知识点 3：物流市场调研的内容

物流市场调研的内容如表 2-4 所示。

表 2-4　　　　　　　　　　　　　物流市场调研的内容

调研维度	调研内容	说明
物流市场需求调研	市场容量	包括物流市场消费结构的变化情况、消费量和消费者分布情况、与竞争者的比较、潜在客户情况等
	市场需求特点	分析并了解客户的消费偏好和差异，以提供合适的物流服务
	市场需求变化趋势	调研客户需求的变化情况、改变销售策略可能引起的变化、竞争者的变化情况等
营销环境调研	宏观环境的调研	包括对政治环境、法律环境、社会环境、经济环境、技术环境、自然环境等方面的调研，以及区域内的物流环境调研，如政府物流计划、物流设施建设情况、物流企业发展状况等
	微观环境的调研	包括对企业、供应者、营销中介、客户、竞争者和公众等的调研
物流服务和价格调研	市场上同类物流服务的数量、特色、价格，客户对物流服务的认知、建议等	
	物流服务成本及其变动情况	
	影响市场价格变化的因素、同类服务的供求变化情况、替代服务的价格和不同物流服务的定价方法	
	物流服务标准确立现状和质量管理情况	
	促销情况	包括客户了解促销信息的渠道、竞争者的促销费用和促销效果等
物流流量和流向调研	库存货物的出入库情况和主要仓储方式	
	承运货物的运量和主要运输方式	
	货源的分散程度	
	货物流向和流通过程中覆盖的区域	
竞争者调研	竞争者现有的物流资源和客户资源	
	竞争者的物流营销计划	

❖ 知识点 4：物流市场调研的步骤

物流市场营销调研是一种有目的、有计划的调查研究活动，其步骤如图 2-2 所示。

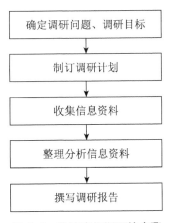

图 2-2　物流市场调研的步骤

1．确定调研问题、调研目标

物流市场调研的首要工作是明确本次调研要解决的问题和需要实现的目标，即希望通过调研获取哪些信息、获取这些信息有何用处等。调研目标是全部调研活动的指南，它应该是可实现的，还应该明确、具体，具有鲜明的针对性。

2．制订调研计划

（1）调研目的。在调研方案中列出本次市场调研的具体目的和要求。

（2）调研对象。调研对象是指根据调研目的所确定的调研的总体，也就是向谁调研和由谁来提供资料。

（3）调研内容。调研内容是收集资料的依据，是为实现调研目的服务的，可根据市场调研的目的确定具体的调研内容。

（4）调研方式。调研方式是指市场调研的组织形式，可采用的方法有全面调查法、重点调查法、典型调查法、抽样调查法等。

（5）调研方法。调研方法指的是获取资料的方法。在物流市场调研中，常用的方法有实地调查法和文案调查法。实地调查法主要包括访问法、观察法和实验法。

（6）资料的整理分析。明确如何整理和分析收集的信息资料。

（7）人员组织。确定调研人员的数量和条件，组织并培训调研人员，使其对本次调研的目的、方案、方式、方法及调研技巧等方面有明确的了解和掌握。

（8）调研时间和地点。明确调研在什么时间进行，需要多长时间完成，调查地点在哪里。

（9）费用预算。企业应核定物流市场调研过程中将发生的各项费用支出，合理确定物流市场调研总的费用预算，并严格按照预算开展调研活动。

3．收集信息资料

市场资料范围很广，凡是与市场变化有关的环境因素或经营成败的资料，都可视为市场资料。因资料来源不同，调研人员收集的信息资料可分为两类：第一手资料和第二手资料。第一手资料，也称原始资料，指的是对调研对象进行实地调查而直接得到的各种数据、图文、音像等资料；第二手资料也称现成资料，是从实地调查以外获取的各种数据、图文、音像等资料。该类资料是经过他人收集、记录或已经整理过的资料。它反映已经发生过的客观现象和存在的问题，可以直接或间接为市场调研提供必要的依据。

我们经常把收集第一手资料并利用第一手资料开展调研的方法称为实地调查法，利用第二手资料进行市场调研的方法称为文案调查法。一般来说，第一手资料获取成本高，但适用性强，第二手资料则相反。由于资料收集过程的复杂性，这一阶段花费最大又最容易出现失误，尤其是在获取第一手资料时更为突出。因此，在市场调研人员时要注意收集资料的每个环节，正确选择调研对象和调研内容，确保资料来源的准确性和可靠性，保证调研的质量。

4. 整理分析信息资料

通过市场调研收集到的资料往往是凌乱的、分散的，甚至带有片面性或虚假性，必须经过整理和分析才具有使用价值。这就需要对这些资料进行去粗取精、去伪存真、由表及里、由此及彼的加工整理和分析，来揭示调研对象的总体特征及变化发展过程等。物流企业可运用统计方法和模型方法对收集的信息资料加以编辑、加工、整理，最后用文字、图表、公式等将资料中潜在的各种关系和变化趋势表达出来。

5. 撰写调研报告

物流市场调研报告是调研人员以书面形式，反映物流市场调研内容及工作过程，并提供调研结论和建议的报告，它是物流市场调研过程中最重要的部分。调研报告的内容包括前言、正文和附件。前言中应写明报告题目、承办人、调研工作的起止日期，调研的目的、范围，简述调研过程和有关背景情况；正文中应详细叙述调研和分析结果，列举调研中发现的重要事实，对调研问题进行分析，并提出解决问题的建议；附件包括一些重要的调研资料和比较复杂的图表等。提交调研报告后，调研人员还应该对调研报告进行追踪，了解其建议是否被采纳，从而总结调研工作的成效。

❖ 知识点 5：物流市场调研的方法

物流市场调研的方法很多，选用的方法若得当，则有利于调研结果发挥其作用。一般有以下几种方法。

1. 询问法

该法是以询问的方式了解情况、收集资料，并将所要了解的问题以面谈、电话、书面等形式向被调研者进行询问，从而获得所需的各种资料。它包括深度访谈、座谈会、问卷调查等方式。采用询问法可以获得比较真实的第一手资料，这是最常用的一种方法，这种调研方法不仅可以获得资料，还可以给调研对象留下良好的印象，但是这种方法的调研范围有限、速度较慢，而且成本较高。常见的询问法如表 2-5 所示。

表 2-5　　　　　　　　　　　　　　　常见的询问法

方法	说明
面谈调查法	面谈调查法是指调研者通过与被调研者面对面访谈，获取信息资料的一种方法。询问的问题须按事先设计好的问卷或者提纲进行，既可以按照问题顺序提问，也可围绕问题自由交谈
街头拦截访问	街头拦截访问是在街头某个计划好的地点临时拦住受访者展开调研
电话访问	电话访问需要精心设计的问卷，提问要简单明了，便于回答，尽可能不引起语言上的歧义
邮寄调查	邮寄调查是指将调查问卷邮寄给被调研者，请被调研者按问卷上的要求逐项填写后再寄回调研人员的一种方法
网上调查	调研人员将需要调查的问题制作成电子问卷，然后通过 E-mail（电子邮件）或网址链接传输给被调研者，由被调研者自己填好后回传。

2. 观察法

观察法是指调研人员在调研现场，直接或通过仪器观察、记录被调研者的情况，以及事件发生场所的情况，以获取信息的方法。物流企业的调研人员既可以四处走访、观察，听一听客户是如何评价各物流公司的，也可以试用竞争对手提供的物流服务，观察各物流公司的服务质量、倾听客户的反馈意见。这种方法的优点是，收集的资料比较客观真实，准确度高。缺点是耗费时间长，花费资金多，需要具备一定的调查工具，且只能了解表面情况，无法深入问题的实质。常用的观察法如表 2-6 所示。

表 2-6　　　　　　　　　　　　　　　常见的观察法

方法	说明
直接观察法	调研人员直接到现场进行实地查看的方法。这种方法具有简单易行、灵活、客观的优点
亲身经历法	调研人员亲身参与实际活动，以收集有关资料的方法。采用这种方法所得的资料是最真实的
行为记录法	调研人员采用特定仪器或方法，将被调研者在一定时间内的行为记录下来，再从记录中找出所需市场信息的方法。这种方法一般是在被调研者不知晓的情况下进行的，所得资料比较客观，但是调研人员往往只能了解表象，无法得知被调研者的行为动机、意向、态度等内在因素

3. 实验法

实验法是指调研人员通过开展小规模的物流营销活动来收集市场信息的方法，其目的在于寻找变量之间的因果关系，常用于调研客户对新物流服务项目的接受程度。从影响调研对象的若干个因素中选择一个或几个因素作为实验因素，在控制其他因素均不发生变化的条件下，观察实验因素的变化对调研对象（因变量）的影响程度，为企业的营销决策提供参考依据。实验法在收集市场研究资料中应用很广，特别是在因果关系的研究中，实验法是一种非常重要的工具。这种方法的优点是科学性强，缺点是实验时间长、成本高。

4. 文案调查法

文案调查法是一种研究方法，用于系统地分析文本和其他形式的传播内容，又称为间接调查法、资料分析法、资料查阅寻找法等。这种方法用于分析图书、期刊、新闻报道等各种形式中的内容信息。在使用文案调查法时，调研人员通常会收集大量的文本数据，然后通过分析这些数据来识别模式、主题、趋势和其他有意义的信息。文案调查法的信息来源主要有以下 7 种。

（1）图书和期刊：调研人员可以分析图书、期刊文章中的内容，以了解作者的观点、主题和使用的语言等。

（2）广告和宣传材料：分析广告、宣传材料等可以帮助调研人员了解营销策略、客户偏好等信息。

（3）新闻报道：通过分析新闻报道可以了解媒体对特定事件或话题的报道方式和态度。

（4）社交媒体：分析社交媒体上的帖子、评论等内容可以帮助调研人员了解公众舆论、社交趋势等信息。

（5）政府文件：政府发布的文件、报告等也可以作为文案调查法的信息来源，帮助调研人员了解政策、法规等方面的信息。

（6）历史文献：分析历史文献可以帮助调研人员了解过去的事件、人物等信息。

（7）在线论坛和博客：分析在线论坛、博客上的内容可以了解大众的看法、意见等。

✤ 知识点 6：问卷调查技术

问卷调查法是指以向被调研者发放问卷的形式收集所需信息的方法。采用问卷调查法可以了解客户的认知、看法和喜好程度等，并可以分析处理这些数据，得出结论。

1. 问卷设计

（1）问卷的结构。通常一份调查问卷应包含以下基本要素：开场白、调研的问题、被调研者的情况、结束语等。

（2）问卷设计的主要步骤如图 2-3 所示。

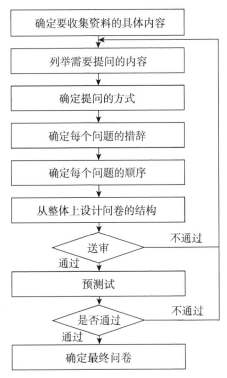

图 2-3 问卷设计的主要步骤

（3）提问方法

问卷的提问方式有两种，两种提问方式对比如表 2-7 所示。

表 2-7 两种提问方式对比

提问方式	说明	优点	缺点
封闭式	调研人员事先准备好所有可能的答案，被调研者从中选择一个或多个答案	易于编码和统计分析，方便被调研者回答	如果被调研者对问题的理解有偏差，调研者将难以察觉
开放式	调研人员提出问题，但不准备答案，由被调研者用自己的话回答。被调研者可以充分表达自己的看法	有可能揭示更多的信息，有利于调研者获得较深入的观点	各个被调研者的答案可能不同，因此调研结果不便于统计，而且免不了夹杂调研者个人的偏见

（4）确定问卷编排顺序

一般来说，应按照由易到难、由浅入深等事物发展的逻辑规律确定问题的先后顺序。此外，还要做到问卷排版精美，既便于阅读，又能吸引被调研者的目光。

（5）预先测试和修改

调研人员设计好问题后，要站在被调研者的角度，以被调研者的思维去回答问题，了解被调研者在答题过程中的心理感受，对问题是否明确、逻辑是否合理都要有清楚的认识。然后在小范围内进行预先测试，根据测试情况对问卷存在的不足进行修订。如果问卷改动较大，还应进行第二次测试。

2. 设计调查问卷的注意事项

调研人员在设计问卷时，应注意以下事项。

①主题明确。根据调研内容设计问卷，确保重点突出，没有可有可无的问题。

②结构合理。问题应按一定的逻辑顺序排列，符合被调研者的思维逻辑。

③通俗易懂。应使被调研者看到问卷后愿意如实回答各问题。问卷中的问题要符合被调研者的理解能力和认知能力，避免使用专业术语。

④非诱导性。问题的设置要中性，不能含有提示性的字眼，以保证被调研者回答的独立性与客观性。

⑤每个问题只涉及一个要点，避免一个问题包含两问甚至多问的情况。如果一个问题包含过多内容，会使被调研者无法回答，也不利于统计分析。

⑥如果给被调研者提供可能的答案选择，就应该保证可选答案包含所有的可能性，而且答案之间不能交叉。

⑦便于整理与分析。设计问卷时，还要考虑调研结果的可得性和权威性，这就涉及问卷的整理与分析工作。具体来说，需要做到以下几点：

调研指标能够累计，且便于累计；指标的累计与相对数的计算是有意义的；能够通过数据清楚、明确地说明所要调研的问题。

✤ 知识点 7：物流市场预测

1. 物流市场预测的概念与作用

物流市场预测是指物流企业根据历史统计资料和市场调研获得的市场信息，利用已有的经验，运用科学的方法和手段，对物流市场的未来因素、条件和发展趋势进行估计和判断，以此预测物流市场的未来状况和发展趋势，为企业决策和制订计划提供依据。

物流企业进行物流市场预测，具有以下作用：

（1）物流市场预测是企业制订营销计划的前提与依据。

（2）物流市场预测是企业经营决策的基础。

（3）物流市场预测有利于企业掌握市场发展变化规律，把握未来发展趋势，提高竞争力，增加经济效益。

（4）物流市场预测有利于提高企业的经营管理水平。

2. 物流市场预测的内容

（1）市场需求预测

市场需求预测是物流市场预测的核心内容，市场需求预测的准确性将会影响物流企业对未来市场发展趋势的判断，从而影响企业的营销决策和经营绩效。市场需求预测包括对市场总量、市场需求量、客户的购买力和消费特征等因素的预测，以及上述因素的变化对市场需求的影响的预测。

（2）企业销售预测

企业销售预测是指物流企业对物流服务销售前景的预测，包括对物流服务的价格、销售量、销售额、销售利润及其变化趋势的预测。通过企业销售预测了解客户需求的变化趋势和企业销售情况，这是物流企业制定和实施营销组合策略的重要依据。

（3）市场占有率预测

市场占有率是指物流企业某项物流服务的销售量（或销售额）在市场同类物流服务的总销售量（或销售额）中所占的比重。通过市场占有率预测，物流企业可以判断市场需求、市场竞争和企业经营发展状况，从而采用相应的市场竞争策略。

（4）企业所需资源预测

物流企业应对所需资源的供应状况及其变化趋势、降低资源消耗的可能性、资源的价格、替代资源的发展状况等进行准确预测，从而根据自身状况合理地进行经营布局。

3. 物流市场预测的步骤

物流市场预测的步骤如图 2-4 所示。

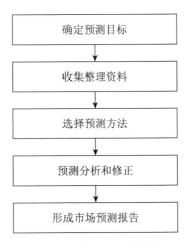

图 2-4　物流市场预测的步骤

（1）确定预测目标

进行物流市场预测时，首先要明确预测目标，理清预测要解决的问题。此外，物流企业还要根据预测目标和实际情况制订预测工作计划，编制预算，调配力量，以保证预测工作顺利进行。

（2）收集整理资料

确定目标后，营销人员应进行适当的调研，收集整理相关资料，为市场预测提供分析和判断的可靠依据。进行市场预测需要的资料主要有两类：一是关于预测对象本身的资料；二是影响预测对象发展的各种因素的资料。

（3）选择预测方法

预测方法选择适当，预测结果就会可靠性更强。选择预测方法时，一般要考虑预测目标和要求以及预测对象本身的特点。运用预测方法的核心是建立预测模型，然后根据模型进行计算、分析与处理。

（4）预测分析和修正

营销人员应采用科学的预测方法对收集的资料进行综合分析，并经过思考和推理，对市场发展趋势做出预测。除此之外，还要根据最新信息对预测结果进行评估和修正，最后出结论。

（5）形成市场预测报告

营销人员在完成对市场的主要预测过程后，还要撰写书面预测报告，对预测过程和结果进行系统梳理。

4. 物流市场预测的方法

物流市场预测的方法有很多，具体可分为定性预测方法和定量预测方法两大类。

（1）定性预测方法

定性预测方法是指根据已经掌握的资料，结合个人的经验和判断能力预测事物未来发展方向的方法。定性预测方法的适用范围很广，特别是当问题涉及因素很多，所掌握的资料又难以进行统计处理时，采用这种方法可以收到较好的效果。常见的定性预测方法如表2-8所示。

表 2-8　　　　　　　　　　　常见的定性预测方法

定性预测方法	说明
购买者意向调查法	通过直接询问客户的购买意向和意见预测未来发展趋势的方法。如果客户购买意向明确、清晰，并且愿意透露，则采用该方法比较有效
集中意见法	将相关人员集中起来，共同讨论市场变化趋势，进而提出预测方案的方法。这种方法的优点是：在市场上各种因素变动激烈时，能够考虑到各种非定量因素的作用，从而使预测结果更加接近现实。它常与定量预测方法配合使用，以提高预测结果的可靠性和准确性
专家意见法	组织各领域的专家，运用专业知识对预测对象过去和现在的情况、发展过程进行综合分析和研究，从而对预测对象未来的发展趋势做出判断的方法

（2）定量预测方法

定量预测方法是指利用比较完备的统计资料，运用计量方法和数学模型预测市场发展趋势的方法。这种方法主要是对历史资料进行统计分析，采用的前提是物流市场过去的特征和相关关系在未来基本保持不变。因此，只有在物流市场处于相对稳定状态时，采用定量预测方法才能得到可靠的结果。常用的定量预测方法有时间序列分析预测法和因果分析预测法。

①时间序列分析预测法是指通过编制和分析时间序列，对时间序列所反映的发展过程、方向和趋势加以外推或延伸，以预测下一时间可能达到的水平。客观事物的发展具有合乎规律的延续性，如某种物流服务的市场占有率、季节性变动周期等常常会在一定时期内保持不变，正是这种延续性使时间序列分析预测法的应用成为可能。时间序列分析预测法包括很多具体方法，主要有简单平均法、移动平均法、指数平滑法、趋势外推法等。

②因果分析预测法是指以事物之间的相互依存关系为根据的预测方法。它是在定性研究的基础上，确定影响预测对象（因变量）的主要因素（自变量），从而根据这些变量的观测值建立回归方程，并通过自变量的变化来推测因变量的变化。因果分析预测法的主要工具是回归分析技术，因此又称其为"回归分析预测法"。采用这种方法进行预测时，首先要确定事物之间相关性的强弱。相关性越强，预测精度越高；反之，预测精度越低。同时，还要研究事物之间的相互依存关系是否稳定，如果不稳定或在预测期内发生显著变化，则利用历史资料建立的回归模型就会失效。

任务执行

步骤1：设计物流市场调研提纲

学生以项目组为单位，设计一份物流市场调研提纲。

步骤 2：设计物流市场调研问卷

通过上网搜索或查阅图书等方式查找资料，设计一份物流市场调研问卷。

步骤 3：撰写物流市场调研报告

根据问卷结果完成物流市场调研报告。

步骤4：各项目组制作汇报课件并推选代表上台分享

任务评价

完成上述任务后，教师组织三方进行评价，并对学生的任务执行情况进行点评。学生完成表2-9的填写。

表2-9　　　　　　　　　　　考核评价表

班级		团队名称			学生姓名	
团队成员						
考核项目		分值（分）	要求	学生自评（30%）	团队互评（30%）	教师评定（40%）
知识能力	调研提纲设计	20	区分准确			
	问卷设计	20	逻辑清楚			
	撰写调研报告	30	内容丰富			
职业素养	文明礼仪	10	举止端庄、使用文明用语			
	团队协作	10	相互协作、互帮互助			
	工作态度	10	严谨认真			
成绩评定		100				

牛刀小试

一、单项选择题

1. 对市场上同类物流服务的数量、特色、价格等进行调研属于（　　）。

A. 物流市场需求调查　　　　　　　B. 营销环境调研

C. 物流服务和价格调研　　　　　　D. 物流流量和流向调研

2. 收集第一手资料并利用第一手资料开展调研的方法称为（　　）。

A. 实地调查法　　　B. 文案调查法　　　C. 多样调查法　　　D. 专家访谈法

3. 将纸质问卷邮寄给被调研者，请被调研者按问卷上的要求逐项填写后再寄回调研人员的调研方法属于（　　）。

A. 观察法　　　　　B. 实验法　　　　　C. 询问法　　　　　D. 文案调查法

4. 在问卷调查中，由调研人员提出问题，但不准备答案，由被调研者用自己的话回答的提问方式称为（　　　）。

A. 主动式提问　　　B. 被动式提问　　　C. 开放式提问　　　D. 封闭式提问

5. 根据已经掌握的资料，结合个人的经验和判断能力预测事物未来发展方向的方法是（　　　）。

A. 定量预测法　　　B. 定性预测法　　　C. 因果分析法　　　D. 一般性走访

二、多项选择题

1. 物流市场需求调研的主要内容包括（　　　）。

A. 客户购买力　　B. 市场容量　　C. 市场需求特点　　D. 市场需求变化趋势

2. 物流市场调研的主要目的有（　　　）。

A. 了解市场需求　　　　　　　　　B. 识别发展机会

C. 找出与主要竞争对手的差距　　　D. 衡量客户的满意度

3. 在营销环境调研中，宏观环境调研的内容包括（　　　）。

A. 政治环境　　　B. 法律环境　　　C. 自然环境　　　D. 经济环境

4. 以下方法中，属于实地调查法的有（　　　）。

A. 访问法　　　　B. 观察法　　　　C. 实验法　　　　D. 第二手资料法

5. 物流企业进行物流市场预测的作用包括（　　　）。

A. 帮助企业制订营销计划　　　　　B. 帮助企业经营决策

C. 有利于企业掌握市场发展变化规律　　D. 有利于提高企业经营管理水平

三、判断题

1. 调研目标是全部调研活动的指南，它应该是抽象的，可实现的。（　　　）

2. 第一手资料可以反映已经发生过的客观现象和存在的问题，能够直接或间接为市场调研提供必要的依据。（　　　）

3. 通过企业销售预测了解客户需求的变化趋势和企业销售情况，是物流企业制定和实施营销组合策略的重要依据。（　　　）

4. 在选择预测方法时，要考虑预测目标和要求以及预测对象本身的特点。（　　　）

5. 访问法是物流营销市场环境调研最基本的方法。（　　　）

四、案例分析题

快递行业调查报告

快递物流行业是指负责货物运输、交付和配送的服务提供商，包括快递公司、物流公司和电商平台。数据显示，2023年全年，我国快递业务量为1320.7亿件，快递业务收入12074亿元。快递物流市场规模在过去五年内以每年10%的速度增长，预计未来几年仍将保持稳定增长。

近年来，随着我国电子商务的飞速发展，快递行业也迎来了前所未有的发展机遇。电子商务的普及极大地促进了快递市场的增长，快递物流需求呈现出爆发式增长。越来越多的消费者选择在网上购物，这使得快递包裹的数量急剧增加，快递服务成为现代人生活中不可或缺的一部分。为了满足这一需求，快递公司与电商平台之间的合作也日益密切。电商平台通过提供丰富的商品选择和便捷的购物体验，吸引了大量消费者，而快递公司则通过高效的物流服务将商品迅速送达消费者手中。与此同时，物流技术的不断进步也为快递行业的发展提供了强大的技术支持，为快递行业的发展注入了新的活力。物联网、大数据分析和人工智能等先进技术的应用，使得快递物流的效率得到了显著提升。通过物联网技术，快递公司可以实时追踪包裹的位置和状态，确保包裹能够准时送达；大数据分析则可以帮助快递公司更好地预测市场需求和优化物流路径；人工智能的应用则使得快递服务更加智能化和个性化，提升了消费者的满意度。与此同时，随着环保意识的不断提高，快递物流企业也开始关注绿色可持续发展。在快递包裹的包装材料、运输方式等方面，越来越多的企业开始采用环保材料和技术，减少碳排放和环境污染。这不仅符合国家的环保政策，也符合消费者的绿色消费理念。

然而，随着消费者对快递物流的要求越来越高，快递行业也面临着新的挑战。消费者对快递送达速度的要求日益严格，特别是对于同城配送和次日达服务的需求日益增长。同时，消费者也更加关注快递服务的质量，包括包裹的安全性、准时性以及售后服务水平等。这些要求使得快递公司需要不断提升自身的服务质量和效率，以满足消费者的需求。目前，国内快递物流市场的主要参与者包括顺丰、圆通、中通等知名的快递公司，以及京东、阿里巴巴等大型电商平台。这些企业凭借自身的优势和特色，在市场中占据了一定的份额。竞争主要集中在服务质量、速度和价格等方面，各企业都在努力提升自身的竞争力，以吸引更多的客户。

未来，随着电子商务的持续发展和消费者需求的不断增加，快递物流行业将继续保持快速发展的势头。然而，人力成本的上升、技术的更新换代以及绿色发展的要求等挑战也随之而来。因此，快递物流企业需要加强技术投入和服务创新，不断提升自身的竞争力和可持续发展能力，以适应市场的变化和需求的提升。

综上所述，近年来我国快递物流市场呈现出蓬勃的发展生机，但同时也面临着诸多挑战。未来，快递物流企业需要积极应对市场变化，加强技术创新和服务提升，以实现可持续和健康发展。

请根据以上资料，结合你所学的内容，分析并回答以下问题。

（1）为什么要进行物流市场调研？

（2）请谈谈可以从哪些途径收集物流市场调研所需的资料。

五、技能训练题

总结物流市场调研过程中面临的挑战及其解决方案。

任务三 分析物流市场环境

物流市场环境
的宏微观分析

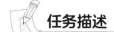

任务描述

任务1：学生以项目组为单位，要求每名学生在一周时间内通过网络、报纸、期刊等途径，收集用于物流营销环境分析的相关材料。

任务2：利用收集的资料，结合学习内容比较各种物流市场分析工具，并填写表2-12。

任务3：每个项目组需要将收集的资料加工整理制作成汇报课件，并推选代表做分享汇报。

知识链接

❖ 知识点1：物流市场环境的概念和特点

物流企业开展物流活动离不开一定的环境，分析物流市场环境是物流企业开展营销活动时要完成的主要任务。物流市场环境是指直接或间接地影响物流企业市场活动的所有外部力量和相关因素的集合。对物流企业来说，物流市场环境既能提供机遇，也能造成威胁。物流市场环境具有如下特点。

1. 客观性

物流市场环境有其运行规律和发展趋势，不以企业的意志为转移。物流企业可以积极地适应和利用客观环境，但不能改变或违背客观环境。主观臆断某些环境因素及其发展趋势，必然会盲目制订营销策略，进而造成营销活动无法顺利进行。

2. 变化性和相对稳定性

物流市场环境中的各个因素会随着时间的变化而变化，因此，物流市场环境总是处于不断变化的动态过程中。但环境中的某些因素（如自然环境、社会文化环境等）在一定时间内会保持不变，具有相对稳定性。

3. 相互关联性和相对分离性

构成物流市场环境的各个因素并不是相互独立的，而是相互影响、相互制约。每种因素的变化都会导致另一种或几种因素发生相应的变化，进而形成新的物流市场环境。同时，在某一特定时期，环境中的某些因素又彼此相对分离，各个因素对营销活动的影响程度不同。

4. 动态性和企业的能动性

物流市场环境复杂多变，物流企业不能控制它。例如，国家的物流产业政策、客户对运输方式的选择等都是物流企业不能控制的。但是物流企业可以发挥自身的能动性，通过市场调研与预测、调整营销策略等措施摆脱环境的制约或改变某些环境因素，从而促进企业发展。

✤ 知识点2：物流市场环境分析方法——SWOT分析法

SWOT分析法是基于内外部竞争环境和竞争条件下的态势分析。通过列出企业内部的优势（Strengths）、劣势（Weaknesses）和外部的机会（Opportunities）、威胁（Threats），依照矩阵形式排列，然后对各因素进行系统分析，从而得出相应结论的企业战略分析方法。

1. 优势与劣势分析

物流企业内部的优势与劣势是相对于竞争者而言的。优势可以表现为有利的竞争态势、充足的资金来源、良好的企业形象、雄厚的技术力量、较大的市场份额、规模经济、成本优势等；劣势可以表现为设备老化、管理混乱、缺少关键技术、研究开发落后、资金短缺、经营不善、竞争力差等。

分析物流企业的内部环境时，要从整个价值链的每个环节（管理、组织、经营、财务、销售、人力资源等）上，将物流企业与其竞争者进行详细的对比分析。此外，在调查分析这些因素时，不仅要考虑物流企业的历史与现状，还要考虑未来发展趋势。只有充分、准确地了解物流企业的优势与劣势，才能扬长避短，制定合适的营销战略和决策方案，从而实现物流企业的经营目标。

2. 机会与威胁分析

物流企业外部环境是企业无法控制的，它通过给物流企业提供机会或造成威胁来影响物流企业的营销活动。机会是指对物流市场营销活动有利的或能够促进物流企业发展的各种因素，具体包括出现新市场和新需求、政策利好、市场壁垒解除、竞争者失误等；威胁是指对物流市场营销活动不利的或限制物流企业发展的各种因素，具体包括新的竞争者出现、替代品增多、市场紧缩、经济衰退等。

一般情况下，物流企业面临的机会与威胁是并存的。在综合分析营销环境时，可根据机会水平和威胁水平的不同，将物流企业面临的综合环境分为四种类型，如表2-10所示。

表2-10　　　　　　　　　　　　　综合环境的类型及对策

		机会水平	
		高	低
威胁水平	高	冒险环境	困难环境
		物流企业不宜盲目冒进，应全面分析自身的优势和劣势，扬长避短，以抓住市场机会，寻求突破性发展	物流企业要选择是努力改变环境、减轻威胁，还是寻求新的发展空间，以摆脱困境
	低	理想环境	成熟环境
		物流企业应该适时地抓住市场机会，进行新产品开发和市场拓展，抢占市场份额，提升市场地位，从而赢得竞争优势	物流企业应在经营好常规业务、维持企业正常运转的同时，积极寻找新的市场机会

3. 物流市场营销战略选择

在对优势、劣势、机会、威胁进行分析的基础上，将各种因素根据轻重缓急或影响程度进行排序，构造 SWOT 矩阵。在这个过程中，要将那些直接的、重要的、大量的、迫切的、久远的影响因素优先列出来，而将那些间接的、次要的、少许的、不迫切的、短暂的影响因素排在后面。

物流企业内部的优势与劣势是相对的，要与外部的机会与威胁结合起来综合分析，在此基础上选择正确的营销战略。根据 SWOT 分析法，将内外部环境结合起来综合分析，可以形成四种内外匹配的战略：发展型战略、稳定型战略、紧缩型战略、多角化战略，如表2-11 所示。

表 2-11　　　　　　　　　　　　　　　SWOT 分析战略选择矩阵

		机会（O）		威胁（T）
		SO 发展型战略		ST 多角化战略
优势（S）	营销战略方向	产品认知	营销战略方向	塑造品牌
	营销原则	开拓	营销原则	进攻
	营销决策	占领市场、领导同行、增强企业实力	营销决策	集中优势、果断还击、提高市场份额
		WO 稳定型战略		WT 紧缩型战略
劣势（W）	营销战略方向	突显个性	营销战略方向	有效回收
	营销原则	争取	营销原则	保守
	营销决策	随行就市、速战速决、抓住市场机会	营销决策	降低成本、急流勇退、占领角落市场

运用 SWOT 分析法选择营销战略的原则是：发挥优势因素，克服劣势因素，利用机会因素，化解威胁因素，考虑过去，立足当前，着眼未来。通过 SWOT 分析，物流企业可以明确自身的优势，改进或回避自身的不足，把握有利于企业生存和发展的机会，从而将优势转变为竞争力。

✣ 知识点 3：物流市场环境分析方法——PEST 分析法

PEST 分析法主要分析宏观环境对企业的现实和潜在的影响，P 是政治（Politics），E 是经济（Economy），S 是社会（Society），T 是技术（Technology），如图 2-5 所示。PEST 提供了一个分析宏观环境影响因素的框架，虽然不同的行业和企业根据自身特点和经营需要，分析的具体内容会有所差异，但一般都应对政治、经济、社会和技术这四大类影响企业的主要外部环境因素进行分析，对评价一些因素对企业战略目标和战略制定的影响有深刻的意义。

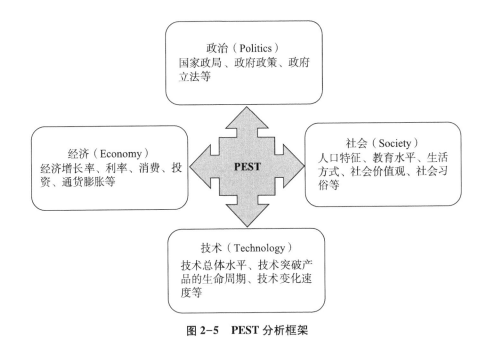

图 2-5　PEST 分析框架

1. 政治环境

政治环境包括一个国家的社会制度，执政党的性质，政府的方针、政策、法令等。不同的国家有着不同的社会性质，不同的社会制度对组织活动有着不同的限制和要求。即使社会制度不变的同一国家，在不同时期，由于执政党的不同，其政府的方针特点、政策倾向对组织活动的态度和影响也是不断变化的。当政治制度与体制、政府对组织所经营业务的态度发生变化时，以及政府发布了对企业经营具有约束力的法律法规时，企业的经营战略必须随之做出调整。

2. 经济环境

经济环境是指一个国家的经济制度、经济结构、产业布局、资源状况、经济发展水平以及未来的经济走势等。经济环境决定和影响其自身战略的制定，经济全球化还带来了国家之间经济上的相互依赖，企业在各种战略的决策过程中还需要关注、搜索、监测、预测和评估其他国家的经济状况。

经济环境主要包括宏观和微观两个方面。

（1）宏观经济环境主要指一个国家的人口数量及其增长趋势，国民收入、国民生产总值及其变化情况以及通过这些指标能够反映的国民经济发展水平和发展速度。

（2）微观经济环境主要指企业所在地区或所服务地区的客户收入水平、消费偏好、储蓄情况、就业程度等因素。这些因素直接决定着企业目前及未来的市场大小。

3. 社会环境

社会环境是指组织所在社会中成员的民族特征、文化传统、价值观念、宗教信仰、教育水平以及风俗习惯等因素。每个社会都有其核心价值观，它们常常具有高度的持续性。这些价值观和文化传统是历史的沉淀，通过家庭繁衍和社会教育而传播延续。每种文化都是由许多亚文化组成的，它们由共同语言、共同价值观念体系及共同生活经验或生活环境的群体所构成，不同的群体有不同的社会态度、爱好和行为。文化水平会影响居民的需求层次；宗教信仰和风俗习惯会禁止或抵制某些活动的进行；价值观念会影响居民对组织目标、组织活动以及组织存在本身的认可与否；审美观点则会影响人们对组织活动内容、活动方式以及活动成果的态度，从而表现出不同的市场需求和不同的消费行为。

4. 技术环境

技术环境不仅包括那些引起革命性变化的发明，还包括与企业生产有关的新技术、新工艺、新材料的出现以及发展趋势和应用前景。在过去的半个世纪里，技术环境发生着翻天覆地的变化，如微软、惠普、通用电气等高科技公司的崛起改变着世界和人类的生活方式。同样，技术领先的医院、大学等非营利性组织，也比没有采用先进技术的同类组织具有更强的竞争力。技术环境除了要考察与企业所处领域的活动直接相关的技术手段的发展变化外，还应及时了解国家对科技开发的投资和支持重点，以及该领域技术发展动态和研究开发费用总额、技术转移和技术商品化速度、专利及其保护情况等。

❖ 知识点 4：物流市场环境分析方法——五力分析模型

五力分析模型是迈克尔·波特（Michael Porter）于 20 世纪 80 年代初提出，可以有效地分析企业的竞争环境，对企业战略制定产生全球性深远影响的模型。一个行业中的竞争，远不局限于原有竞争对手，而是存在着五种基本的竞争力量：新进入者的威胁、现有竞争者之间的竞争、替代品的威胁、客户的议价能力和供应商的议价能力，五种力量的不同组合变化最终影响行业利润潜力变化，如图 2-6 所示。

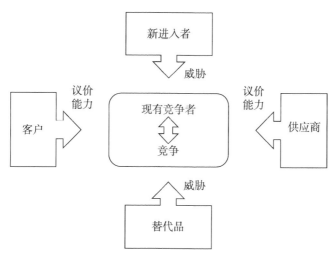

图 2-6　影响物流企业竞争的五种力量

1. 新进入者的威胁

任何一种产品或服务的生产经营，只要有利可图，都可能有新的进入者。由于新进入者怀有强烈的占有市场份额的欲望，它们在给物流行业带来新生产能力、新资源的同时，也势必给现有物流企业造成压力，威胁现有物流企业的地位。新进入者威胁的程度取决于市场进入障碍和新进入者预想的现有企业的反应情况。市场进入障碍主要包括规模经济、产品差异、资本需要、转换成本、营销渠道、政府政策、自然资源、地理环境等方面。新进入者预想的现有企业的反应主要是指新进入者想象的现有物流企业反击的力度、规模和持久性，这些取决于现有物流企业的财力情况、固定资产规模、行业增长速度等。

2. 现有竞争者之间的竞争

处于同一行业中的企业，利益大多是相互关联的，其竞争战略的目标是获得竞争优势。因此，在竞争战略实施过程中必然会产生冲突与对抗，这些冲突与对抗就构成了现有竞争者之间的竞争。现有竞争者的竞争手段主要有价格竞争、广告战、产品拓展、加强客户服务等。物流企业在分析现有竞争者的影响时，主要研究以下内容。

（1）竞争者的基本情况。研究目的在于找出物流企业的主要竞争者。

（2）主要竞争者的实力。分析主要竞争者的优势和对物流企业造成威胁的原因，以便物流企业制定有效的对策。

（3）竞争者的发展方向。包括产品开发方向、市场拓展或转移方向等。分析竞争者的发展方向，有助于物流企业了解现有的竞争格局和竞争者的战略动向，从而有针对性地制定竞争策略。

3. 替代品的威胁

处于不同行业中的企业，其所提供的产品或服务可能互为替代品，因而将产生相互竞争的行为。替代品价格越低、质量越好、客户转换成本越低，物流企业的竞争压力就越大。这种源于替代品的竞争会以各种形式影响到现有物流企业的竞争战略，具体有以下两种情况。

（1）若存在便于客户接受的替代品，现有物流企业的获利潜力将受到限制。

（2）替代品生产者的侵入，使得现有物流企业必须采取一些积极手段，如提高服务质量、通过降低成本来降低售价、开发特色物流服务等，以实现销售量与利润同时增长的目标。

4. 客户的议价能力

客户主要通过压价、要求提高服务质量、要求提供更多的服务项目等手段，来影响物流企业的盈利能力。客户议价能力取决于市场的特点和客户对物流企业的重要程度。当出现以下情况时，客户的议价能力会增强。

（1）客户大批量购买或集中购买。

（2）客户购买的物流服务占其成本的很大部分。此时他们会竭尽全力争取优惠价格；反之，客户对价格则不太敏感，甚至不议价。

（3）客户转换成本低。

（4）客户利润低。

（5）物流服务对客户产品或服务的质量无重大影响。

（6）客户掌握充分的信息。

5. 供应商的议价能力

供应商主要通过以下两种方式影响物流企业的盈利能力，其一是提高价格，其二是维持原价，但降低其产品或服务的质量。供应商的议价能力足够强，可能导致物流企业因无法使其价格跟上成本的增长而失去利润。当出现以下情况时，供应商的议价能力会增强。

（1）供应商所处的行业由几个企业支配，且其集中化程度比物流企业高。

（2）物流企业并非供应商的主要客户。

（3）供应商的产品是物流企业的主要资源，对物流企业提供的物流服务的质量影响很大。

（4）供应商的产品富有特色，以至于物流企业难以更换供应商或更换成本太高，或者很难找到替代品。

（5）供应商能够方便地实行前向联合或一体化，而物流企业难以实行后向联合或一体化。

任务执行

步骤1：收集物流营销环境分析资料

学生以项目组为单位，每名学生在一周时间内通过网络、报纸、期刊等途径，收集用于物流营销环境分析的相关材料。

步骤2：比较物流市场分析工具

利用收集的资料，结合学习内容，比较各种物流市场分析工具，填写表2-12。

表 2-12 物流市场分析工具比较

对比项目	主要的物流市场分析工具		

步骤 3：各项目组制作汇报课件并推选代表上台分享

 任务评价

完成上述任务后，教师组织三方进行评价，并对学生的任务执行情况进行点评。学生完成表 2-13 的填写。

表 2-13 考核评价表

班级		团队名称		学生姓名	
团队成员					

考核项目		分值（分）	要求	学生自评（30%）	团队互评（30%）	教师评定（40%）
知识能力	收集相关材料	30	内容丰富			
	列举常用的物流市场分析工具	20	列举准确			
	对比分析各物流市场分析工具的优缺点	20	正确无误			
职业素养	文明礼仪	10	举止端庄、使用文明用语			
	团队协作	10	相互协作、互帮互助			
	工作态度	10	严谨认真			
成绩评定		100				

牛刀小试

一、单项选择题

1. 基于内外部竞争环境和竞争条件下的态势分析方法称为 （   ）。

A. SWOT 分析法　　　B. PEST 分析法　　　C. 五力分析模型　　　D. 公共政策分析

2. 在 SWOT 分析中，威胁水平高而机会水平低的环境称为 （   ）。

A. 冒险环境　　　　B. 困难环境　　　　C. 理想环境　　　　　D. 成熟环境

3. 在 PEST 分析的诸要素中，变化最快的是 （   ）。

A. 政治环境　　　　B. 经济环境　　　　C. 社会环境　　　　D. 技术环境

4. 在 SWOT 战略选择矩阵中，以突显个性作为营销战略方向的战略是 （   ）。

A. SO　　　　　　　B. ST　　　　　　　C. WO　　　　　　　D. WT

5. 物流市场环境复杂多变，物流企业不能控制它，但可以调整营销策略改变某些环境因素，反映出的物流市场环境特征是 （   ）。

A. 客观性　　　　　　　　　　　　B. 变化性和相对稳定性

C. 相互关联性和相对分离性　　　　D. 动态性和企业的能动性

二、多项选择题

1. PEST 分析的内容包括 （   ）。

A. 政治　　　　　　B. 经济　　　　　　C. 技术　　　　　　D. 社会

2. 物流市场环境的特点包括 （   ）。

A. 客观性　　　　　　　　　　　　B. 变化性和相对稳定性

C. 相互关联性和相对分离性　　　　D. 动态性和企业的能动性

3. 在五力分析模型中，能够促使客户议价能力增强的措施包括 （   ）。

A. 客户大批量购买　　　　　　　　B. 客户利润高

C. 客户转换成本低　　　　　　　　D. 客户掌握充分的信息

4. 在五力分析模型中，能够促使供应商议价能力增强的情形有 （   ）。

A. 供应商所处的行业由几个企业支配

B. 物流企业并非供应商的主要客户

C. 供应商的产品是物流企业的主要资源

D. 供应商的产品富有特色，物流企业很难找到替代品

5. 以下选项中，属于 PEST 分析法中社会因素的有 （   ）。

A. 立法　　　　　　B. 生活方式　　　　C. 文化传统　　　　D. 信息技术

三、判断题

1. 从五力分析模型的视角出发，替代品价格越低、质量越好、客户转换成本越低，物流企业的竞争压力就越大。（　　）

2. 物流市场营销环境有其运行规律和发展趋势，不以企业的意志为转移。（　　）

3. 构成物流市场环境的各项因素之间彼此独立。（　　）

4. 物流企业内部的优势与劣势是相对于竞争者而言的。（　　）

5. 处于成熟环境中的物流企业应该适时地抓住市场机会，进行新产品开发和市场拓展，抢占市场份额，提升市场地位，从而赢得竞争优势。（　　）

四、案例分析题

西安冷链物流 SWOT 分析

物流的发展改变了人们的生活方式，近来，为满足大众生活所需，冷链物流得以快速发展。"一带一路"倡议为西安冷链物流的发展提供了契机，同时也存在一定的挑战。

优势分析（S）。西安作为陕西省会、西北地区要塞，人口密集，拥有5000多年的历史文明，是我国重要的旅游城市。西安市常住人口870余万，2019年经济总量达到9321.19亿元，消费能力大大提高，对社会各项需求均有所提高。西安作为古丝绸之路的起点，地理位置至关重要，以西安为中心，9条高速交会于此，贯穿陕西，辐射周边省市县；西安咸阳国际机场是中国重要的航空港之一，拥有150余条航线，每天400余架次的航班起降，旅客吞吐量达1529万人次；以西安为中心的陕西农业极具地方特色，猕猴桃、苹果、冬枣、葡萄等农作物为当地居民提供了重要经济来源。

劣势分析（W）。从全国经济来看，东部沿海地区以及南方的经济发展均领先于陕西，西安作为西北经济发展的重要城市，在冷链物流技术、设备先进程度、企业规模等方面存在一定劣势。作为旅游城市，重工业相对薄弱，先进技术设备无法有效地应用，员工意识不强，难以合理地应用物流技术解决西安特有的问题。物流技术型人才匮乏，西安周边的冷链物流问题难以解决，依靠传统方式进行冷链物流配送，不仅效率低，而且成本较高。冷链配送中心配送范围仅限西安周边，具有一定局限性，难以打开全国市场，提升整体效益。

机遇分析（O）。"一带一路"倡议的提出，从国家政策的角度出发，为冷链物流的发展提供了制度的保证，促进冷链物流技术、设备、信息化、智能化的发展。大西安的规划建设，成立国家级新区"西咸新区"，加大西部大开发策略，带动西部地区的发展，为冷链物流的技术革新奠定坚实的基础，促使西安冷链物流与东部沿海城市接轨，实现东西互通，西部"生鲜"、东部"海鲜"快捷交互，高效率、高品质。

威胁分析（T）。全国物流一体化，"四通一达"占领大部分物流市场，各大电商平台争相进入西安市场，对当地传统冷链物流模式存在一定程度的冲击。冷链物流行业鱼龙混杂，消费者对冷链物流存在一定疑虑，西安以外冷链物流贸易很难开展，市场行业欠缺标准，一定程度削弱了消费者在冷链物流行业的消费能力。周边省区市冷链物流行业也在逐步完善，市场份额不断增加，影响西安当地经济的发展。

请根据以上资料，结合你所学的内容，分析并回答以下问题。

（1）什么是 SWOT 分析？

（2）根据 SWOT 分析，企业可以采取哪些战略？

五、技能训练题

参照物流问卷设计原则及格式，设计一份物流市场调研问卷。

03

项目三
物流市场细分
与定位

PROJ

◎ **知识目标**

● 了解物流市场细分的概念和作用。

● 掌握物流市场细分的原因和原则。

● 了解物流目标市场的确定标准。

● 掌握影响物流目标市场营销策略选择的因素。

● 掌握物流市场定位的步骤。

※ **能力目标**

● 能够运用物流市场细分的方法进行物流市场细分。

● 能够区分常见的物流目标市场营销策略。

● 能够运用物流市场定位的方法制定相应的定位策略。

❖ **素质目标**

● 学习物流市场细分的方法，采用创新思维进行市场细分。

● 深入体会物流市场定位的重要性，学会找准自身定位，发挥核心竞争力。

● 探索市场细分及定位的积极意义，培养"厚商德、明规范、勇担责、正观念"的职业精神。

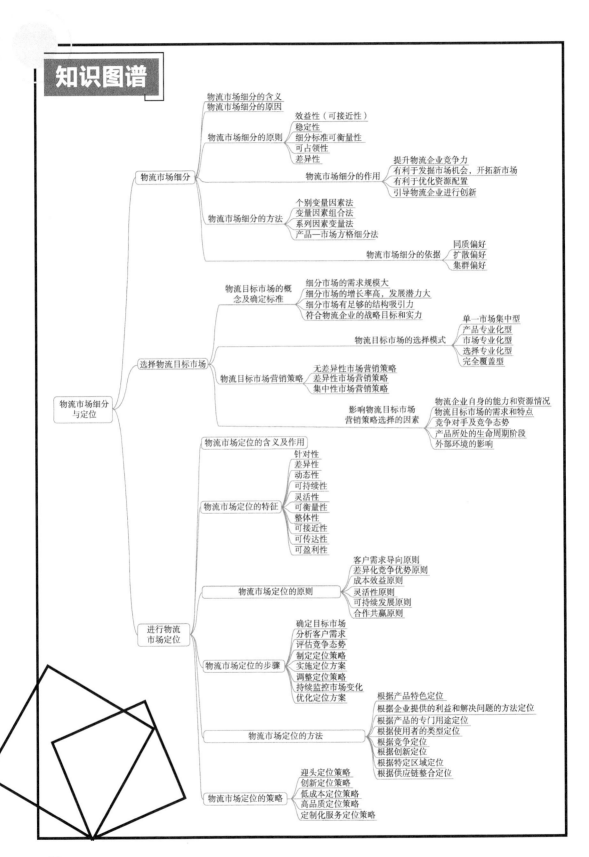

物流市场细分与定位

物流市场细分
- 物流市场细分的含义
- 物流市场细分的原因
- 物流市场细分的原则
  - 效益性（可接近性）
  - 稳定性
  - 细分标准可衡量性
  - 可占领性
  - 差异性
- 物流市场细分的作用
  - 提升物流企业竞争力
  - 有利于发掘市场机会，开拓新市场
  - 有利于优化资源配置
  - 引导物流企业进行创新
- 物流市场细分的方法
  - 个别变量因素法
  - 变量因素组合法
  - 系列因素变量法
  - 产品—市场方格细分法
- 物流市场细分的依据
  - 同质偏好
  - 扩散偏好
  - 集群偏好

选择物流目标市场
- 物流目标市场的概念及确定标准
  - 细分市场的需求规模大
  - 细分市场的增长率高，发展潜力大
  - 细分市场有足够的结构吸引力
  - 符合物流企业的战略目标和实力
- 物流目标市场的选择模式
  - 单一市场集中型
  - 产品专业化型
  - 市场专业化型
  - 选择专业化型
  - 完全覆盖型
- 物流目标市场营销策略
  - 无差异性市场营销策略
  - 差异性市场营销策略
  - 集中性市场营销策略
- 影响物流目标市场营销策略选择的因素
  - 物流企业自身的能力和资源情况
  - 物流目标市场的需求和特点
  - 竞争对手及竞争态势
  - 产品所处的生命周期阶段
  - 外部环境的影响

进行物流市场定位
- 物流市场定位的含义及作用
- 物流市场定位的特征
  - 针对性
  - 差异性
  - 动态性
  - 可持续性
  - 灵活性
  - 可衡量性
  - 整体性
  - 可接近性
  - 可传达性
  - 可盈利性
- 物流市场定位的原则
  - 客户需求导向原则
  - 差异化竞争优势原则
  - 成本效益原则
  - 灵活性原则
  - 可持续发展原则
  - 合作共赢原则
- 物流市场定位的步骤
  - 确定目标市场
  - 分析客户需求
  - 评估竞争态势
  - 制定定位策略
  - 实施定位方案
  - 调整定位策略
  - 持续监控市场变化
  - 优化定位方案
- 物流市场定位的方法
  - 根据产品特色定位
  - 根据企业提供的利益和解决问题的方法定位
  - 根据产品的专门用途定位
  - 根据使用者的类型定位
  - 根据竞争定位
  - 根据创新定位
  - 根据特定区域定位
  - 根据供应链整合定位
- 物流市场定位的策略
  - 迎头定位策略
  - 创新定位策略
  - 低成本定位策略
  - 高品质定位策略
  - 定制化服务定位策略

 **岗位分析**

岗位1：物流营销策划专员

- **岗位职责**：负责品牌推广、促销活动的各种文件会签。负责跟进每个阶段的广告策略，加强与各项目公司的工作联系与协作。参加各项目的定期市场调研、案例分析、策划研讨会。
- **典型工作任务**：物流市场分析、物流市场策划。
- **职业素质**：营销意识、服务意识、创新意识。
- **职业能力**：能够敏锐地洞察市场机会，挖掘市场潜力。
- **可持续发展能力**：持续学习的能力；敏锐的市场洞察能力。

岗位2：物流市场研究员

- **岗位职责**：负责收集和分析市场信息，预测市场趋势，为公司分析复杂的市场环境。做好市场活动费用的预算及统计工作，做好品牌推广费用的分摊及结算工作的安排等。
- **典型工作任务**：物流市场开发、物流服务产品设计、客户关系管理。
- **职业素质**：市场意识、服务意识、团队意识、协作意识。
- **职业能力**：具备较强的市场分析决策能力，丰富的市场营销经验及渠道拓展经验，具有较强的沟通能力、组织协调能力和团队管理能力。
- **可持续发展能力**：具有较强的事业心及创新意识。

 项目导读

物流市场细分在物流市场营销中具有极其重要的地位，它要求物流企业在对市场需求进行调研的基础上对市场进行细分、选择目标市场并确定市场定位。它是企业了解物流市场全貌及其竞争结构的基础，也是企业进行市场决策的前提。如果不能正确地细分市场，物流企业就无法选择目标客户，也无法制定有效的市场决策并选择明确的市场定位。特别是物流市场竞争进入短兵相接、寸土必争的白热化状态后，多家物流企业共同竞标同一物流项目的情况频繁发生，物流市场将从有形细分向无形细分转化，物流需求也从同质化到差异化发展，因此运用科学的市场研究方法正确地细分市场显得尤其重要，这也将成为战胜竞争对手的关键。

目前，物流企业已经细分为物流、仓储、快递、小件包裹等小行业。不少企业的经营范围甚至在更小的细分市场取得了成功，顺丰速运就是一个很好的例子。作为一家专业快递公司，顺丰速运把自己的业务经营范围拓展到了更为轻便的信件快递服务，而正是这样一个不起眼的市场，让顺丰取得了极大成功。根据相关资料统计，顺丰速运文件与包裹的比例为6∶4。相较于其他国内快递企业，顺丰速运的文件业务占比最大。可别小看了文件包裹市场，目前顺丰速运此业务的营收已经将近40亿元。更让人吃惊的是，在物流业利率不断摊薄的今天，顺丰速运的利润居然还能达到20%。

这就是市场细分的胜利。目前，各个细分领域的"顺丰"并不罕见，有专门做航空物流的，有专门做行业物流的，如IT（互联网技术）细分市场的澳洋顺昌，其已成为长三角地区专门为IT产品制造商提供金属材料的仓储、分拣、套裁、包装、配送等供应链服务的细分市场中最大的物流公司。按照业内人士的说法，差异化实际上就是把我们目前的蛋糕再细分成一层、两层、三层，最后找到适合自己的这一层把它做精做细，就等于在这个市场上站稳了脚跟，企业内部的管理和竞争力就可以提高，就能够生存。

在本项目中，你将学习到物流市场细分与定位的基本知识，当然需要发挥团队的力量，由你和你的同学完成一些具有挑战性的任务，通过协作式的学习，你将获得更加丰富的知识，对物流营销的认识也会更加深入。

任务一　物流市场细分

寻找细分市场的
"热门切分法"

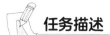 **任务描述**

任务 1：学生以项目组为单位，选定某家物流公司，通过上网搜索或查阅图书等方式结合学习内容进行头脑风暴，罗列该公司可能涉及的所有细分市场，越多越好，并画出思维导图。

任务 2：对查找的资料进行归纳总结，并经过小组讨论后，筛选该公司最值得保留的几个细分市场，填写表 3-2。

任务 3：每个项目组需要将收集的资料加工整理制作成汇报课件，并推选代表做分享汇报。

知识链接

✤ 知识点 1：物流市场细分的含义

1. 市场细分的概念

市场细分，也称为市场细分化、市场分片或市场分割等，是市场营销学中的一个重要概念。它是指企业在市场调研的基础上，依据其所面对的消费者（或用户）在需求上的各种差异，把整体市场划分为在需求上大体相近、具有某种相似特征的若干个市场部分，即子市场。市场细分的概念是美国市场学家温德尔·史密斯（Wendell R. Smith）于 1956 年提出的。它是第二次世界大战结束后，美国众多产品市场由卖方市场转化为买方市场这一新的市场形势下企业营销思想和营销战略的新发展，更是企业贯彻以消费者为中心的现代市场营销观念的必然产物。

2. 物流市场细分的概念

物流市场细分是将整个物流市场划分为具有共同特征的子市场的活动。通过对市场需求、竞争态势、客户群体等多方面的深入分析，物流企业可以更好地理解消费者需求，发掘市场机会，制定有效的营销策略，满足物流客户的要求，提高市场竞争力，从而在激烈的市场竞争中获得竞争优势并实现企业的可持续发展。

物流市场细分是一个有力的营销工具，在营销策略中起着关键的作用。它可以帮助企业更准确地定义客户的物流服务需求和需要，从而更准确地制定营销目标，并更好地分配物流资源。通过市场细分，企业可以确定具有相似需求的客户群体，并针对这些客户群体制定相应的产品和服务策略，以提高客户满意度和忠诚度。

❖ 知识点 2：物流市场细分的原因

随着市场竞争的加剧和消费者需求的多样化，物流市场细分逐渐成为企业发展的重要手段。物流市场细分的原因主要包括以下几点。

1. 企业资源条件有限，急需优化资源配置

通过市场细分，企业可以更好地了解市场需求和竞争态势，从而更加合理配置内部资源，包括人力资源、物力资源、财务资源和技术资源等。企业可以根据细分市场的需求特点和规模，合理分配资源，避免资源浪费和不足，提高资源利用效率。

通过市场细分，企业可以对不同的客户群体进行差异化服务和管理。这有助于企业优化资源配置，提高运营效率。例如，根据客户的需求特点，企业可以优化运输路线、仓储布局和配送方式，从而提高物流效率，降低成本。

2. 物流市场广泛存在激烈竞争

通过市场细分，物流企业可以找到自身的优势和定位，可以更加准确地把握市场机会，从而制定差异化的竞争策略，快速响应市场变化。针对不同的细分市场，企业可以提供独特的解决方案或服务，这有助于企业提升竞争优势，在激烈的市场竞争中脱颖而出，提升市场份额和盈利能力。

3. 客户需求具有多样性和差异性

物流市场细分的基础是客户需求。物流客户的需求具有多样性和差异性。通过市场细分，企业可以更好地理解不同客户群体的需求和偏好，从而提供个性化的物流解决方案，更好地满足不同客户群体的需求，进而提高客户满意度和忠诚度，提升市场份额。

4. 发掘市场机会，扩大市场份额

通过物流市场细分，企业可以发现未被满足的市场需求和潜在机会。这些细分市场可能有特定的需求，企业可以提供具有针对性的解决方案来满足这些需求，从而获得新的增长机会，扩大市场份额。

物流市场细分可以帮助企业更好地了解客户需求和竞争态势，从而制定有效的物流营销策略和产品定位。通过满足目标市场的需求，物流企业可以提高市场份额和盈利能力。

❖ 知识点 3：物流市场细分的原则

物流市场细分的原则是企业在进行市场细分时需要考虑的重要因素，物流市场细分的原则主要有以下几点。

1. 效益性（可接近性）

企业进行市场细分的根本目的就是要取得良好的经济效益。因此，在进行市场细分时，必须考虑目标市场的潜力和企业进入该市场的投资收益率。也就是说，细分市场应该有足够的规模，并且能够保证企业在该细分市场上获得利润。这是企业进行市场细分的重要目的之一。如果细分市场的规模过小，市场容量太小，那么企业在该市场上可能无法获

得足够的利润，就不值得细分。因此在满足可接近性原则的前提下，要测算出细分市场的投资收益率，并进行盈亏平衡分析。

2. 稳定性

物流市场的客户需求要具有相对稳定性，其变化应在企业可控范围之内。此外，不同的细分市场应有较为稳定的特征和需求。这样，企业就能在一定时期内集中资源和优势，为该市场提供有针对性的服务。

3. 细分标准可衡量性

该原则是指细分的市场应该能够识别和衡量。也就是说，细分出来的市场规模和服务需求不仅范围要明确，而且对其容量也要能大致作出判断。只有这样，企业才能对市场的规模和发展潜力有清晰的认识，从而制定有效的市场策略。

4. 可占领性

细分出来的市场应该是企业营销活动能够抵达的，即企业通过努力能够使服务进入并对客户施加影响的市场。企业的资源、技术和经营能力必须与细分市场相适应，才能有效地占领该市场。比如，有些物流细分市场虽然有较高的潜在需求，但企业缺乏相应的资源和技术，那么这个细分市场对于企业来说就是不可进入的。如果企业无法进入并占领某个细分市场，或者进入的成本过高，那么该企业可能无法在该市场上取得成功。

5. 差异性

细分市场要具有差异性，不同细分市场之间的客户需求和特点应该有所区别，即细分后的物流市场，其客户群体具有明确的可辨识性，便于企业用最有效的方式满足其需求。这样，企业就可以根据不同的市场需求，制定不同的市场策略，从而更好地满足客户的需求，提高市场份额。例如，企业针对不同客户需求进行整车运输和零担运输的细分，就是利用细分市场的差异性进行分辨和归类。

❖ **知识点 4：物流市场细分的作用**

1. 提升物流企业竞争力

有效的物流市场细分可以帮助企业找到自身的优势和特色，并在特定的细分市场中形成独特的竞争优势。通过深入了解目标市场的需求和竞争态势，企业可以制定更具针对性的竞争策略，提高自身的竞争力。

2. 有利于发掘市场机会，开拓新市场

物流市场细分能够帮助企业识别出未被满足的市场需求，发现潜在的市场机会。通过细分市场，企业可以更加准确地了解不同客户群体的需求和欲望，从而找到可行的商机。这样，企业就能发现那些竞争者尚未进入或竞争者较少的市场，并结合自身的资源状况，确定适合自身发展和壮大的目标市场。这为企业制定营销策略、开发新产品或服务、拓展新市场提供了重要依据。

3. 有利于优化资源配置

市场细分使物流企业能够更准确地判断不同市场的潜力和风险，将有限的资源集中投入具有最大发展潜力的细分市场中，从而更合理地分配人力、物力等资源，有助于企业提高资源利用效率。通过对特定市场的聚焦，企业可以更好地满足该市场的需求，降低成本，提高盈利能力，提高市场份额和竞争优势。

4. 引导物流企业进行创新

通过物流市场细分，企业可以针对不同客户群体的需求特点，设计和提供更加专业化和个性化的创新服务方案。这种定制化的创新服务能够更好地满足客户需求，提升客户满意度，进而增加企业的市场份额。通过物流市场细分，企业可以更加敏锐地感知市场需求的变化和趋势。通过对细分市场的长期跟踪和分析，企业可以及时调整自身的战略和业务模式，适应市场的变化和挑战。这有助于企业不断推陈出新，保持竞争力和灵活性，实现可持续发展。

❖ 知识点 5：物流市场细分的方法

1. 个别变量因素法

个别变量因素法又称单因素细分法。物流市场细分只按照一个因素进行，可以按产品类型、客户所处行业、客户业务规模、客户企业所有制形式、地理位置等因素中的一个进行物流市场细分。

2. 变量因素组合法

变量因素组合法又称综合因素细分法，是指以影响物流市场需求的两种或两种以上的因素进行综合划分。这些因素可能包括客户需求、产品类型、服务水平、地理位置等。客户的需求差异极为复杂，只有从多方面分析和识别，才能更准确地把它们区分为不同的群体。

3. 系列因素变量法

这种方法需要运用两个或两个以上的因素，但它是依据一定的顺序逐次细分市场的。细分的过程是一个比较、选择子市场的过程。例如，可以根据企业经营特点及影响物流需求的多种因素，各项因素之间先后有序，可由粗到细、由浅入深、由简至繁、由少到多，逐步进行细分，使目标市场越来越具体。

4. 产品—市场方格细分法

这种方法是按产品和市场这两个因素的不同组合细分市场。该方法可以帮助企业了解不同产品和市场组合下的需求和竞争情况。具体来说，就是按照物流产品（客户需要）和市场（客户群）这两个因素的不同组合细分市场。例如，物流市场对物流有 5 种不同的需要：供应物流、生产物流、销售物流、回收物流、废弃物流。同时有 3 个不同的客户群：国企、民企、个体，这样就形成 15 个细分市场，如表 3-1 所示。

表 3-1　　　　　　　　　　　　　　产品—市场方格细分法例表

	供应物流（D1）	生产物流（D2）	销售物流（D3）	回收物流（D4）	废弃物流（D5）
国企（C1）	D1C1	D2C1	D3C1	D4C1	D5C1
民企（C2）	D1C2	D2C2	D3C2	D4C2	D5C2
个体（C3）	D1C3	D2C3	D3C3	D4C3	D5C3

❖ 知识点 6：物流市场细分的依据

1. 同质偏好

消费者对同一产品的需求差异不大，市场上品牌个性特征不明显，市场不必细分。

2. 扩散偏好

消费者对于产品的要求呈现扩散性差异，市场上品牌个性特征明显，市场可以细分，先进入市场的品牌可能定位在市场的中心，以迎合最多的消费者。

3. 集群偏好

消费者对于产品的要求呈现集群性差异，市场上品牌个性特征明显。

任务执行

步骤 1：头脑风暴法罗列细分市场

学生以项目组为单位，选定某家物流公司，通过上网搜索或查阅图书等方式结合学习内容进行头脑风暴，罗列该公司可能涉及的所有细分市场，越多越好，并绘制思维导图，思维导图可以自行填充增加细分市场数量栏，具体参考图 3-1。

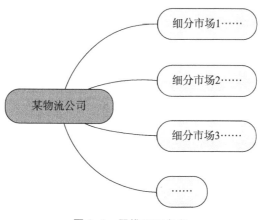

图 3-1　思维导图参考

步骤2：筛选保留细分市场

对查找的资料进行归纳总结，并经过小组讨论后，筛选该公司最值得保留的几个细分市场，并填写表3-2，表格可以依据内容需要自行填充。

表3-2　　　　　　　　　　　　筛选保留细分市场

序号	罗列所有细分市场	筛选出的细分市场	保留或舍弃的原因	备注/补充说明
1				
2				
3				
4				
…	…	…	…	…

步骤3：各项目组制作汇报课件并推选代表上台分享

 任务评价

完成上述任务后，教师组织三方进行评价，并对学生的任务执行情况进行点评。学生完成表3-3的填写。

表3-3　　　　　　　　　　　　考核评价表

班级		团队名称		学生姓名		
团队成员						
考核项目		分值（分）	要求	学生自评（30%）	团队互评（30%）	教师评定（40%）
知识能力	罗列细分市场	20	详尽合理			
	绘制思维导图	20	条理清楚			
	筛选细分市场	30	理由充分			
职业素养	文明礼仪	10	举止端庄、使用文明用语			
	团队协作	10	相互协作、互帮互助			
	工作态度	10	严谨认真			
成绩评定		100				

牛刀小试

一、单项选择题

1. 市场细分概念的提出者是（　　）。

A. 温德尔·史密斯 　　　　　　　　　B. 杰克·特劳特

C. 菲利普·科特勒 　　　　　　　　　D. 阿尔·里斯

2. 同一细分市场的客户需求具有（　　）。

A. 绝对的共同性　　B. 较多的共同性　　C. 较少的共同性　　D. 较多的差异性

3. 下列不是市场细分原则的是（　　）。

A. 可衡量性　　　　B. 可进入性　　　　C. 效益性　　　　　D. 可对比性

二、多项选择题

1. 物流市场细分的原因主要包括（　　）。

A. 企业资源条件有限，急需优化资源配置

B. 物流市场存在激烈竞争

C. 客户需求具有多样性和差异性

D. 发掘市场机会，扩大市场份额

2. 物流市场细分的作用主要有（　　）。

A. 物流市场细分可以引导物流企业进行创新

B. 提升物流企业竞争力

C. 有利于物流企业发掘市场机会，开拓新的物流市场

D. 有利于物流企业优化资源配置

3. 物流市场细分的方法包括（　　）。

A. 个别变量因素法 　　　　　　　　　B. 系列因素变量法

C. 产品—市场方格细分法 　　　　　　D. 变量因素组合法

三、判断题

1. 在同类产品市场上，同一细分市场的客户需求具有较多的共同性。（　　）。

2. 物流服务市场细分只是一个抽象理论，不具有实践性。（　　）

3. 市场细分和市场分类虽然是两个不同的概念，但其内涵大体上是一致的。（　　）

4. 通过物流市场细分，细分出的每个市场，对企业市场营销都具有重要意义。（　　）

5. 物流市场细分本质上就是企业选择性地进行专业化服务细分。（　　）

四、案例分析题

香港邮政"特快专递"的市场细分

香港邮政署率先推出了"特快专递"业务。但是，由于邮政署是行政拨款的政府部门，一直未对该项业务进行商业化的市场推广，结果业务的发展反而赶不上后起的民营公司。香港邮政署决定对快递业务进行市场推广，提高市场占有率，增加营业额。首先香港邮政署对客户进行了调研，了解到客户选择快递服务时，首先考虑的是速度和可靠性，其次才是价格，同时客户希望能够追踪邮件，随时了解邮件运送的情况。最终得出的结论如下。

邮政署的优势。

（1）"特快专递"服务推出时间较早，技术支持较强（如电子追踪服务）。

（2）以邮局为服务点，服务网络覆盖面广，竞争对手无法相比。

（3）邮政署寻求改变的决心大，员工士气高昂，急欲参加。

邮政署的劣势。

香港邮政署"特快专递"过去的形象不太好，认可度不高，人们认为其可靠性与速度不及私营快递公司。

市场机会。

私营快递公司多以大公司为主要客户，绝大多数的中、小机构享受不到价格优惠，个人客户的需求更得不到满足，是一个被忽视的市场。

通过细分市场，香港邮递署选择了中小商业机构和个人客户作为自己的目标市场，以"补缺者"的身份填补市场空隙，避免和竞争对手发生正面冲突。他们把自己的服务定位为"分秒显优势"的"超值服务"。为了塑造这一市场形象，吸引目标消费者，香港邮政署采取了以下措施：

（1）对"特快专递"服务采取低价策略；

（2）提供电子追踪服务，让客户随时掌握邮件运送的情况；

（3）提供不同大小的特快专递箱，满足客户的需要；

（4）消除一切可能延误的因素，保证邮件准时发送；

（5）特设专门小组，应对客户的业务查询，替客户开立账户，并做宣传；

（6）整顿工作作风，要求一线人员礼貌热情，服务耐心细致，提高工作效率；

（7）提供高质量、高效率的"超值服务"，分秒必争，让客户有更多时间处理邮件，尽显优势。

香港邮政署推出了主题为"分秒显优势"的市场推广活动。

在视觉形象上，设计了全新的公司标志和"特快专递"服务标志，选择以速度见长的"蜂鸟"代表公司形象，选择以速度和耐力著称的"雨燕"作为"特快专递"服务的形象。电视广告也极富感染力，突出了"分秒显优势"的承诺：一个勤勉、质朴的年轻邮递员，充满自信地走在人群中，他不断前行的身影、真诚的笑容，与身后喧闹的都市形成了强烈的对比，给人以踏实、可信赖的感觉，反映了香港"特快专递"业务崭新的形象。此外，这一活动还采用了多种传播方式，如报纸广告、直邮广告、传单、海报等。香港邮政署还特别成立了"特快专递"倡导委员会，并设立了许多工作促进小组，向邮政署所有员工介绍有关知识和加强服务的重要性。领导高度重视并亲临现场指导工作，给员工以极大鼓舞，每位员工都愿为推广活动效力。

这一推广活动取得了显著成绩。实施推广活动的头5个月，新开立账户的客户数量上升了60%。在未开立账户的客户中，认知率从11%上升到了30%；在已开立账户的客户中，认知率从36%上升到50%，"特快专递"在香港已经成功地建立起自己的品牌形象。对客户满意度的独立研究显示，客户对"特快专递"服务各个程序的满意度均有明显上升。由于快递业务服务水平提高，香港邮政署获得了全球邮政联盟的嘉奖。这一市场推广活动成功地入围当年香港杰出营销奖，其电视广告也被评为该年度的杰出广告作品。

请根据以上资料回答问题。

（1）物流市场细分有哪些标准？

（2）香港邮政署对邮政市场进行细分的标准是什么？

五、技能训练题

登录一家物流企业的官方网站，简要分析该企业是如何进行市场细分的，涉及了哪些行业领域。

任务二 选择物流目标市场

物流目标市场

 任务描述

任务 1：学生以项目组为单位，选择现实中感兴趣的一家物流公司，进入模拟情境，站在物流公司的角度评估每个细分市场的吸引力，选择目标市场，并填写表 3-4。

任务 2：对查找的资料进行归纳总结，并经过小组讨论后，为任务 1 选择的目标市场制定相应的营销策略，并说明相关的操作步骤和理由，填写表 3-5。

任务 3：每个项目组需要将收集的资料加工整理，制作成汇报课件，并推选代表做分享汇报。

 知识链接

❖ **知识点 1：物流目标市场的概念及确定标准**

物流目标市场是指物流企业在物流市场细分的基础上，经过评价和筛选所确定的作为企业经营目标而开拓的特定市场，即根据自身资源优势所选择的主要为之服务的那部分特定的客户群体。在竞争激烈的物流市场中，企业需要明确自己的目标市场，以便更精准地满足客户需求，提高市场竞争力。

确定物流目标市场的标准主要包括以下 4 个方面。

1. 细分市场的需求规模大

市场规模越大，潜在客户越多，企业获得的收益也越高。因此，目标市场应具备较大的需求规模，以保证企业能够获得足够的收益和市场份额。企业在选择目标市场时，也需要重点关注细分市场的整体规模。

2. 细分市场的增长率高，发展潜力大

细分市场的增长率越高，说明市场需求越旺盛，企业在此市场的发展空间也越大。目标市场只有具备较大的发展潜力，才能够为企业提供长期的增长机会。企业应选择增长迅速且潜力大的细分市场作为目标市场。

3. 细分市场有足够的结构吸引力

目标市场应具备足够的结构吸引力，包括未满足的需求、竞争对手的弱点等，以使企业能够在该市场中获得竞争优势。首先，不同细分市场的消费者需求特点各异。企业应根据自身优势和资源，选择与自身业务特点相匹配的市场。其次，企业在选择目标市场时，需要分析市场竞争状况。竞争较小的市场有利于企业快速抢占市场份额，提高市场地位。

4. 符合物流企业的战略目标和实力

企业选择目标市场还应考虑自身的战略目标，确保目标市场与企业长期发展计划相契合。物流目标市场要符合企业的战略目标和资源优势，以便企业发挥自身特长，提升核心竞争力。

❖ 知识点 2：物流目标市场的选择模式

1. 单一市场集中型

单一市场集中型也称密集单一市场或产品单一市场，是指企业只提供一种形式的物流服务，满足单一客户群的需要。其优点是：如果细分市场补缺得当，公司在所选择的物流目标市场里可获得高报酬。缺点是：单一市场集中型的营销模式与其他模式相比风险更大，因为个别细分市场可能出现不景气的情况或有强大竞争对手突然出现，会令物流企业措手不及，甚至有可能让市场"洗牌"。所以，很多企业选择在若干个细分市场分散营销。单一市场集中型这种模式适用于规模较小的企业或初创企业，需要集中资源进行有针对性的服务。

2. 产品专业化型

针对各类客户的需要企业只提供一种形式的物流服务。通过这种模式，企业可以在某个服务产品方面树立很高的声誉。缺点是如果强有力的替代品出现，会导致企业陷入全面危机。因此，这种模式适用于在某一特定领域具有独特竞争优势的企业。

3. 市场专业化型

企业向同一客户群提供多种形式的物流服务，满足该客户群多样化的需求。其优点是物流公司专门为某个客户群服务，在该客户群中获得极好的声誉，并成为这个客户群所需各种新产品的首选代理商。其缺点是如果该客户群经费预算突然削减，那么市场专业化型物流公司的销售量就会断崖式下降，对物流公司的经营产生巨大冲击。另一缺点是该物流公司将有限的资源分散到多种形式的物流服务中，也很难做精做细，很难在某项物流服务中创出兼具特色与良好口碑的品牌。因此，这种模式适用于针对特定行业或地区的物流企业，能够深入了解客户需求并提供定制化服务。

4. 选择专业化型

企业提供多种形式的物流服务，但并不针对某一特定市场，而是根据企业自身能力和市场需求进行选择。采用此法选择若干个细分市场，其中每个细分市场在客观上都有吸引力，并且符合企业的目标和资源。但在各细分市场之间很少有或者根本没有任何联系，每个细分市场都有可能盈利。这种多细分市场目标优于单细分市场目标，因为这样可以分散企业的风险，即使某个细分市场失去吸引力，企业仍可以继续在其他细分市场获取利润。这种模式适用于具备广泛资源和能力的大型企业。

5. 完全覆盖型

企业能够提供多种形式的物流服务，涵盖各种市场和客户群，用各种产品满足不同客户群体的需求。这种模式适用于规模庞大、资源充足的大型物流企业，只有占据市场领导地位的物流大集团才能采用完全市场覆盖战略提供全方位的物流服务。选择物流目标市场的五种模式示意及说明如图 3-2 所示。

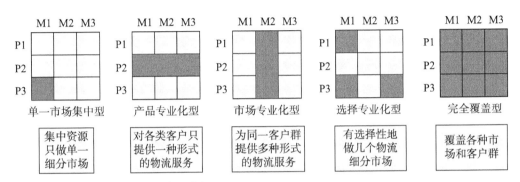

注：P—物流服务产品，M—物流市场。

图 3-2　选择物流目标市场的五种模式示意及说明

❖ 知识点 3：物流目标市场营销策略

企业在制定物流目标市场营销策略时，可采用以下几种策略。

1. 无差异性市场营销策略

无差异性市场营销策略是指企业把整个物流市场看作一个整体，不考虑市场的差异性，只提供一种标准化的物流服务，用单一的营销策略开拓市场，即用一种产品和一套营销方案吸引尽可能多的消费者。无差异性市场营销策略只考虑消费者或用户在需求上的共同点，而不关心他们在需求上的差异性。这种模式适用于规模较大、实力较强的物流企业。无差异性市场营销策略如图 3-3 所示。

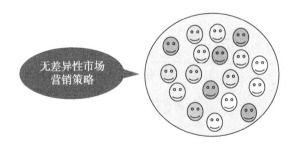

企业把整个物流市场看作一个整体，只提供一种标准化的物流服务，用单一的营销策略开拓市场

图 3-3　无差异性市场营销策略

无差异性市场营销的理论基础是成本的经济性。生产单一产品，可以减少生产与储运成本；无差异的广告宣传和其他促销活动可以节省促销费用；不搞市场细分，可以减少企业在市场调研、产品开发、制定各种营销组合方案等方面的营销投入。这种策略对于需求广泛、市场同质性高且能大量生产、大量销售的产品比较合适。对于大多数产品，无差异性市场营销策略并不一定合适。首先，消费者需求客观上千差万别并不断变化，一种产品长期为所有消费者和用户所接受非常罕见。其次，当众多企业如法炮制，都采用这一策略时，会造成市场竞争异常激烈，同时在一些小的细分市场上消费者需求得不到满足，这对企业和消费者都是不利的。再次，这种策略使企业易受到竞争企业的攻击，当其他企业针对不同细分市场提供更有特色的产品和服务时，采用无差异性市场营销策略的企业可能会发现自己的市场正在遭到蚕食但又无法有效地反击。正是由于这些原因，一些世界上曾经长期实行无差异性市场营销策略的大企业最后也被迫改弦更张，转而实行差异性市场营销策略。

2. 差异性市场营销策略

差异性市场营销策略是根据物流市场的差异性，将物流服务市场细分为若干个子市场，然后针对每个细分市场制定一套独立的营销方案，对不同的子市场提供不同的物流服务。这种模式适用于规模较小、实力较弱的物流企业，如图3-4所示。

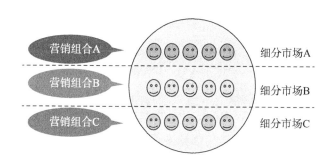

图3-4　差异性市场营销策略

差异性市场营销策略的优点是：小批量，多品种，生产机动灵活，针对性强，使消费者需求更好地得到满足，由此促进产品销售。另外，由于企业是在多个细分市场上经营，在一定程度上可以降低经营风险；一旦企业在几个细分市场上获得成功，则有助于提升企业的形象及提高市场占有率。差异性市场营销策略的不足之处主要体现在两个方面。一是增加成本。由于物流服务产品品种多，管理和服务成本将增加；由于公司必须针对不同的细分市场发展独立的营销计划，会增加企业在市场调研、促销和渠道管理等方面的营销成本。二是可能使企业的资源配置不能有效集中，顾此失彼，甚至在企业内部出现彼此争夺资源的现象，使特色服务产品难以形成独特优势。

3. 集中性市场营销策略

实行差异性市场营销策略和无差异性市场营销策略，企业均是以整体市场作为营销目标，试图满足所有消费者在某一方面的需要。集中性市场营销策略则是集中力量进入一个或少数几个细分市场，实行专业化生产和销售。实行这一策略，企业不是追求在一个大市场角逐，而是力求在一个或几个子市场占有较大份额，如图 3-5 所示。

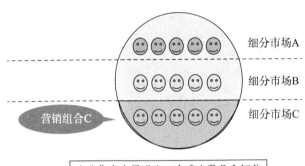

图 3-5 集中性市场营销策略

集中性市场营销策略的指导思想是：与其四处出击收效甚微，不如孤注一掷取得成功。这一策略特别适合资源有限的中小物流企业。中小物流企业由于受财力、技术等因素的制约，在整体市场可能无力与大企业抗衡，但如果集中资源优势瞄准大企业尚未顾及或尚未建立绝对优势的细分市场，反而容易取得成功。

✤ 知识点 4：影响物流目标市场营销策略选择的因素

影响物流目标市场营销策略选择的因素主要有以下几点。

1. 物流企业自身的能力和资源情况

物流企业自身的能力和资源情况包括企业的规模、资金、技术、人才等方面情况，这些因素将直接影响企业能够选择的目标市场策略和能够提供的物流服务产品，不同的物流企业可能具备不同的优势和特长，需要选择适合自己的目标市场。

2. 物流目标市场的需求和特点

物流目标市场的需求和特点包括物流目标市场的规模、增长率、竞争情况、客户需求等，这些因素将直接影响企业选择的物流目标市场策略和提供的物流服务产品能否满足市场需求。例如，客户对物流服务的需求特点和变化，直接影响着物流企业目标市场策略的制定和调整。

3. 竞争对手及竞争态势

物流企业在选择目标市场策略时，应关注竞争对手的动态，以便制定更具竞争力的营销策略，同时，物流企业还要考虑当下市场需求和竞争态势是否有利于自身的发展和竞争优势的建立。

4. 产品所处的生命周期阶段

物流企业应随着物流服务产品所处生命周期阶段的变化而变换其市场策略。一般来说，新的物流服务产品投放市场时，竞争者较少，适合采用无差异性市场营销策略，以便探测市场需要和潜在的客户群。

当物流服务产品进入成熟阶段后，由于同类产品增加，竞争者也日趋增多，就应该改用差异性市场营销策略，以开拓新的市场。当物流服务产品进入衰退期时，为了保持原有市场，延长产品生命周期，则应采用集中性市场营销策略。

5. 外部环境的影响

外部环境的影响包括政策法规、经济形势、技术进步等方面的影响，这些因素将直接影响物流企业的运营和发展，从而影响企业选择的物流目标市场策略和提供的物流服务产品。例如，物流行业相关的法律法规和政策环境对物流企业的经营和发展具有重要影响，企业须了解并遵守相关法律法规和政策规定，以确保合法经营和可持续发展。

任务执行

步骤1：评估细分市场的吸引力并选择目标市场

学生以项目组为单位，选择现实中感兴趣的一家物流公司，进入模拟情境，站在物流公司的角度评估每个细分市场的吸引力，选择目标市场，并填写表3-4，表格可以依据内容需要自行填充行列。

表3-4　　　　　　　　　　　物流细分市场评估及目标市场选择

序号	某物流公司细分市场	细分市场的评估指标	细分市场的评估结果	选定的目标市场
1		细分市场规模		
		细分市场增长率		
		细分市场的结构吸引力		
		企业的目标		
		企业的资源		
…	…	…	…	…

步骤2：为目标市场制定相应的营销策略

对查找的资料进行归纳总结，并经过小组讨论后，为任务1选择的目标市场制定相应的营销策略，并说明相关的操作步骤和理由，填写表3-5，表格可以依据内容需要自行填充行列。

表 3-5 物流企业目标市场选择分析

序号	某物流公司应选择的目标市场	该目标市场的影响因素	目标市场影响因素的评价结果	应制定的营销策略
1		企业的能力		
		市场的需求特点		
		竞争者的战略		
		产品所处生命周期阶段		
		外部环境		
…	…	…	…	…

步骤3：各项目组制作汇报课件并推选代表上台分享

 任务评价

完成上述任务后，教师组织三方进行评价，并对学生的任务执行情况进行点评。学生完成表3-6考核评价表的填写。

表 3-6 考核评价表

班级		团队名称		学生姓名	
团队成员					
考核项目		分值（分）	要求	学生自评（30%）	团队互评（30%）	教师评定（40%）
知识能力	评估细分市场吸引力	20	充分合理			
	选择物流目标市场	20	选择正确			
	制定物流目标市场营销策略	30	切实可行			
职业素养	文明礼仪	10	举止端庄、使用文明用语			
	团队协作	10	相互协作、互帮互助			
	工作态度	10	严谨认真			
成绩评定		100				

牛刀小试

一、单项选择题

1. 选择目标市场和市场细分的关系是（　　）。

A. 先选择目标市场，再对市场进行细分

B. 细分市场和选择目标市场同时进行

C. 市场细分是选择目标市场的基础

D. 市场细分是目的

2. 为物流企业选定的目标市场制定营销策略时，有三种典型的策略可以选择，包括无差异性市场营销策略、差异性市场营销策略和（　　）。

A. 个性化市场营销策略　　　　　　　B. 综合性市场营销策略

C. 全球性市场营销策略　　　　　　　D. 集中性市场营销策略

3. 在选择目标市场时，如果企业的资源不足，则最适宜选择（　　）。

A. 无差异性市场营销策略　　　　　　B. 差异性市场营销策略

C. 密集性市场营销策略　　　　　　　D. 多角化市场营销策略

二、多项选择题

1. 影响物流目标市场营销策略选择的因素有（　　）。

A. 企业规模　　　　　　　　　　　　B. 政策法规

C. 产品生命周期　　　　　　　　　　D. 竞争对手的战略

2. 差异性市场营销策略的优点是（　　）。

A. 大批量　　　　　　　　　　　　　B. 多品种

C. 针对性强　　　　　　　　　　　　D. 生产机动灵活

3. 集中性市场营销策略所选取的目标市场是（　　）。

A. 所有细分市场　　　　　　　　　　B. 一个细分市场

C. 少数几个细分市场　　　　　　　　D. 许多细分市场

三、判断题

1. 单一市场集中型营销模式的风险更大。（　　）

2. 物流企业的每种服务产品都需要一种定位策略。（　　）

3. 物流企业采用无差异性市场营销策略无须进行市场细分。（　　）

4. 物流企业的某项服务产品进入衰退期后，企业宜采用差异性市场营销策略。（　　）

四、案例分析题

客运产品的多选择性

如今交通运输行业非常发达，各种交通运输工具呈现迅猛发展的趋势，旅客在出行时对运输产品的选择具有多样性。通常旅客根据自己的需求会考虑以下问题。

按照旅途长短的不同可以分为：长途、中途、短途。往往长途旅客优先考虑铁路运输，因为铁路运输速度相对较快，票价适中而且安全性和舒适性比较高。也有部分旅客对时间需求更高，而且能接受航空运输的票价，则会选择航空运输，航空运输舒适性高，速度快，机动性大。若旅客进行的是中短途旅行则往往选择机动性强、灵活方便的公路运输。若条件允许，旅客还可能选择海运。

旅客对安全性、舒适性、速度、方便性、价格的要求不同也会产生不同的选择。低收入人群可以选择铁路硬座，此时考虑的舒适性少一些。中等收入人群往往选择速度较快且售价相对较低的运输方式。而高收入人群则考虑速度、舒适性多一些，往往乘坐高铁或飞机。当然根据出行目的不同，选择方式也会有所不同，出差往往需要速度快、准时的方式，而旅行则需要舒适性好的方式。

综上所述，旅客在选择运输方式时要考虑的因素比较多，而且因人而异。因此各个运输方式应细分自己的客户群，充分发挥自身优势，逐步完善。

根据以上资料回答问题。

（1）物流企业选择目标市场时应该考虑哪些因素？

（2）如果你是一家客运公司的营销策划专员，该公司资源有限，实力较弱，难以开拓全部客运市场，但该公司提供的客运服务具有一定特色且在当地有一定知名度，请问该公司应该选择哪些细分市场作为自己的目标市场？对应什么目标市场营销策略？

五、技能训练题

登录本地 1~2 家物流企业的官方网站或实地走访这些企业，简要分析这些企业主要选择了哪些目标市场，这些企业常用的目标市场营销策略有哪些。

任务三　进行物流市场定位

同质化市场下如何做好产品定位?

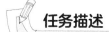
任务描述

任务1：学生以项目组为单位，选择现实中感兴趣的一家物流公司，进入模拟情境，站在物流公司的角度，针对公司所经营的物流服务产品，分析研究谁是公司的客户，找准该物流公司的目标市场，实施市场定位策略，并说明相关的操作步骤和理由。

任务2：假设项目组是该物流公司的市场营销团队，请每个小组成员分别收集资料，并根据资料讨论分析该公司在现实经营中采用了哪种物流市场定位方法和定位策略，并说明其是否合适。小组成员在市场调研与分析的基础上，结合当下经济形势，为该公司重新进行物流市场定位，并拟定市场定位建议书。

任务3：每个项目组需要将收集的资料加工整理制作成汇报课件，并推选代表做分享汇报，汇报过程采用小组方案对决方式，选出最出色的市场定位建议书。

知识链接

✣ 知识点1：物流市场定位的含义及作用

物流市场定位是指物流企业通过自身的物流服务，创立鲜明个性，塑造与众不同的市场形象，使之在客户心目中占据一定的位置，从而更好地抓住客户，赢得客户。这种定位不仅体现了"以客户为中心"的物流服务精神，而且有助于物流企业更准确地找到目标市场，实现有针对性的市场拓展。

物流市场定位的作用主要体现在以下几个方面。

（1）有助于物流企业更好地了解市场需求和竞争态势，为制定有效的市场营销策略提供依据。

（2）有助于物流企业塑造独特的品牌形象，提升品牌知名度和美誉度，从而在激烈的市场竞争中脱颖而出。

（3）有助于物流企业更好地满足客户的个性化需求，提升客户满意度和忠诚度，实现持续稳定的业务发展。

✣ 知识点2：物流市场定位的特征

1. 针对性

物流市场定位需要针对特定的目标市场和客户群体。物流市场定位强调对市场的精细化分析，深入了解不同客户群体的需求、偏好和行为特征，为不同类型的客户提供精准、个性化的物流服务。这种精细化定位有助于提高客户满意度和忠诚度，同时也有助于物流企业在市场中树立独特的品牌形象。

2. 差异性

在物流市场中，提供与众不同的服务或产品是至关重要的。物流市场定位需要突出物流企业的特色优势，通过提供独特的物流服务或创新性的解决方案，使企业在市场中形成差异化竞争优势。这种特色优势可以是技术、设备、网络、管理等方面的优势，也可以是服务品质、品牌形象、企业文化等方面的优势。

3. 动态性

物流市场是不断变化的，市场定位也需要具备动态调整的能力。随着市场需求的变化、竞争对手的行动和行业的发展，需要持续关注市场动态，及时调整定位策略。这种动态调整有助于物流企业保持敏锐的市场洞察力和应变能力，从而更好地适应市场的变化。

4. 可持续性

物流市场定位需要具备可持续性，这意味着物流市场定位应当是长期的、有计划的，而不是短视的或偶尔的行为。可持续的市场定位需要企业有明确的战略规划并且坚持长期执行。

5. 灵活性

虽然市场定位需要有一定的稳定性，但也需要具备一定的灵活性。在面对市场的突变或竞争环境的变化时，企业需要及时调整定位策略，以适应市场的变化。

6. 可衡量性

市场定位的目标和效果应当是可以衡量的。这有助于企业评估市场定位的效果，了解企业的优势和不足，以及时调整策略。

7. 整体性

物流市场定位是一个整体性的过程，需要综合考虑目标市场、竞争对手、自身优势等多个方面。整体性的市场定位能够确保企业在各个方面都能协调一致，实现最佳的市场效果。

8. 可接近性

物流市场定位需要确保客户能够方便地接触到企业的服务或产品。无论是线上还是线下，企业都应该为客户提供便利的接入渠道，以提高客户满意度和忠诚度。

9. 可传达性

有效的市场定位需要能够被客户清晰地理解和认知。因此，企业的定位信息应当是易于传达的，能够通过各种传播渠道有效地传递给目标客户。

10. 可盈利性

物流市场定位应当是可盈利的。这要求企业在定位过程中充分考虑成本和收益的关系，确保企业的定位策略能够带来足够的商业价值。

✥ 知识点 3：物流市场定位的原则

物流市场定位的原则主要包括以下几个方面。

1. 客户需求导向原则

物流市场定位的首要原则是以客户需求为导向，深入了解和分析目标客户的需求、偏好和行为特征，为不同类型的客户提供精准、个性化的物流服务。这要求物流企业密切关注市场动态，及时捕捉客户需求的变化，不断优化服务策略，以满足客户不断变化的需求。

2. 差异化竞争优势原则

物流市场定位需要突出物流企业的竞争优势。在物流市场定位中，企业采用创新思维和实践方法，通过提供独特的物流服务或创新性的解决方案，使企业在市场中形成差异化竞争优势。通过差异化竞争，企业可以在市场中脱颖而出，提高竞争力。这要求物流企业在服务品质、品牌形象、技术设备、管理水平等方面不断创新和提升，以形成自身的核心竞争力。

3. 成本效益原则

在定位过程中，企业应注重成本效益原则。通过合理的成本控制和资源优化，提高企业的盈利能力。同时，企业也需要确保服务质量和客户体验不受影响。

4. 灵活性原则

物流市场定位需要保持灵活性，随着市场环境和客户需求的变化，及时调整市场定位策略。这要求物流企业具备敏锐的市场洞察力和应变能力，不断调整和优化服务策略，以适应市场的变化和发展趋势。

5. 可持续发展原则

物流市场定位需要注重可持续性，通过提供环保、节能、高效的物流服务，实现经济、社会和环境的协调发展。这要求物流企业在发展过程中注重环境保护和社会责任，推动绿色物流的发展。

6. 合作共赢原则

在物流行业中，合作共赢至关重要。物流企业在市场定位过程中应与其他企业建立良好的合作关系，共享资源、技术和经验，共同应对市场挑战和机遇。通过合作共赢，企业才能实现更大的商业价值。

✥ 知识点 4：物流市场定位的步骤

1. 确定目标市场

物流市场定位的第一步就是企业明确目标市场。这涉及对整体物流市场的细分，识别具有潜力的子市场，并选择适合企业的目标客户群。明确目标市场有助于企业更好地了解客户需求并提供有针对性的服务。

2. 分析客户需求

了解客户需求是市场定位的核心步骤。企业不仅要了解客户当前的需求，还要了解客户的运行状态、行业特点、外包物流的需求动机等。此外，还需要评估客户需求与本企业所提供物流服务水平之间的差距，发现客户的潜在需求也就是发现潜在的市场机会，以便提供更贴心的服务，进一步扩大市场份额。通过深入分析目标市场的客户需求、偏好和期望，企业可以更好地满足客户需求并提升客户忠诚度。

3. 评估竞争态势

在物流市场定位过程中，对竞争对手的评估至关重要。了解当前各类细分市场上提供物流服务的竞争对手的数量、规模、实力、服务水平、价格水平以及他们的优势和劣势等相关信息。通过比较自身与竞争企业或优秀企业服务水准，可以更清楚地认识到自身的优势和不足，可以找出自己的市场机会，制定或调整相应的定位策略。

4. 制定定位策略

在收集和分析信息的基础上，企业开始制定定位策略。这涉及确定企业的服务特色、价值主张和品牌形象等关键要素。整体定位策略要紧密围绕物流企业的竞争优势展开，确保能够在市场中形成独特的品牌形象和竞争优势。同时，企业还需要确定目标市场的价值链和竞争优势，以确保企业定位策略的有效性。

5. 实施定位方案

实施定位方案是物流市场定位的重要步骤。企业需要通过各种渠道将定位信息传达给目标客户，如营销活动、广告宣传、公关活动等。此外，企业还要确保内部运营的协调一致，以实现最佳的市场效果。

6. 调整定位策略

实施定位方案后，企业要根据市场反馈和效果评估结果调整定位策略。如果发现定位策略存在不足或偏差，企业应及时进行调整，以保持竞争优势和持续发展。

7. 持续监控市场变化

物流市场是不断变化的，企业要持续监控市场变化并做出相应的调整。这包括关注客户需求的变化、竞争对手的动向和行业趋势等。通过持续监控，企业可以及时发现新的市场机会和挑战，确保定位策略的有效性。

8. 优化定位方案

优化定位方案是确保物流市场定位持续有效的重要步骤。企业需要定期评估定位方案的效果，对不合理的部分进行调整和优化。此外，企业还需要不断探索新的市场机会和客户需求，以保持竞争优势和业务增长。

物流市场定位的步骤如图3-6所示。

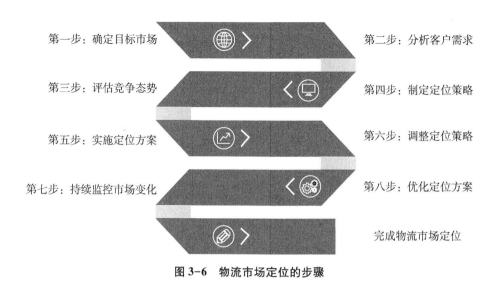

第一步：确定目标市场　　　　第二步：分析客户需求

第三步：评估竞争态势　　　　第四步：制定定位策略

第五步：实施定位方案　　　　第六步：调整定位策略

第七步：持续监控市场变化　　第八步：优化定位方案

完成物流市场定位

图 3-6　物流市场定位的步骤

✤ 知识点 5：物流市场定位的方法

物流市场定位的方法可以根据不同的分类标准来划分。以下是几种常见的物流市场定位方法。

1. 根据产品特色定位

根据物流企业的服务特色、技术设备、网络覆盖等优势确定市场定位。例如，某些物流企业可能专注于提供高效、可靠的快递服务，而另一些企业则可能侧重于提供定制化、个性化的物流解决方案。

2. 根据企业提供的利益和解决问题的方法定位

物流企业可以根据其所提供的利益或解决问题的方法确定市场定位。例如，一些企业强调能够为客户提供低成本、高效率的服务，而另一些企业则侧重于解决客户的特定问题，如供应链管理、库存优化等。

3. 根据产品的专门用途定位

物流企业可以根据其服务的特定行业或领域确定市场定位。例如，有些企业专注于为电商行业提供物流服务，而有些则侧重于为制造业或医疗行业提供专业化的物流服务。

4. 根据使用者的类型定位

这种方式主要是根据目标客户的类型确定市场定位。例如，一些物流企业主要服务于中小企业，而另一些则侧重于为大型企业或跨国公司提供物流服务。

5. 根据竞争定位

这种方式主要是根据竞争对手的市场地位和服务特色确定自身的市场定位。例如，一些企业选择与竞争对手提供相似但稍有差异的服务，以吸引不同的客户群体；而另一些企业则选择提供与竞争对手完全不同的服务，以形成独特的竞争优势。

6. 根据创新定位

创新定位是一种以创新为主要竞争手段的定位方式。企业通过不断探索新的服务模式、技术和市场机会，创造竞争优势并引领行业发展。这种定位方式要求企业具备强大的研发能力和创新能力。

7. 根据特定区域定位

区域定位是一种以特定区域为主要服务范围的定位方式。企业通过在特定区域建立竞争优势，提供本地化的服务和解决方案，以满足当地市场的需求。这种定位方式要求企业具备区域市场拓展能力和资源整合能力。

8. 根据供应链整合定位

这是一种以供应链整合和优化为主要竞争手段的定位方式。企业通过整合上下游资源，优化供应链管理，提高整体运营效率，降低成本并增强竞争优势。这种定位方法要求企业具备强大的供应链管理和资源整合能力。

总的来说，物流市场定位的方法多种多样，企业可以根据自身的实际情况和市场环境选择最适合自己的定位方法。无论选择哪种方法，关键是要确保市场定位与企业的核心竞争力和长期发展战略相一致，以便在激烈的市场竞争中脱颖而出。

❖ 知识点6：物流市场定位的策略

物流市场定位策略是企业为了在目标市场中获得竞争优势，根据自身实力和资源，对物流服务进行特定方向和重点的策划与决策。常见的物流市场定位策略主要有以下几种。

1. 迎头定位策略

这种策略要求物流企业直接面对市场上的主要竞争对手，通过提供与竞争对手相似或更好的服务来争夺市场份额。这种策略需要有足够的实力和资源作为支撑，因为与竞争对手的正面竞争往往非常激烈。

2. 创新定位策略

这种策略强调通过开发新的物流服务或技术，创造独特的竞争优势。例如，物流企业可以引入先进的物流管理系统、开发智能物流解决方案等，以满足客户的特殊需求或提高服务效率。

3. 低成本定位策略

这种策略强调通过降低运营成本提供更具竞争力的价格。物流企业可以通过优化运输路线、提高装卸效率、减少库存等方式降低成本，从而吸引对价格敏感的客户群体。

4. 高品质定位策略

这种策略强调提供高品质、高可靠性的物流服务。物流企业可以通过加强员工培训、提高设备性能、优化服务流程等方式提升服务质量，以满足对服务品质要求较高的客户群体。

5. 定制化服务定位策略

这种策略强调提供个性化的物流服务，以满足客户的特殊需求。物流企业可以通过深入了解客户的业务模式、运营特点等，为客户量身定制物流解决方案，从而提高客户满意度和忠诚度。

任务执行

步骤1：找准目标市场并实施市场定位策略

学生以项目组为单位，选择现实中感兴趣的一家物流公司，进入模拟情境，站在物流公司的角度，针对公司所经营的物流服务产品，分析研究谁是公司的客户，找准该物流公司的目标市场，实施市场定位策略，并说明相关的操作步骤和理由，填写表3-7，表格可以依据内容需要自行填充增加行列。

表 3-7　　　　　　　　　　物流市场定位实施内容

某物流公司名称	物流服务产品	针对的客户群	市场定位策略	说明理由
…	…	…	…	…

步骤2：重新进行物流市场定位并拟定市场定位策略建议书

假设项目组是该物流公司的市场营销团队，请每个小组成员分别收集资料，并根据资料讨论分析该公司在现实经营中采用了哪种物流市场定位方法和定位策略，并说明其是否合适。小组成员在市场调研与分析的基础上，结合当下经济形势，为该公司重新进行物流市场定位，并拟定物流市场定位策略建议书，物流市场定位策略建议书参考模板如图3-7所示。

```
××公司物流市场定位策略建议书

1  策划背景

2  企业机会与问题分析

3  目标市场分析与选择

4  物流市场定位策略

5  总结
```

图3-7　物流市场定位策略建议书参考模板

步骤3：各项目组制作汇报课件并进行方案对决

任务评价

完成上述任务后，教师组织三方进行评价，并对学生的任务执行情况进行点评。学生完成表3-8的填写。

表3-8   考核评价表

班级		团队名称		学生姓名	
团队成员					
考核项目		分值（分）	要求	学生自评（30%）	团队互评（30%）	教师评定（40%）
知识能力	找出目标市场	20	精准恰当			
	确定市场定位方法	20	易用合适			
	实施市场定位策略	30	合理适用			
职业素养	文明礼仪	10	举止端庄、使用文明用语			
	团队协作	10	相互协作、互帮互助			
	工作态度	10	严谨认真			
成绩评定		100				

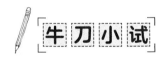

一、单项选择题

1. 企业针对潜在客户的心理进行营销设计，创立产品、品牌或企业在目标客户心目中的某种形象或个性特征的做法属于（   ）。

A. 市场细分   B. 市场定位   C. 市场选择   D. 市场拓展

2. 下列属于实现物流市场定位的手段的是（   ）

A. 产品差异化   B. 市场集中化   C. 市场细分化   D. 无差异性市场营销

3. 物流市场定位是（   ）在细分市场的位置。

A. 塑造一家物流企业   B. 塑造物流服务产品

C. 确定物流服务目标市场   D. 分析物流服务竞争对手

二、多项选择题

1. 物流市场定位的主要依据有（　　　　）。

A. 根据产品特色定位　　　　　　　　B. 根据创新定位

C. 根据使用者的类型定位　　　　　　D. 根据竞争定位

2. 在出现下列哪些情况时需要考虑重新定位？（　　　）

A. 采用竞争定位时本企业的市场占有率下降

B. 消费者偏好发生变化，被竞争对手夺去消费者

C. 虽然被竞争对手夺去一部分消费者，但本企业市场占有率未变

D. 虽出现竞争对手，但本企业市场占有率未变

3. 物流企业在市场定位过程中需要做到（　　　　）。

A. 了解竞争产品的市场定位

B. 研究目标客户对该产品各种属性的重视程度

C. 选定本企业产品的特色和独特形象

D. 避开竞争者的市场定位

三、判断题

1. 市场定位是企业对其本身及产品的定位，与消费者的心理状态无关。（　　　）

2. 物流市场定位的前提是企业营销方式的差异化。（　　　）

3. 物流市场定位的步骤首先是根据物流服务的特征勾画出目标市场结构图。（　　　）

4. 定制化服务定位策略强调提供高品质、高可靠性的物流服务。（　　　）

5. 物流市场定位应坚持差异化竞争优势原则。（　　　）

四、案例分析题

珠海邮政物流市场营销手段独到

20××年初以来，邮政物流配送服务有限公司珠海分公司通过整合内部资源，积极开拓区域物流业务，使区域物流月收入从开发初期的 5 万元跃至现在的 25 万元。目前，该公司区域物流业务拥有 YCC 快货、航空货代、汽运货代、海运货代、批量直递和仓储、配送一体化物流等多个品牌，在当地物流市场地位举足轻重。那么，珠海的邮政物流公司是如何做到这一步的呢？让我们来认真看看。

一、快货业务拓展市场，坚持"快货不打折"

为了抢占珠海物流业务市场，20××年 12 月，珠海邮政物流分公司利用×省局推出珠三角九城市"当日交寄，当日投递"的快货业务契机，打出"YCC 快货，说到就到"的广告，通过邮车车体、报刊、电台等多渠道展开广告宣传攻势，大力宣传此业务价格低、时限短、服务好的优势，积极拓展区域物流业务，尤其是珠三角物流业务。

YCC 快货在珠海推出之后，对珠海物流市场产生了较大冲击。各物流公司纷纷采取对

策，从价格和服务等方面入手，通过各种手段，同 YCC 快货进行竞争。珠海邮政物流公司积极应对变化，准时调整策略，成立了区域物流办公室，锁定电子、医药、服装等目标客户，坚持"快货不打折"，以服务第一、品牌第一、盈利第二的原则，分区分片拓展市场，对重点大客户大力进行关系营销和方案营销，使 YCC 快货收入从月均几千元发展到月均 6 万元，快货业务量居全省三甲之列。

二、营销结构扁平化，降低运营成本

YCC 快货是邮政全程全网的典型体现，线路完善，服务好，但成本相对较高。该公司认识到，在现阶段邮政运输能力有限的状况下，要想使物流业务快速、健康地发展，唯有整合社会资源，降低运营成本，才能提高竞争力，做大业务规模。为此，该公司利用社会运输资源，发挥邮政品牌等优势，积极开发运行成本相对较低和成交额较大的航空、汽运、海运等货代业务。

由于货代业务是利用社会资源运作，对外部的依靠性较强，合作线路的选择就显得尤为重要，原来的营销结构很难适应业务发展的需要。为确保业务的顺利发展和邮政物流品牌的塑造，该公司将营销结构扁平化，成立航空、海运、汽运项目组，采用专职营销为主，兼职营销为辅，利用社会资源参与营销，做到市场专、竞争对手专、线路组织专。经过半年的发展，该公司先后开发了丽珠、飞利浦、卡索等大客户的货代业务，每月创造业务收入 10 万元，推动了珠海邮政区域物流的发展。

三、服务内容一体化，注意品牌塑造

直递业务是该邮局近年来发展较好的一项物流业务，此业务发展较为稳定，松下马达与东信和平就是该公司合作多年的老客户，每月有几万元的业务收入。在此基础上，珠海YCC 利用邮政品牌和网络优势等，积极给客户供应时限短、安全性高、贴合度高的个性化服务，拓展一体化物流市场。

一体化物流是该公司新开发的物流项目，主要为客户供应仓储、配送一条龙服务。由于附加值和利润较高，是各物流公司的必争之地。为此，该公司出台一系列政策，与各综合分局联手，采取多种营销措施，使一体化物流业务从无到有，业务呈现跳动式发展，不仅受到企业的欢迎，还得到政府部门的充分确定。该公司最初为吉之岛百货提供仓储、配送服务，在积累经验的同时，树立起了邮政一体化物流品牌，引起了珠海各大企业的留意，飞利浦、丽珠、华光等客户，纷纷把一些区域物流业务交给该公司来做。

珠海邮政一体化物流的快速、健康发展，也引起了政府有关部门的关注。该公司两次被定为珠海企业赴埃及和印度参与博览会产品的国内运输商，均圆满地完成了任务，受到政府部门的赞扬，并在本地树立了邮政物流服务的品牌。

根据以上资料回答问题。

(1) 邮政物流珠海分公司选择了哪些目标市场并进行了怎样的物流市场定位？

(2) 邮政物流珠海分公司针对市场定位采取了哪些相应的市场营销策略？

五、技能训练题

收集 3~5 家物流企业的资料，对比分析这些企业采用了哪些定位方法和定位策略，与小组成员一起探讨在新的经济形势下，这些企业在市场定位方面还有哪些需要改进的方面。

04

PROJ

项目四

物流营销策略

◎ **知识目标**

- 掌握物流服务产品的概念。
- 理解物流服务产品组合的概念及特点。
- 掌握物流服务价格的形成及影响因素。
- 理解物流服务的定价方法。
- 了解物流分销渠道的类型。
- 掌握物流分销渠道的影响因素。
- 理解物流服务促销的含义。
- 掌握物流服务促销组合的构成要素。

※ **能力目标**

- 能够举例说明不同物流企业的产品组合策略。
- 能够列举不同类型物流企业的主要物流成本，说明这些成本对服务价格的影响。
- 能够列举不同物流分销渠道的优势。
- 能够说出物流服务促销组合各自的应用场景。

❉ **素质目标**

- 树立学生的物流品牌意识，增强学生对民族物流企业的自信心和自豪感。
- 引导学生树立正确的世界观、人生观与价值观。

知识图谱

物流营销策略

- 制定物流服务策略
  - 物流服务产品概念
    - 产品整体概念
    - 物流服务产品概念
  - 物流服务产品类型
    - 物流服务产品类型
    - 物流服务产品组合
  - 物流服务产品开发
    - 产品生命周期的含义
    - 物流服务产品生命周期
    - 物流服务新产品开发
  - 物流企业品牌策略
    - 品牌的含义
    - 物流企业品牌化作用
    - 物流企业品牌化策略

- 制定物流服务定价策略
  - 物流服务价格的定义
  - 物流服务定价策略的影响因素
    - 物流企业目标
    - 物流成本
    - 物流市场需求
    - 竞争对手定价
    - 物流服务质量
    - 目标客户类型
    - 物流风险
  - 物流服务定价方法
    - 成本导向定价法
    - 需求导向定价法
    - 竞争导向定价法
  - 物流服务定价策略
    - 物流市场细分定价策略
    - 捆绑销售定价策略
    - 物流折扣定价策略
    - 地理区域定价策略
    - 时间敏感定价策略
  - 物流服务定价过程
    - 物流成本分析与核算
    - 物流市场调研与定位
    - 物流竞争对手分析
    - 物流定价目标与策略
    - 物流服务质量与价值
    - 物流风险管理与调整
    - 目标客户关系与定价

- 制定物流分销渠道策略
  - 物流分销渠道的含义
    - 物流分销渠道的概念
    - 物流分销渠道中间商
  - 物流分销渠道的功能
    - 提供方便的物流销售网络
    - 发布物流服务产品信息
    - 进行物流咨询和协助购买
    - 其他物流辅助活动
  - 物流分销渠道的类型
    - 按照物流分销渠道的形式划分
    - 按照物流分销渠道的功能划分
  - 物流分销渠道的影响因素
    - 物流服务产品因素
    - 物流市场因素
    - 物流企业自身条件
    - 政策、法律因素
  - 物流分销渠道策略
    - 物流分销渠道类型选择
    - 物流分销渠道合作伙伴选择
    - 物流分销渠道布局规划
    - 物流分销渠道风险控制
    - 物流分销渠道效率优化
    - 物流分销渠道成本管理
    - 物流分销渠道服务提升

- 制定物流服务促销策略
  - 物流服务促销的含义
    - 物流服务促销的概念
    - 物流服务促销的作用
  - 物流服务促销组合
    - 物流服务广告
    - 物流服务营业推广
    - 物流服务人员推销
    - 物流服务公共关系
  - 制定物流服务促销策略
    - 物流目标市场定位
    - 物流服务促销目标设定
    - 物流服务促销方式选择
    - 物流服务促销时间规划
    - 物流预算与成本控制
    - 物流促销效果评估
    - 目标客户服务优化
    - 物流风险防范与应对
  - 物流服务促销方法的选择
    - 运费优惠
    - 时效保障
    - 包装升级
    - 赠品活动
    - 组合优惠
    - 满额减免
    - 会员专享

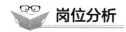 **岗位分析**

岗位1：物流营销专员

- **岗位职责**：深入学习物流营销管理技能；具备出色的市场分析洞察能力；具备全面的营销知识和技能；服从上级领导的指导，及时总结与汇报工作。
- **典型工作任务**：物流市场分析、物流市场开发。
- **职业素质**：营销意识、服务意识、学习意识。
- **职业能力**：能够敏锐地洞察市场机会，挖掘市场潜力。
- **可持续发展能力**：持续学习的能力；敏锐的市场洞察能力。

岗位2：物流客服专员

- **岗位职责**：完成客户日常的查询、咨询、货物跟踪等需求的支持；处理客户的投诉；异常事故的处理、跟进；与运营部门进行业务交接。
- **典型工作任务**：客户关系管理。
- **职业素质**：市场意识、服务意识、团队意识、协作意识。
- **职业能力**：具备较强的沟通能力和应变能力，组织协调能力和团队管理能力。
- **可持续发展能力**：具有较强的事业心及一定的抗压能力。

 项目导读

物流市场定位是物流营销策略的重要基础，企业根据市场需求、竞争状况和自身特点，确定自己的目标市场和竞争优势。在市场定位过程中，企业深入了解客户需求，分析竞争对手的优劣势，从而确定自己的市场定位和营销策略。

物流服务策略是物流营销策略的核心，主要指企业根据市场需求和客户期望，设计和定位自己的物流服务或解决方案。对于对时效性要求较高的客户，企业可以提供快速运输服务；对于对成本要求较高的客户，企业可以提供低成本的物流解决方案。在产品策略中，企业应注重产品差异化、组合和创新，以满足不同客户的需求，提高竞争优势。

物流服务定价策略是物流营销中非常重要的因素，主要指企业根据成本、竞争对手和市场价值确定自己的服务价格。在定价策略中，企业应综合考虑成本、竞争状况和客户价值，选择适当的定价方法和策略。

物流服务促销策略是物流营销中用来吸引客户、提高销售量的重要手段。在促销策略中，企业应通过广告宣传、促销活动等方式推广自己的服务，提高客户认知度和忠诚度。

物流分销渠道策略主要指企业如何选择合适的分销渠道和合作伙伴，以扩大市场覆盖面并提高销售量。在物流分销策略中，物流企业应考虑分销渠道的特点、成本和客户覆盖面等因素，选择适合自己的分销方式和合作伙伴。

任务一 制定物流服务策略

物流服务新模式

 任务描述

任务 1：学生以项目组为单位，通过上网查阅相关资料，举例说明物流企业提供服务产品的种类，以及这种服务所需的设备及环境，并填写表 4-1。

任务 2：根据查找的资料总结该项物流功能下的知名物流企业及其品牌特点。

任务 3：每个项目组需要将收集的资料加工整理，制作成汇报课件，并推选代表做分享汇报。

 **知识链接**

❖ 知识点 1：物流服务产品概念

1. 产品整体概念

在现代市场营销学中，产品概念具有极其宽广的外延和深刻而丰富的内涵，它是指通过交换满足人们需要和欲望的因素或手段，包括能够满足消费者或用户某一需求和欲望的任何有形物品和无形产品。

在经营过程中，产品是企业一切生产经营活动的核心，企业如何开发满足消费者需求的产品，并将产品迅速、有效地传送到消费者手中，构成了企业市场营销活动的主体。

以往学术界曾用三个层次来表述产品整体概念，即核心产品、形式产品和附加产品。现代产品观念表明，产品的内涵已从有形物品扩大到服务、人员、地点、组织和观念等多个方面。而产品的外延也从其核心产品向形式产品、期望产品、附加产品和潜在产品拓展。

学术界更倾向于使用五个层次来表述产品整体概念，认为五个层次的研究与表述能够更深刻而准确地表述产品整体概念的含义，如图 4-1 所示。

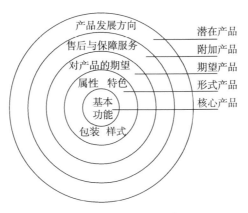

图 4-1　产品整体概念

（1）核心产品

核心产品是指向客户提供的产品的基本效用或利益。

（2）形式产品

形式产品是指核心产品借以实现的形式或目标市场对某一需求的特定满足形式。

（3）期望产品

期望产品是指购买者在购买该产品时期望得到的与产品密切相关的一整套属性和条件。

（4）附加产品

附加产品是指客户购买形式产品和期望产品时，附带获得的各种利益的总和。

（5）潜在产品

潜在产品是指现有产品包括所有附加产品在内的，可能发展成为未来最终产品的潜在状态的产品。

2. 物流服务产品概念

物流服务产品是指物流企业提供的服务，通过物的流动满足人们的需求，实现物品的时间和空间效益。物流服务产品具有无形性、不可分割性、可变性和易消失性等特性。所以我们应该认识到，物流企业提供的产品是一种服务，这种物流服务具有多样性，物流服务产品是物流需求与物流服务过程的集合。

基于物流产品的服务属性，我们将物流服务产品分成了三个层次：核心产品、形式产品和附加产品，如图 4-2 所示。

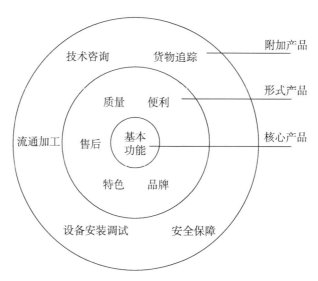

图 4-2　物流服务产品层次

（1）核心产品

核心产品是客户购买某种产品时所追求的利益，是客户真正要购买的东西，因而在物流服务产品整体概念中也是最基本、最主要的部分。

（2）形式产品

形式产品是核心产品借以实现的形式，即向市场提供的有形物品和服务的形象。

（3）附加产品

附加产品是客户购买形式产品时所获得的全部附加服务和利益，包括提供技术咨询、货物追踪、流通加工等。

✥ 知识点2：物流服务产品类型

1. 物流服务产品类型

根据物流活动的功能不同，物流服务产品可以分为以下几种类型。

（1）运输服务

运输服务是物流产品的主要类型，包括陆运、海运、空运和多式联运多种方式。根据客户的需求，可以选择不同的运输方式和路线，以确保货物能够准时、安全地到达目的地。

（2）仓储服务

仓储服务是物流产品中重要的组成部分，包括货物存储、保管、分拣等方面的服务。仓储服务可以帮助客户有效地管理库存，提高物流效率，降低成本。

（3）包装服务

包装服务是为了保护货物在运输和仓储过程中不受损坏而提供的服务。根据货物的特性和要求，可以选择不同的包装材料和包装方式，以确保货物能够安全到达目的地。

（4）装卸服务

装卸服务是物流产品中的重要环节，包括货物的装车、卸车、堆码和搬运方面的服务。装卸服务的效率和质量直接影响着整个物流过程的顺畅程度。

（5）信息服务

信息服务是物流产品中的软实力，包括物流信息的收集、处理、分析和传递方面的服务。通过信息服务平台，客户可以实时了解货物的状态和位置，从而更好地管理物流过程。

（6）配送服务

配送服务是在货物从供应地向接收地的实体流动过程中，为客户提供收货、验货、签收等方面的服务。配送服务的效率和质量直接影响着客户的需求和满意度。

2. 物流服务产品组合

（1）物流服务产品线

物流服务产品线是一组核心功能相同，但是服务形式、操作手段、操作流程或服务对象等不同的一类服务项目。如某企业有运输和仓储两项服务，其中运输有国际海运、国内陆运和城市间配送，运输就是一个产品线。

（2）物流服务产品项目

物流服务产品项目是同一条产品线下按照一定变量所细分的不同服务类别。如某企业运输产品线下有 3 个产品项目：国际海运、国内陆运、城市间配送。

（3）物流服务产品组合策略

物流服务产品组合是将各个独立的和单一的物流活动和产品形式进行有效的捆绑和组合，使之衍生出不同形式的产品或服务的过程。

物流产品组合策略是物流企业根据其自身的经营目标，对物流服务产品组合的宽度、深度进行优化的过程。一般物流企业扩大物流服务产品组合的宽度、增加物流服务产品组合的深度、加强物流服务产品组合的关联性，可能会扩大销售，提高市场占有率或降低成本、增加利润。因此，物流企业在对物流服务产品组合的宽度、深度、关联性进行多种多样的选择时，就会形成不同的产品组合策略。

✤ 知识点 3：物流服务产品开发

1. 产品生命周期的含义

产品生命周期是指一种产品从投放市场开始一直到被市场淘汰为止的整个产品市场生命循环过程。

产品生命周期由需求与技术的生命周期决定。需求与技术生命周期中包括：导入期、成长期、成熟期和衰退期四个阶段，产品生命周期和产品开发期如图 4-3 所示。而在某一特定时间概念下的需求与技术生命周期中，随着领先产品为市场所接受，特别是进入成长期，会出现一系列产品形式来满足这种特定的需求。

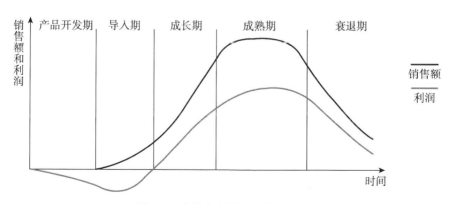

图 4-3　产品生命周期和产品开发期

产品生命周期一般有以下四个不同的阶段。

（1）导入期

产品进入市场后销售额缓慢增长的时期。由于产品导入费用高昂，此时还没有利润。

（2）成长期

产品迅速为市场所接受并产生越来越多的利润的时期。

（3）成熟期

销售增长趋于和缓的时期，因为这时产品已经被大多数潜在购买者接受。为了在竞争中保护自己的产品，企业营销费用增加，因此利润增长停滞，甚至开始下降。

（4）衰退期

销售额迅速减少、利润跌落的时期。

2. 物流服务产品生命周期

物流服务的形式和服务项目多种多样，不同的物流服务形式或服务项目，其生命周期是不同的。有些物流服务项目已经进入成熟期，而有些物流服务项目才刚刚步入市场或是已经处于被淘汰的边缘。了解物流企业的产品处于产品生命周期的哪个阶段，能使现代物流企业对复杂变化的环境和日益激烈的竞争做出快速的反应，从而延长物流产品的市场生命周期。

（1）导入期

导入期的物流服务一般处于总体需求少、促销费用高、运作成本大、利润很小的状况下。物流企业在导入期主要的任务就是尽量争取更多稳定的客户，从而为企业今后的运营打下坚实的基础。

（2）成长期

此时，企业的关键是要尽可能实现收支平衡，然后扩大其市场覆盖面。同时也要注意发展新客户，拓宽客户源。

（3）成熟期

在这一阶段，竞争逐渐加剧，各种同质服务的不断涌现，使市场份额被进一步划分，而物流企业的利润将趋于饱和并不断下降。对于走向成熟期的物流企业，只能采取主动出击的战略，使成熟期延长，或使产品生产周期出现再循环。

对于物流企业来说，进入成熟期需要对目标市场、产品和营销组合进行调整，强化揽货，寻找新的细分市场或重新进行品牌定位。同时，物流企业也可以调整产品本身，进一步提高物流服务的质量和可靠性。

成熟阶段的竞争状况增加了物流服务的复杂性，并对物流服务作业的灵活性提出了更高的要求。

（4）衰退期

衰退期的主要特点是物流服务的成交量急剧下滑，物流企业从某种物流服务上获得的利润很低甚至为零，大量的竞争者退出市场，消费者已转向更有利于其生产运作的新的物流服务提供商等。面对处于衰退期的物流服务产品，物流企业需要进行认真的研究分析。

在衰退期，物流企业面临的最大问题就是服务方式及内容已经不能满足客户的需求，此时最重要的任务就是依据客户的需求迅速推出新产品，这样才能在竞争激烈的市场上生存下来。

3. 物流服务新产品开发

根据产品的生命周期理论，任何产品都会经历导入期、成长期、成熟期、衰退期四个阶段，物流产品也不例外。为了保持物流企业的竞争力，就有必要进行物流新产品的开发。

物流服务产品开发是指根据市场需求和竞争状况，设计新的物流服务产品或改进现有产品的过程。物流产品开发应考虑市场需求、企业资源、技术条件等多种因素，以提高企业的竞争力和盈利能力。

（1）物流服务新产品含义

物流服务新产品是指物流企业根据用户需求的变化或是根据自己对未来用户需求的预测而推出的在服务形式、服务内容上不同于以往的物流服务。

（2）物流服务产品开发过程

物流企业在推出物流服务新产品的过程中，一般有两种方式：一种是根据用户的需求推出新产品，另一种是根据物流企业对未来用户需求的预测推出新产品。物流服务产品开发过程如图4-4所示。

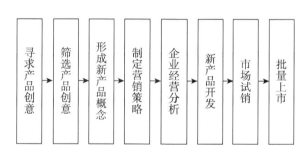

图4-4 物流服务产品开发过程

❖ **知识点4：物流企业品牌策略**

1. 品牌的含义

品牌是一个综合、复杂的概念，是商标、名称、包装、价格、历史、声誉、符号、广告风格的无形总和。美国市场营销协会认为：品牌是一个名称、专用名词、标志、符号、设计，或是它们的组合，其目的是识别某个销售者或某个群体销售者的产品或劳务，并使之同竞争对手的产品或劳务区别开。

物流企业为其产品或服务规定品牌名称、品牌标志，并向政府有关主管部门注册登记的一切业务活动，叫品牌化。

2. 物流企业品牌化作用

物流企业实施品牌化策略可以帮助企业扩大市场份额，降低市场营销费用。物流品牌可以帮助企业获得商标专有权，有效保护自身的合法权益。同时，物流企业可以向不同细分市场提供不同的品牌，更好地满足客户需求。物流企业还可以借助现有知名品牌扩大产品组合，降低销售成本。物流品牌也有助于客户辨别识别，保护自身权益。

3. 物流企业品牌化策略

（1）统一品牌策略

物流企业建立统一品牌可以节约物流成本，有助于物流企业创建名牌，提高品牌知名度。但同时，若物流企业的某一种产品出现问题，会导致其他产品受牵连影响整个物流企业的信誉，让客户难以区分物流服务产品的质量和档次。这一策略适用于知名度较高的物流企业，各产品线在质量和形象方面具有较强的一致性。

（2）个别品牌策略

物流企业采取个别品牌策略时，可以针对不同物流服务产品和目标市场的特点，使用不同的品牌，这样可以更好地满足客户的需求，避免因一种产品营销失败而给其他产品带来负面影响，同时有利于物流企业实行多元化经营。但物流企业成本会有所增加，物流企业对每个品牌的产品都需要投入大量的促销费用。当物流企业有许多不同类型的服务产品时适宜采用此策略。

（3）多品牌策略

多品牌策略有利于物流企业提高产品的市场占有率，扩大企业的知名度；有利于激发各品牌在物流企业内部相互促进、共同提高。但同时，这一策略可能导致物流企业内部品牌之间的竞争，不能使物流企业的总体销售量得到提高。

任务执行

步骤1：查找物流服务产品的主要类型

学生以项目组为单位，通过上网查阅相关资料，举例说明物流企业提供服务产品的种类，以及这种服务所需的设备及环境，并填写表4-1。

表4-1　　　　　　　　　　　　　物流服务产品种类举例

序号	物流服务产品	所需设备及环境
1		
2		
3		
4		

序号	物流服务产品	所需设备及环境
5		
6		
7		

步骤2：查找物流服务产品的知名品牌

根据查找的资料总结该项物流功能下的知名物流企业及其品牌特点。

步骤3：各项目组制作汇报课件并推选代表上台分享

任务评价

完成上述任务后，教师组织三方进行评价，并对学生的任务执行情况进行点评。学生完成表4-2的填写。

表4-2　　　　　　　　　　　　考核评价表

班级		团队名称		学生姓名	
团队成员					

考核项目		分值（分）	要求	学生自评（30%）	团队互评（30%）	教师评定（40%）
知识能力	物流服务产品举例	30	准确无误			
	物流企业品牌归类	20	清楚准确			
	物流企业举例	20	内容丰富			
职业素养	文明礼仪	10	举止端庄、使用文明用语			
	团队协作	10	相互协作、互帮互助			
	工作态度	10	严谨认真			
成绩评定		100				

牛刀小试

一、单项选择题

1. 下列属于附加产品层次的是（　　）。

A. 基本功能　　　　　B. 售后与保障服务　　C. 产品发展方向　　　D. 属性

2. 物流产品生命周期是指（　　）。

A. 物流产品的使用寿命　　　　　　　　B. 物流产品的物理寿命

C. 物流产品的合理寿命　　　　　　　　D. 物流产品的市场寿命

3. 下列属于物流服务产品生命周期中导入期特征的是（　　）

A. 总体需求大　　　B. 促销费用高　　　C. 运作成本低　　　D. 利润很大

二、多项选择题

1. 下列属于产品整体概念的有（　　）。

A. 核心产品　　　　B. 期望产品　　　　C. 潜在产品　　　　D. 附加产品

2. 物流服务产品的类型包括（　　）。

A. 包装服务　　　　B. 配送服务　　　　C. 运输服务　　　　D. 信息服务

3. 物流企业的品牌化策略包括（　　）。

A. 联合品牌策略　　B. 多品牌策略　　　C. 个别品牌策略　　D. 统一品牌策略

三、判断题

1. 物流服务产品宽度是指一个物流企业的产品组合中包含的产品项目总数。（　　　）

2. 产品生命周期指的是产品的使用寿命。（　　　）

3. 新产品开发始于创意形成，即系统地捕捉新的创意。（　　　）

四、案例分析题

T集团的第三方物流

T集团是全球最大的第三方物流公司之一，总部设在英国，世界排名第七位。

（1）制造业物流

T集团与I公司和H公司签署物流协议，将两个企业的电脑物流配送业务交付给物流领域的专业化合作伙伴运作，这对于T集团来说极为重要，大大巩固了T集团在高科技专业化物流领域的领先地位，并因此成为高科技产业的物流供应商。

（2）零售业物流

现由S供应链管理公司与零售业巨头W集团联合开发的遍及加拿大的物流配送网络规模可观，它包括三大物流配送中心，平均每个物流配送中心占地93000平方米且都配有长达 7 英里（11.3 千米）的传送带，实现商品高效化自动化配送。

（3）评述

对于规模巨大的跨国物流集团，最重要的一点就是把握好制造商、销售商、进出口商在选择第三方物流公司时追求的利益点。而今，企业追求的是长期利益，在具体日常贸易交往中，厂商更多的是在寻求"双赢"或"共赢"，这是在市场竞争压力下企业的必然选择。物流作为一种服务，他们没有产品和技术方面的独特优势，只能通过向客户提供的服务和增值服务，达到客户的满意，同时实现其自身利益。

问题与思考。

（1）你认为在物流企业的发展中是全方位出击好，还是相对专业化更好？为什么？

（2）像 T 集团那样，既做高端物流（电子计算机）又做低端物流（化妆品），其利弊是什么？

五、技能训练题

在互联网上查阅各知名物流企业的网站，分析该企业提供的主要物流服务产品是什么，能够形成怎样的核心竞争力。

任务二　制定物流服务定价策略

物流企业服务
价格新模式

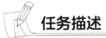

任务描述

任务 1：学生以项目组为单位，通过上网查阅相关资料，列举运输型物流企业、仓储型物流企业、综合型物流企业的物流成本有哪些，并填写表 4-6。

任务 2：根据查找的资料总结每项物流成本对物流服务定价有哪些影响。

任务 3：每个项目组需要将收集的资料加工整理，制作成汇报课件，并推选代表做分享汇报。

知识链接

✤ 知识点 1：物流服务价格的定义

物流服务价格是指物流企业按照客户要求对特定货物提供物流服务的劳动的价格。它既包括物流企业备货和输送的服务价格，也包括企业品质保证的服务价格。因此，物流产品的定价不仅包括基础运输、仓储等服务的价格，还包括增值服务、解决方案等产品的价格。

物流服务定价策略是物流企业在销售产品或提供服务时采取的价格决策和原则。在物流企业中，物流服务的定价不仅关乎企业的盈利能力，还会直接影响企业的收入、市场份额、客户满意度和品牌形象。正确的定价策略能够帮助企业实现利润最大化，提升市场竞争力。

✤ 知识点 2：物流服务定价策略的影响因素

1. 物流企业目标

物流企业的战略目标在很大程度上决定着物流服务的定价。如果物流企业的目标是尽快打开以仓储、运输、货代服务为主的低端物流市场，提高市场占有率，就可以考虑采取低价策略，以较低的价格在短期内吸引众多客户，争取实现规模效益。如果物流企业是为了塑造品牌形象，抢占高端物流市场，为世界 500 强等大中型企业提供高端物流服务，就应考虑实行高质量、高价格的定价策略。

2. 物流成本

在制定物流服务定价策略时，首先要考虑的就是物流成本。通过成本分析，企业可以确定提供物流服务所需的最低价格，从而确保盈利。

按物流范围划分，物流费用可分为供应物流费用、生产物流费用、企业内部物流费用、销售物流费用、退货物流费用和废弃物流费用六种。

按支付形式划分，物流费用可分为：材料费、人工费、公益费、维护费、一般经费、特别经费和委托物流费用等。

按物流的功能划分，物流费用可分为运输费、保管费、包装费、装卸费、信息费和物流管理费等。

按物流成本的特性划分，物流产品的成本可分为固定成本（如设施成本、设备成本、人员工资等）和变动成本（如燃油费、维护费、运输费等）。某运输企业物流成本构成如表4-3所示。

表4-3　　　　　　　　　　　　某运输企业物流成本构成

成本类型	成本因子
固定用车成本	单公里油耗费用
	单公里路桥费
	车损费/天
	车险费/天
	人工费/天
额外服务费	装货费
	卸货费
	压车费
	时效要求附加费
	回单费
	货物保险费

3. 物流市场需求

埋解物流市场需求对定价策略至关重要。通过对历史数据的分析，结合经济、社会等因素的考量，可以对未来的物流需求进行预测。这有助于企业确定是否需要进行价格调整，以满足市场需求。当市场对物流服务的需求大于供应时，物流企业可以提高价格；反之，当市场对物流服务的需求小于供应时，物流企业则可能降低价格。

物流企业基于客户的支付意愿和需求设定服务价格。物流企业会考虑客户的价值感知、购买能力和购买行为，以制定符合市场需求的价格。例如，对于高价值货物或紧急配送服务，企业可能会设定更高的价格。

4. 竞争对手定价

了解竞争对手的定价策略是企业制定有效定价策略的关键。分析竞争对手的价格、服务质量和市场份额，可以帮助企业确定自身定价的合理性，并找到差异化的机会。

市场竞争状况直接影响着物流企业定价策略。在服务差异性较小、市场竞争激烈的情况下，企业制定价格的自主性也相应缩小。物流企业应积极了解竞争者的服务质量和服务价格，并将这些信息作为制定本企业服务价格的基点。

在市场上，除了从竞争对手那里获得价格信息外，还要了解他们的成本状况，这有助于企业分析竞争对手在价格方面的竞争能力。向竞争对手全面学习，是一个物流企业在竞争中得以生存的关键策略。

5. 物流服务质量

物流服务质量对客户满意度和忠诚度有重要影响。定价策略需要综合考虑服务的质量，以确保价格与服务水平相匹配。例如，提供高端服务的企业需要设定更高的价格。

6. 目标客户类型

不同的客户有不同的需求和支付能力。对客户进行细分，并根据其特点和需求制定不同的定价策略，可以提高企业的收益和客户满意度。

7. 物流风险

在定价策略制定和执行过程中，企业需要充分考虑可能面临的风险，如价格波动、需求变化等。通过建立风险管理机制，并不断优化定价策略，企业可以更好地应对这些风险，确保定价策略的有效性。

综上所述，制定有效的物流服务定价策略需要综合考虑企业目标、成本、市场需求、竞争对手定价、服务质量、客户类型和物流风险等多个方面。通过物流市场调研和大数据的辅助，企业可以更加精确地分析这些因素，从而制定更加合理和有效的定价策略。

❖ 知识点3：物流服务定价方法

1. 成本导向定价法

成本导向定价法是物流企业根据提供物流服务所需的直接成本和间接成本来确定价格的方法，包括运输成本、仓储成本、人力资源成本等。物流企业会在此基础上加上预期的利润率，以确保盈利。成本导向定价的优点是简单易行，但它可能会忽视市场需求和竞争状况，导致物流定价与市场脱节。

物流服务成本包括物流企业设施设备的建设养护、人力、能耗、管理等成本。物流企业在制定价格时，必须考虑不同成本的变动趋势。如燃油费占物流企业总成本的比重很高，且国内油价经常调整，会导致物流企业的运营成本变动较大。成本不断变化，企业对物流服务就要进行重新定价，这是物流企业面临的难题。下面介绍两种具体的成本导向定价法。

（1）成本加成定价法

成本加成定价法是按照单位成本一定百分比的加成来制定产品销售价格。其计算公式为：

$$P = C \ (1+R)$$

式中：P——单位产品价格；

　　　C——单位产品成本；

　　　R——成本加成率或预期利润率。

（2）目标利润定价法

目标利润定价法是根据企业所要实现的目标利润来定价的一种方法。同成本加成定价法相比，该方法主要是以企业想达到的利润目标为出发点制定产品价格，而成本加成定价法是以产品成本为出发点制定产品价格。目标利润定价法的基本公式为：

$$P = (C_f + C_v + P_l)/Q$$

式中：P——单位产品价格；

　　　C_f——固定成本；

　　　C_v——变动成本；

　　　P_l——目标利润；

　　　Q——预计销量。

成本导向定价法能够保证企业利润水平，避免亏损，降低客户对价格的敏感度，易于被客户接受，减少市场风险。但同时，这种方法难以反映市场需求变化，可能被竞争对手超越，影响企业市场拓展和品牌形象。

物流企业依据物流成本制定物流服务的价格，即物流服务的定价以物流成本为最低界限，在保本的基础上考虑不同的情况，以此制定对企业最为有利的价格。

当物流企业主要竞争对手的价格已知，或者企业自身不具有市场竞争力时，采用成本导向定价策略较为合适。

2. 需求导向定价法

需求导向定价法是以物流市场对物流服务需求的强度和消费者对物流服务价值的理解程度为依据来确定物流服务价格的方法。物流市场需求影响客户对物流服务价值的认知，决定着物流服务的最高价格。不同地点、不同时间、不同消费者对物流服务的需求不一样，对物流服务价格的反应也各不相同。企业在物流服务定价时应对物流市场进行充分调研，掌握客户的真实需求及差异，在此基础上进行定价。

需求价格弹性是指商品价格变动所引起的需求量变动的比率，它反映了商品需求量变动对其价格变动反应的敏感程度。不同商品需求量变动对价格变动反应的敏感程度不同，需求价格弹性就不同，一般用需求价格弹性系数（E_d）表示其弹性的大小，公式为：

$$E_d = -\frac{\Delta Q/Q}{\Delta P/P} = -\frac{\Delta Q}{\Delta P} \cdot \frac{P}{Q}$$

式中：E_d——需求价格弹性系数；

　　　Q——需求量；

　　　ΔQ——需求量的变动；

P——价格；

ΔP——价格的变动。

需求价格弹性均匀时，$|E_d| = 1$；需求价格富有弹性时，$|E_d| > 1$；需求价格缺乏弹性时，$|E_d| < 1$。

物流企业根据客户需求进行服务定价，主要有以下三种方法。

（1）理解价值定价法

理解价值定价法即企业根据客户对物流劳务价值的认识制定价格，也就是根据客户对产品价值的理解，即产品在客户心目中的价值决定其价格。

（2）区分需求定价法

区分需求定价法就是企业在不同季节、不同时间、不同地区、针对不同供应商的实时变化，对价格进行修改和调整的定价方法。

（3）习惯定价法

习惯定价法，又称便利定价法，是企业考虑并依照长期被客户接受和承认并已成为习惯的价格来定价的一种方法。

当物流企业具有较强的市场竞争力和品牌影响力，市场需求较为稳定时，采用需求导向定价法较为合适。这种方法能够及时反映市场需求变化，有利于提高企业市场竞争力和占有率，有利于提高客户满意度和忠诚度。但同时，这种方法难以反映企业成本水平，可能存在价格战风险，需要具备较强的市场调研能力。

3. 竞争导向定价法

竞争导向定价法是指物流企业根据竞争对手的价格水平来制定本企业的价格。这种方法通常用于市场竞争激烈的情况，以保持市场份额和竞争力。物流企业可能会根据竞争对手的服务质量、品牌形象和市场份额等因素调整本企业的价格。某物流企业快递服务报价如表4-4所示。

表4-4　　　　　　　　　某物流企业快递服务报价

服务产品	次日达	隔日达	三日达	四日达
服务时效	1日 （18：00前）	2日 （18：00前）	3日 （18：00前）	4~6日 （18：00前）
产品类型	文件包裹 速递	文件包裹 快递	文件包裹 快递	文件包裹 快递
同城	√	—	—	—
省内	√（主要城市）	√（次要城市）	—	—
区域	√（主要城市）	√（次要城市）	—	—
全国	—	√	√	√（偏远城市）

服务产品	次日达	隔日达	三日达	四日达
定价	20	16	12	8

竞争导向定价法在物流市场中一般有以下四种定价方式。

（1）随行就市定价法

随行就市定价法是以同行业的平均现行价格水平或市场占有率较高的企业的价格为标准确定本企业价格的方法。

（2）低于竞争者产品价格定价法

低于竞争者产品价格定价法是指那些成本低于同行业平均成本的企业准备推销产品，渗入其他企业已经稳固的市场，或扩大市场占有率时所用的一种方法。

（3）高于竞争者产品价格定价法

高于竞争者产品价格定价法是指那些能制造特种产品和高质量产品或能提供高质量服务的企业，凭借其产品或服务本身独具的特点和很高的声誉，以及能为消费者提供更高水平服务的保证等，而与同行竞争的一种定价方法。

（4）投标定价法

投标定价法一般是由买方公开招标，卖方竞争投标，密封递价，买方按物美价廉原则择优选取，到期当众开标，中标者与买方签约成交。

物流市场的竞争程度和竞争对手的营销战略、产品服务、价格策略等因素都会影响物流服务价格的制定。目前我国物流市场自由化竞争程度较高，市场竞争异常激烈，企业在对物流服务定价之前，应做到知己知彼，充分考虑所处领域竞争对手的规模、战略、优势、产品价格等因素。

❖ **知识点 4：物流服务定价策略**

1. 物流市场细分定价策略

物流市场细分定价策略是根据不同的客户群体或市场细分制定不同的价格。物流企业根据消费者需求特点将物流市场细分为若干不同的子市场，并在各个子市场上实行不同的价格。

物流企业会识别不同的客户群体，如大客户、中小客户或个人客户，并根据他们的需求和支付能力制定不同的价格策略。如仓储物流服务，对大客户和中小客户采取不同价格和优惠政策。

由于货主、货物、运输线路、时间等方面的不同，物流市场需求不均衡的现象比较突出，导致经常出现某些市场的物流设备总是超负荷运转，而其他市场的物流设备却大量闲置的现象，给企业造成较大的损失。要解决这种市场不均衡状况，物流企业应充分调研市场的需求差异，选择适当的定价策略。物流市场细分定价策略有助于满足不同客户的需求，提高客户满意度。

2. 捆绑销售定价策略

捆绑销售定价策略是指将多种物流服务组合在一起，以优惠的价格提供给客户。这种策略旨在通过提供一站式服务来吸引客户，并增加他们的黏性。例如，物流企业可能会将运输、仓储和配送等服务捆绑在一起，提供整体解决方案。

捆绑销售定价策略使客户相信，一起购买某些产品或服务比分别购买便宜。当客户发现一组相互依赖和互补的服务的价值时，捆绑销售定价是恰当的策略。捆绑销售定价有助于各种物流服务产品的交叉互补销售，为客户提供一组定制化的服务，而价格却大大低于各部分的单价之和。捆绑销售定价不仅能降低销售成本，而且能增加企业与客户的密切程度，更多掌握客户的信息，发掘客户的需求。

如某运输型物流公司为了吸引客户的眼球，扩大业务范围，计划将货物包装和运输配送以优惠价格进行捆绑销售，基于成本比较因素，那些本来只打算购买其运输服务的客户很可能考虑同时购买该物流公司的包装服务。

3. 物流折扣定价策略

物流折扣定价策略是物流企业通过给予客户一定的价格优惠促销产品或服务。物流企业可能会根据客户的购买量、购买频率、长期合作关系等因素提供折扣。这种策略有助于吸引新客户、保持老客户，并增加市场份额。如某速运企业在"双11"期间全面打响了电商快递价格战，针对淘宝、天猫等淘系电商平台的快件，全面实施5折优惠。此举是借"双11"大型促销活动，与"三通一达"等电商快件"专业户"争夺市场。

4. 地理区域定价策略

地理区域定价策略是根据不同地区的市场需求和成本制定不同的价格。由于不同地区的经济发展水平、运输成本和竞争状况存在差异，相同的物流服务在不同的地区销售时，采用不同的价格。因此物流企业需要根据当地市场的实际情况调整价格。在经济发达的地区，企业可能会设定更高的价格以反映较高的市场需求和成本。如某物流公司将全球业务国家和地区划分为10个区，每个区的物流服务价格各不相同，而区内各个国家和地区则实行同样的价格，这样操作起来很方便。

5. 时间敏感定价策略

时间敏感定价策略是指根据货物配送的紧急程度或市场需求的季节性变化制定不同的价格。相同的产品在不同时间销售其价格可以不同，物流需求旺季的价格可以适当高出需求淡季的价格。对于急需配送的货物，物流企业可能会收取更高的费用以反映其紧急性和额外的服务成本。因此，随着季节性需求的变化和物流时效的不同，企业也需要灵活调整价格以适应市场需求的变化。如某集团集装箱运输实行淡季低运价、旺季高运价策略，这样使得公司在激烈的航运市场竞争中游刃有余。某企业物流快件价格如表4-5所示。

表 4-5					某企业物流快件价格					

起始地	时间									
	3 天					4 天				
	<30 (kg)	31~45 (kg)	46~200 (kg)	201~500 (kg)	501~1000 (kg)	<30 (kg)	31~45 (kg)	46~200 (kg)	201~500 (kg)	501~1000 (kg)
甲—乙	7 (元)	6.6 (元)	6 (元)	5.2 (元)	4 (元)	5 (元)	4.6 (元)	4 (元)	3.8 (元)	3 (元)
甲—丙	6.5 (元)	6 (元)	5.6 (元)	5 (元)	4.5 (元)	4.7 (元)	4 (元)	3.3 (元)	2.8 (元)	2 (元)

综上所述，物流企业在制定定价策略时，需要综合考虑成本、市场需求、竞争状况、客户群体等多个因素。选择合适的定价方式，企业可以更好地平衡客户需求、盈利能力和市场竞争力，从而实现可持续发展。

✤ 知识点 5：物流服务定价过程

1. 物流成本分析与核算

在制定物流定价策略时，首先需要对成本进行全面的分析与核算。通过对成本的深入了解，企业可以确定物流服务的最低可行价格，从而避免定价过低导致亏损。

2. 物流市场调研与定位

物流市场调研是定价策略制定中不可或缺的一环。通过调研，企业可以了解目标市场的需求、客户对服务质量的期望以及竞争对手的定价策略。基于这些信息，企业可以更加精准地定位自己的物流服务，并制定与之相匹配的定价策略。

3. 物流竞争对手分析

了解竞争对手的定价策略、服务质量和市场定位，对于制定有效的物流定价策略至关重要。通过对竞争对手的分析，企业可以确定自己的竞争优势和劣势，从而制定具有竞争力的定价策略。

4. 物流定价目标与策略

在明确了成本、市场需求和竞争对手情况后，企业需要设定明确的定价目标和策略。这些目标可以是提高市场份额、利润最大化、维持客户满意度等。基于这些目标，企业可以选择成本导向定价、需求导向定价或竞争导向定价等不同的定价方法。

5. 物流服务质量与价值

物流服务质量和价值对定价策略有着重要影响。优质的服务和高价值可以增加客户黏性，使客户愿意承担更高的价格。因此，物流企业需要在定价策略中充分考虑服务质量和价值，确保定价与服务相匹配。

6. 物流风险管理与调整

物流服务定价策略的制定和执行过程中，不可避免会面临各种风险，如市场波动、成本上升、竞争对手的价格战等。因此，物流企业需要建立完善的风险管理机制，对定价策略进行定期评估和调整，以确保策略的有效性和可持续性。

7. 目标客户关系与定价

良好的客户关系对物流服务定价策略的成功实施具有至关重要的作用。不同客户的支付能力不同，物流企业需要针对不同客户制定不同的定价策略。客户对价格的敏感度越高，物流企业就越有可能降低价格以吸引客户。长期合作的客户可能会享受一些优惠价格。

物流企业需要通过与客户建立紧密的联系和沟通，了解客户的需求和期望，并根据这些信息调整定价策略。同时，物流企业还可以通过提供个性化的服务和定价方案，增强客户对品牌的忠诚度和满意度。

任务执行

步骤 1：查找不同类型物流企业的主要成本

学生以项目组为单位，通过上网查阅相关资料，列举运输型物流企业、仓储型物流企业、综合型物流企业的物流成本有哪些，并填写表 4-6。

表 4-6　　　　　　　　　　　　物流成本分析

物流企业类型	物流成本
运输型物流企业	
仓储型物流企业	
综合型物流企业	

步骤 2：分析物流成本对物流服务定价的影响

根据查找的资料总结每项物流成本对物流服务定价的影响。

步骤 3：各项目组制作汇报课件并推选代表上台分享

 ## 任务评价

完成上述任务后，教师组织三方进行评价，并对学生的任务执行情况进行点评。学生完成表 4-7 的填写。

表 4-7 考核评价表

	班级		团队名称		学生姓名	
	团队成员					
	考核项目	分值（分）	要求	学生自评（30%）	团队互评（30%）	教师评定（40%）
知识能力	物流企业类型认知	20	区分准确			
	物流企业成本分析	20	正确全面			
	物流成本与服务定价分析	30	准确充分			
职业素养	文明礼仪	10	举止端庄、使用文明用语			
	团队协作	10	相互协作、互帮互助			
	工作态度	10	严谨认真			
	成绩评定	100				

牛刀小试

一、单项选择题

1. 下列物流费用中，属于按物流功能划分的是（ ）。

A. 生产物流费用   B. 特别经费

C. 信息费   D. 固定成本

2. 企业在不同季节、不同时间、不同地区、针对不同供应商的实时变化，对价格进行修改和调整的定价方法是（ ）。

A. 理解价值定价法   B. 习惯定价法

C. 成本加成定价法   D. 区分需求定价法

3. 下列选项中，不属于竞争导向定价法的是（ ）。

A. 目标利润定价法   B. 随行就市定价法

C. 投标定价法   D. 低于竞争者产品价格定价法

4. 物流企业把全国分为若干价格区，把产品销售给不同价格区客户并分别制定不同的地区价格，这是（ ）。

A. FOB 原产地定价策略   B. 地理区域定价策略

C. 统一交货定价策略   D. 基点定价策略

二、多项选择题

1. 物流服务的价格是一种（　　　）。

A. 劳动价格　　　　B. 销售价格　　　　C. 零售价　　　　D. 批发价

2. 影响物流服务定价决策的内部因素有（　　　）。

A. 物流企业目标　　　　　　　B. 物流成本

C. 竞争对手定价　　　　　　　D. 物流市场需求

3. 需求导向定价法包括（　　　）。

A. 理解价值定价法　　　　　　B. 区分需求定价法

C. 习惯定价法　　　　　　　　D. 比较定价法

三、判断题

1. 运输成本是船舶的燃料消耗、挂靠港口数量、港口作业数量及收费水平等因运输量的增减而发生变化的可变成本。（　　　）

2. 根据运输成本而制定的运价应反映出运输距离越长，单位运输成本越高的规律。（　　　）

3. 需求价格弹性反映商品需求量变动对价格变动的敏感程度。（　　　）

四、案例分析题

从沃尔玛"天天低价"策略来看 A 物流企业"定价 2.0"策略

近期国内最大的零担快运加盟平台 A 物流企业推出了"定价 2.0"策略，根据记者的解读，该策略与沃尔玛的"天天低价"策略有许多相似之处，下面我们一起来看看。

创业 50 多年来，沃尔玛始终不遗余力地追求一流的成本能力，提出"帮客户节省每一分钱"的宗旨，还包括业态创新、快速扩张、财务运作和营销管理能力，时刻都在为降低运营成本服务，为竞争优势服务。靠着"低成本、低费用、低加价"的策略，沃尔玛实现薄利多销，赢得了"物美价廉"的标签，也成就了沃尔玛今天的商业帝国。

A 物流企业的"定价 2.0"策略是为实现客户价值增长而升级和变革的新的定价机制，也就是"效率定价"，用更简单、更具优势的定价增强价格维度的市场竞争力，采用"中转费+包仓费"定价模式，具有"成本定价、价格更低"的特点。

A 物流企业自 2010 年成立至今，从只有几条车线到成为最大的零担快运加盟平台，以规模效应和高效运营为基础，获得了行业内领先的成本优势。"定价 2.0"策略也是以此为基础，与沃尔玛"低成本、低费用、低加价"的原则类似，依托规模和高效运营不断降低成本，以此让出更多红利给客户。

A 物流企业的定价模式为"中转费+包仓费"，改变了以往网点单独申请政策的特殊性和复杂性，能给网点带来稳定长期的价格实惠，具备政策稳定、优势延续的特点。

从某种意义而言，"定价 2.0"策略不是一种政策，而是一种标准，标准是具备稳定性的。据了解，A 物流企业将坚持推进"定价 2.0"策略，此举不仅可以避免政策变化，降低战略部署和提供服务时的风险，同时也明确了企业让利市场、追求实现客户价值的决心。

问题与思考。

（1）请问 A 物流企业执行"定价 2.0"策略后有怎样的效果？

（2）"定价 2.0"策略对其他物流企业有怎样的启示？

五、技能训练题

请列举物流企业的成本，并说明物流企业如果采取定价策略，可以从哪些成本着手进行缩减。

任务三　制定物流分销渠道策略

物流分销
渠道变革

任务描述

任务1：学生以项目组为单位，通过上网查阅资料和实地考察，选择一家物流企业，对其分销渠道进行调研，并填写表4-8。

任务2：根据查找的资料总结每个物流企业的物流分销渠道，分析其合理及欠妥之处。

任务3：每个项目组需要将收集的资料加工制作成汇报课件，形成调研报告，并推选代表做分享汇报。

知识链接

❖ 知识点1：物流分销渠道的含义

1. 物流分销渠道的概念

物流分销渠道是指促使物流服务顺利地到达客户并为其带来利益的一整套相互依存、相互协调的有机系统组织。它包括如何把物流服务交付给客户和应该在什么地方、什么时间交付等。

物流企业为客户提供各种物流服务的渠道主要包括：海运、空运、陆运等。物流分销渠道的发展和完善，对于促进商品流通、提高物流效率、降低物流成本具有重要意义。某企业物流分销渠道如图4-5所示。

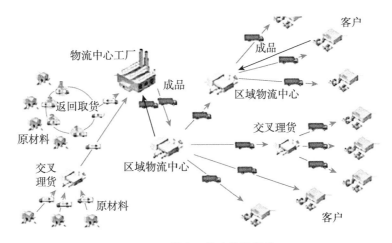

图4-5　某企业物流分销渠道

2. 物流分销渠道中间商

物流分销渠道涉及物流服务从生产向消费转移的整个过程，在这个过程中起点为生产者出售的物流服务，终点为消费者或用户购买、使用的物流服务，位于起点和终点之间的为中间环节，即物流中间商。

物流分销渠道中间商是专门为物流企业组织货源、承揽一个或多个物流环节业务或为供需双方提供中介服务的机构，如图 4-6 所示。

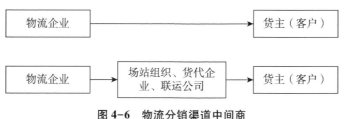

图 4-6　物流分销渠道中间商

物流分销渠道中间商一般可以分为以下三类。

（1）场站组织

场站组织拥有港口、码头、机场、铁路、集装箱货运站和货物托运站等设施，并以经营该类设施为主要盈利手段。

（2）货代企业

货代企业是游离于发货人、收货人和承运人之间的货运代理人，如订舱揽货代理、货物装卸代理、货物报关代理、理货代理、储藏代理、集装箱代理、转运代理等。

（3）联运公司

能够进行多式联运的铁路、公路、水路、航空公司等联运公司。

这些在商品转移过程中经过的具有独立经营资格或属于独立经营组织的各个节点，基本上可以称为物流分销渠道的一个层次。

随着经济全球化的发展，物流分销渠道的重要性日益凸显。客户可以根据自身需求选择最适合的运输方式，实现货物的快速、安全运输。同时，物流企业也应该不断完善分销渠道，提升服务质量，降低物流成本，以满足客户的需求。因此，物流企业应该加强对物流分销渠道的建设和管理，不断提高服务水平，为客户提供更加便捷、高效的物流服务。

❖ 知识点 2：物流分销渠道的功能

物流分销渠道作为信息传递的途径，对物流企业广泛、及时、准确地收集市场情报和反馈信息起着重要作用。物流企业如果能正确选择分销渠道，采用合适的分销策略，不仅能够保证物流市场占有率，而且能够加速资金周转，提高物流企业的经济效益。

1. 提供方便的物流销售网络

当消费者对物流服务产品产生购买欲望时，他们需要在某个特定的地点方便地购买到这些产品，物流分销渠道能发挥这样的作用让客户及时购买到产品。物流分销渠道中间商对分销渠道的简化作用如图4-7所示。

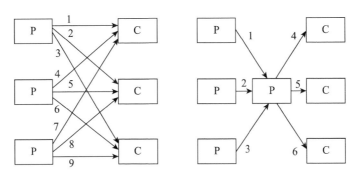

图4-7 物流分销渠道中间商对分销渠道的简化作用

2. 发布物流服务产品信息

客户对物流服务产品的认识和了解需要部分借助分销渠道来实现，同时渠道也可将客户对产品的反映和感受反馈回来，供企业参考以做出适当的策略调整。

3. 进行物流咨询和协助购买

为了使客户能够更加有效地了解物流企业的物流能力和物流功能，分销渠道可以为客户提供关于物流产品的相关知识，促进购买行为的发生。

4. 其他物流辅助活动

除上述功能外物流分销渠道还能帮助企业进行一些促销活动，如受理并协助解决顾客投诉等。

✤ 知识点3：物流分销渠道的类型

1. 按照物流分销渠道的形式划分

按照物流分销渠道的形式划分，物流分销渠道包括直接物流分销渠道和间接物流分销渠道，如图4-8所示。

（1）直接物流分销渠道

直接物流分销渠道是指物流服务提供者直接将服务销售给最终消费者，无须中间商参与，如自有物流网络、电商平台物流服务等。这种渠道模式有助于建立品牌忠诚度，适合物流服务产品的配送，但可能面临高成本和市场覆盖不足的问题。直接物流分销渠道的优势在于：

①对物流服务的供应与表现，可以保持较好的控制，若经中介机构处理，可能造成失去控制的局面；

②提供真正的个性化服务方式，针对每位客户的不同需求，提供有针对性的解决方案，这对于物流企业来说尤为重要；

③可以在与客户接触时直接获取客户目前的需求、客户需求的变化及其对竞争对手服务内容的意见等信息；

④可以减少佣金折扣，便于企业控制服务价格。

（2）间接物流分销渠道

间接物流分销渠道是指物流服务提供者通过第三方渠道（如代理、分销商、物流合作伙伴等）将服务传递给消费者。这种渠道模式有助于扩大市场覆盖面，但可能牺牲一定的品牌控制和盈利能力。与直接物流分销渠道相比，间接物流分销渠道的优势在于：

①比直接销售投资更少，规避企业的投资风险；

②代理商可以适应某一地区或某一细分市场客户的特殊要求；

③有利于物流企业扩大市场覆盖面，提高市场占有率；

④可以延伸信息触角，拓宽信息来源。

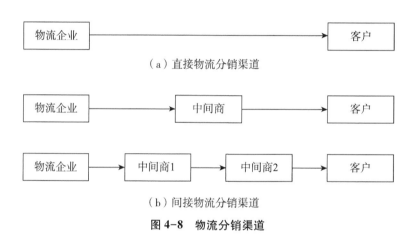

（a）直接物流分销渠道

（b）间接物流分销渠道

图 4-8 物流分销渠道

2. 按照物流分销渠道的功能划分

按照物流分销渠道的功能划分，常见的物流分销渠道类型包括以下 4 种。

（1）陆运物流分销渠道

陆运物流分销渠道是通过陆地交通工具（如卡车、火车等）进行运输的物流分销渠道。陆运物流适用于中短途运输，尤其是城市内部的配送服务。陆运物流具有运输速度快、成本相对较低的优势，但在长距离运输中可能面临运费较高的问题。

（2）海运物流分销渠道

海运物流分销渠道是通过船舶进行运输的物流分销渠道。海运物流适用于长距离、大批量的货物运输。海运物流具有运输成本低、承载能力强的特点，但运输时间较长，易受天气和航线限制。

（3）空运物流分销渠道

空运物流分销渠道是通过航空器进行运输的物流分销渠道。空运物流适用于紧急、高价值或易损物品的运输，如电子产品、医疗设备和鲜活产品等。空运物流具有运输速度快、安全性高的特点，但成本相对较高。

（4）多式联运物流分销渠道

多式联运物流分销渠道是指将不同运输方式（如陆运、海运、空运）进行组合，以满足复杂物流需求的物流分销渠道。多式联运可以实现运输过程中的无缝衔接，提高运输效率，降低运输成本。这种物流渠道适用于跨地区、跨国界的货物运输。

✤ 知识点 4：物流分销渠道的影响因素

物流分销渠道的选择取决于多种因素，包括成本、时间、货物的性质、目的地、法律法规等多种因素。企业在选择物流渠道时，需要综合考虑这些因素，以确保货物能够安全、高效、经济地到达目的地。随着技术的发展，物流行业也在不断创新，例如通过物联网、大数据分析、人工智能等技术提高物流效率和透明度。

1. 物流服务产品因素

物流服务产品主要是借助运输工具和信息技术帮助客户实现货物在空间上的位移。不同种类、不同包装的产品需要不同的物流服务，物流企业需要根据产品的类型、价值、易损程度等因素选择合适的物流渠道。物流服务产品因素主要包括：产品的价值和时尚性、产品的性质和种类、产品的体积与重量、产品的技术与服务要求、产品的时效性等方面。

2. 物流市场因素

根据目标客户的运输需求（如运输距离、运输时间、运输成本等）选择合适的物流渠道。物流市场因素主要包括：目标客户的类型和规模、目标客户的市场集中度、服务购买数量、物流市场竞争状况、目标客户购买习惯等。

3. 物流企业自身条件因素

物流企业需要考虑物流渠道所涉及的交通基础设施、仓储设施等因素，确保物流过程的顺利进行。物流企业自身条件因素包括：物流企业的经营实力和规模、物流企业品牌知名度、物流企业的经营管理能力、物流控制渠道的要求等因素。

4. 政策、法律因素

物流企业需要考虑国家政策、法律法规、国际惯例等宏观因素，了解不同物流渠道所涉及的法律法规和政策要求，确保物流企业能够合规运营。

总之，选择合适的物流渠道对于物流企业的运营至关重要。物流企业需要根据自身的需求和条件，综合考虑各种因素，选择最适合自己的物流渠道。

✤ 知识点 5：物流分销渠道策略

物流分销渠道策略是物流企业在运营过程中，为了更有效地将产品或服务传递给最终消费者而采取的一系列策略。这些策略的选择直接影响到企业的销售效果、市场占有率和利润率。物流渠道策略的制定过程有以下 7 项步骤。

1. 物流分销渠道类型选择

在物流行业中，选择合适的渠道类型至关重要。我们需要根据产品的特性、目标客户群体以及市场需求决定选择何种物流渠道。常见的物流渠道包括陆运、海运、空运以及多式联运。选择时要考虑运输速度、成本、货物安全性等因素，确保选择的渠道能够最大程度地满足客户需求。

（1）直接渠道与间接渠道

直接渠道是指物流企业直接将产品或服务提供给消费者，例如通过电商平台或实体店铺进行销售。间接渠道则是通过第三方（如代理商、批发商、零售商等）进行销售。选择哪种渠道取决于物流企业的规模、资源、目标市场等因素。

（2）单渠道与多渠道

单渠道是指物流企业仅通过一种方式销售产品或服务，而多渠道则是通过多种方式销售。多渠道策略可以帮助物流企业覆盖更广泛的目标市场，提高销售额。

（3）物流网络优化

通过建立有效的物流网络，企业可以更高效地将产品或服务传递给消费者，包括选择合适的运输方式、优化仓储布局、提高配送效率等。

（4）供应链协同

与供应链上的其他企业（如供应商、生产商、分销商等）建立紧密的合作关系，共同优化供应链流程，提高整体运营效率。

（5）库存管理

通过科学的库存管理策略，物流企业可以确保在需要时有足够的库存满足市场需求，同时避免过多的库存积压导致成本上升。

（6）客户关系管理

建立和维护良好的客户关系是物流渠道策略的重要组成部分。通过提供优质的客户服务、建立客户忠诚度和口碑传播，企业可以提高客户满意度和忠诚度，从而增加销售额。

2. 物流分销渠道合作伙伴选择

建立良好的物流分销渠道合作伙伴关系是物流分销渠道策略的关键一环。物流企业需要与有信誉、有经验、能够提供优质服务的物流公司、货运代理等建立长期稳定的合作关系。这样可以确保我们的物流渠道稳定、可靠，并能够提高整个物流过程的效率。

物流中间商的选择应该考虑如下因素：物流中间商的市场范围；物流中间商的资金实力、财务和信用状况；物流中间商的营销能力、业务管理水平和专业程度；物流中间商对物流产品和市场的熟悉程度、驾驭程度；物流中间商的促销政策和技术；中间商的地域优势及预期合作程度等。

3. 物流分销渠道布局规划

物流分销渠道布局规划涉及物流网络的设计和优化。物流企业需要根据客户需求、运输成本、运输时间等因素，合理规划物流节点的分布、仓库的选址以及运输路线的优化。通过合理的布局规划，可以提高物流效率，降低成本，提升客户满意度。

（1）运输方式选择

物流分销渠道的核心在于运输方式的选择，这涉及如何高效、经济地将货物从原产地运至目的地。运输方式包括陆运、海运、空运等多种方式。每种方式都有其独特的优势和适用场景，如空运速度最快但成本最高，海运成本低但时间长，陆运则介于两者之间。选择何种运输方式，需要根据货物性质、客户需求、成本预算等多种因素综合考虑。

（2）仓储与配送

仓储与配送是物流分销渠道的另外两个重要环节。仓储涉及货物的存储和管理，配送则是将货物从仓库运至最终客户。有效的仓储和配送管理可以确保货物安全、完整和及时送达。同时，仓储和配送的效率也直接影响物流成本和服务质量。

（3）信息管理系统

信息管理系统是物流分销渠道的神经系统，它负责收集、处理和传输各种物流信息。通过信息管理系统，可以实时追踪货物的位置、状态，优化运输和配送路线，提高物流效率。此外，信息管理系统还可以帮助物流企业与客户、供应商等合作伙伴实现信息共享和协同工作。

4. 物流分销渠道风险控制

物流过程中存在一定的风险，如货物丢失、损坏、延误等。我们需要建立健全的风险控制机制，通过加强内部管理、提高员工素质、加强信息沟通等方式，降低物流过程中的风险。同时，我们还需要制定应急预案，以应对突发事件，确保物流分销渠道的稳定和安全。

（1）运输安全管理

运输安全是物流分销渠道风险控制的核心要素。它包括对运输工具进行定期检查和维护；对驾驶员进行严格的资质审核和安全培训；制定并执行严格的运输安全操作规程，确保货物的安全、完整和及时送达。

（2）仓储风险管理

仓储风险管理包括仓库选址和建设应符合相关安全标准；定期对仓库进行安全检查；建立健全的货物进出库管理制度。

（3）供应链监控

供应链监控是物流分销渠道风险控制的重要手段，具体包括建立健全的供应链管理制度；定期对供应链进行评估和审查；加强与供应链合作伙伴的沟通和协作，共同应对供应链风险和挑战。

（4）员工操作规范

员工是物流企业的核心资源，员工操作规范对于风险控制同样重要，具体包括制定完善的员工操作规范手册；定期对员工进行操作培训和考核；建立员工操作行为监督机制，及时发现和纠正员工操作中的违规行为。

5. 物流分销渠道效率优化

优化物流分销渠道效率是提高物流服务质量和降低成本的重要手段。物流企业应定期对物流分销渠道进行绩效评估，包括市场份额、客户满意度、成本效益等指标。根据评估结果，对渠道策略进行调整和优化，以提升整体运营效率和市场竞争力。通过引入先进的物流管理系统、采用先进的物流技术、优化运输路线、提高装卸效率等方式，提高物流渠道的效率。同时，我们还需要定期评估物流渠道的运行情况，及时发现问题并进行改进。

（1）运输效率优化

运输效率优化包括选择合适的运输方式；整合运输资源；运用现代技术提高运输效率。

（2）仓储效率优化

仓储效率优化包括合理规划仓储布局；引入自动化设备；实现仓储信息化。

（3）信息管理效率优化

信息管理效率优化包括建立信息管理系统；实现数据共享；运用数据分析技术为物流决策提供数据支持。

6. 物流分销渠道成本管理

成本管理是物流分销渠道策略中不可忽视的一环。物流企业需要通过合理的成本控制机制，降低物流成本，提高物流服务的性价比。具体来说，可以通过优化运输方案、降低仓储成本、提高设备利用率等方式降低成本。同时，还需要建立完善的成本核算体系，对物流成本进行实时监控和分析。

物流分销渠道成本管理包括定期开展成本分析；引入先进成本管理方法；持续调整和优化物流分销渠道的成本结构和管理措施，实现成本降低和效率提升。

7. 物流分销渠道服务水平提升

提升物流分销渠道服务水平是增强物流竞争力的关键。物流企业需要关注客户需求，提供个性化、专业化的物流服务。通过优化配送流程、提高物流效率、强化信息化建设、完善仓储管理、加强客户服务、创新运输方式、降低物流成本和保障物流安全等多方面的努力，企业可以不断提升物流分销渠道的服务质量，为客户创造更大价值。同时，还需要加强客户服务团队建设，提高服务人员的专业素质和服务意识。通过不断提升服务水平，我们可以赢得客户的信任和支持，提高物流渠道的市场竞争力。

综上所述，物流分销渠道策略是一个复杂而重要的课题。物流企业需要从多个方面综合考虑，制定符合实际情况的策略，不断提高物流渠道的效率和服务质量，以满足客户需求并赢得市场竞争。

任务执行

步骤1：查找不同类型物流企业的物流分销渠道

学生以项目组为单位，通过上网查阅资料和实地考察，选择一家物流企业，对其分销渠道进行调研，并填写表4-8。

表4-8 物流企业的物流分销渠道调研

物流企业名称	物流分销渠道类型

步骤2：分析各物流分销渠道的优劣

根据查找的资料总结每个物流企业的物流分销渠道，分析其合理及欠妥之处。

步骤3：各项目组制作汇报课件，形成调研报告，并推选代表做分享汇报

 任务评价

完成上述任务后，教师组织三方进行评价，并对学生的任务执行情况进行点评。学生完成表4-9的填写。

表4-9 考核评价表

班级		团队名称		学生姓名	
团队成员					

考核项目		分值（分）	要求	学生自评（30%）	团队互评（30%）	教师评定（40%）
知识能力	物流分销渠道类型认知	20	区分准确			
	物流分销渠道优劣分析	20	正确全面			
	物流分销渠道优化建议	30	可行性强			
职业素养	文明礼仪	10	举止端庄、使用文明用语			
	团队协作	10	相互协作、互帮互助			
	工作态度	10	严谨认真			
成绩评定		100				

牛刀小试

一、单项选择题

1. 实现数据共享属于物流分销渠道效率优化中的（　　）。

A. 运输效率优化　　　　　　　　　　B. 仓储效率优化

C. 信息管理效率优化　　　　　　　　D. 财务效率优化

2. 确保货物的安全、完整和及时送达属于物流分销渠道风险控制中的（　　）。

A. 仓储风险管理　　　　　　　　　　B. 供应链监控

C. 员工操作规范　　　　　　　　　　D. 运输安全管理

二、多项选择题

1. 下列属于物流分销渠道的影响因素的有（　　）。

A. 物流市场竞争状况　　　　　　　　B. 产品的性质和种类

C. 物流企业的经营管理能力　　　　　D. 国际惯例

2. 物流分销渠道的功能有（　　）。

A. 发布物流服务产品信息　　　　　　B. 进行促销

C. 协助解决投诉　　　　　　　　　　D. 协助购买

3. 物流分销渠道中间商包括（　　）。

A. 场站组织　　　　　　　　　　　　B. 货代企业

C. 联运公司　　　　　　　　　　　　D. 金融机构

4. 影响物流企业分销渠道决策的因素有（　　）。

A. 物流市场因素　　　　　　　　　　B. 政策因素

C. 物流企业自身条件　　　　　　　　D. 物流服务产品因素

三、判断题

1. 引入自动化设备体现的是运输效率优化。（　　）

2. 提升物流分销渠道服务水平是增强物流竞争力的关键。（　　）

四、案例分析题

中国 Y 企业的商流物流分离

中国 Y 企业在经历了 10 年的以分公司仓库为中心的物流运作模式后，于 2011 年年初开始了物流系统的重新整合，将商流物流分离，并进行配套变革。2013 年 Y 公司的营运成本比 2012 年降低了 2 个百分点，库存水平下降，供货周期由原来的 5~10 天降低为 2~3 天。这个数字对于竞争白热化、利润微薄而制造成本和销售成本又难以压缩的日化行业并不简单。

（1）商流物流分离前的运作方式

2011 年之前，Y 公司的物流运作是商流物流合一的。除总部工厂仓库外，75 个分公司各有一个仓库，物流运作流程是工厂仓库—分公司仓库—经销商自提，即 Y 公司通过长途陆运或空运的方式，将货物从广州工厂仓库运到全国 75 个分公司的仓库，然后由经销商到所属区域的各个分公司自提货物，并在专卖店或专柜向顾客出售。

（2）商流物流分离后的运作方式

经过近 1 年的考察和研究，Y 公司拿出了一套叫"直达配送"的物流解决方案。其实质是商流物流的分离，即取消 75 个大大小小的分公司仓库，成立区域物流中心，经销商订货直接由总部安排区域物流中心向其配送。Y 公司重新进行了物流网络规划，并借助 IT（互联网技术）来支撑。

Y 公司从其战略角度考虑，取消了分公司仓库，在广州、北京、上海、重庆、武汉、郑州、沈阳、西安、乌鲁木齐建立九大物流中心，并将仓储、运输（配送）等物流服务外包，通过第三方物流服务商中国邮政物流、大通国际运输有限公司、共速达物流和心盟物流将 Y 公司产品直接配送至专卖店。物流运作方式变为总部工厂—区域物流中心—经销商。

Y 公司自行开发了 CIA（综合信息系统）和 DRM（经销商关系管理系统）等来支撑业务管理和"直达配送"物流模式。其中 DRM 作为中国 Y 公司业务支持的核心系统是基于联网运作的，它作为一个公用的平台，将中国 Y 公司总部、厂部、分公司、销售网点和顾客服务中心及 3PL 企业有效地整合在了一起。

Y 公司通过以上几项变革，顺利完成了商流物流的分离，成功地实现了其物流重构。

问题与思考。

（1）请问 Y 公司的商流物流分离策略，给企业带来了哪些机遇？

（2）这种物流分销渠道策略对其他物流公司有怎样的启示？

五、技能训练题

请同学们思考一下传统生产企业和现代物流企业怎样融合才能实现物流分销渠道效益的最大化。

任务四　制定物流服务促销策略

物流促销
新方法

任务描述

任务1：学生以项目组为单位，通过上网查阅资料和实地考察，选择一家物流企业，对其物流服务促销策略进行调研，并填写表4-11。

任务2：根据查找的资料总结各物流服务促销策略的优劣，分析其合理及欠妥之处。

任务3：每个项目组需要将收集的资料加工制作成汇报课件，形成调研报告，并推选代表做分享汇报。

知识链接

❖ 知识点1：物流服务促销的含义

1. 物流服务促销的概念

物流服务促销是指物流服务企业通过人员或非人员推销的方式，向目标客户传递业务信息或树立本企业形象，帮助消费者认识物流服务带给他们的利益，从而引起目标客户兴趣，促使目标客户做出购买行为或影响目标客户购买态度，而进行的一系列说服性沟通活动。物流促销沟通过程如图4-9所示。

促销本质上是一种通知、说服和沟通活动。物流服务促销不只限于对目标客户，也可以用来激励员工和刺激中间商。因此我们也可以把物流服务促销理解为：

（1）其核心工作是信息的传递；

（2）其目的是激发目标客户产生购买行为；

（3）其方式分为人员促销和非人员促销两类。

图4-9　物流促销沟通过程

2. 物流服务促销的作用

（1）物流信息告知

物流服务促销活动能把物流企业的产品、服务、价格、信誉、交易方式和交易条件等有关信息传递给目标客户和广大公众，使他们对物流企业由知之不多到知之较多，从而在选择物流服务产品时，将本企业的物流产品或服务纳入其选择范围。

（2）说服目标客户

物流服务促销活动往往通过提供证明、展示效果、解释疑虑和表示承诺等方法说服消费者，加强他们对本企业产品或服务的信心，可以激发客户的需求欲望，以促使其迅速采取购买行为。

（3）树立企业形象

物流企业可以借助促销活动，传递本企业较其竞争对手不同的经营理念、价值观念、业务特色以及带给客户的特殊利益，不断加深对物流企业的良好印象，形成对本企业及物流服务产品的好感，树立企业独特形象。

✤ 知识点 2：物流服务促销组合

物流服务促销活动是由一系列具体活动构成的，一般可归结为物流服务广告、物流服务营业推广、物流服务人员推销和物流服务公共关系四种主要手段，物流服务促销组合如表 4-10 所示。

物流服务促销组合，就是物流企业根据自身产品的特点和营销目标，综合各种影响因素，对各种物流促销方式的选择、编配和运用。

表 4-10　　　　　　　　　　　　　物流服务促销组合

物流服务广告	物流服务营业推广	物流服务人员推销	物流服务公共关系
广播广告	优惠与折扣	上门推销	各种庆典
影视广告	赠送样品	柜台推销	捐赠
报刊广告	礼品与奖金	会议推销	记者招待会
网络广告	抽奖	电话销售	发布会
邮寄广告	现场演示、表演		研讨会
包装广告	竞赛		年度报告会
招贴广告	折让		
广告册	招待会		
广告牌			
标语与标志			

1. 物流服务广告

物流服务广告指物流企业为扩大销售获得盈利，以付费方式通过各种非人员化的大众媒介，向目标市场的广大公众传播商品或服务信息的促销方式。

（1）物流服务广告的分类

物流服务广告按形式划分可分为：印刷品广告、电子媒体广告、户外广告、邮寄广告、POP 广告等；

物流服务广告按内容划分可分为：产品广告、企业广告和公益广告。

（2）物流服务广告的影响因素

物流服务广告的策划与设计需要考虑以下几个因素：物流服务产品的特性、目标客户的习惯、广告媒体的传播范围、广告媒体的知名度和影响力、广告媒体的成本等。

（3）物流服务广告工作内容

为了提升物流企业的知名度和美誉度，物流服务广告的工作内容主要包括以下几个方面：树立物流企业形象、建立个性服务、建立客户对物流企业的认同、指导员工如何对待客户、协助业务代表顺利工作。

2. 物流服务营业推广

物流服务营业推广也称为物流销售促进，是指物流企业在特定的目标市场中，在短时期内采用强烈刺激的促销措施，刺激需求，鼓励目标客户购买产品或服务的活动。

（1）物流服务营业推广的工作内容

物流服务营业推广的主要工作内容包括：确定营业推广活动的规模、明确营业推广的目标客户、选择营业推广的媒体、确定营业推广的时间、确定营业推广的预算。

（2）物流服务营业推广方案的制定

针对物流企业的目标客户，物流服务有各种推广方式，包括：折价促销（直接打折、数量折扣、附加赠送、加量不加价）、优惠券促销、赠品促销、集点换物促销、有奖销售、会员制促销、路演促销、免费试用、返券促销、信贷促销等多种推广方式。

3. 物流服务人员推销

物流服务人员推销又称物流服务人员销售，指物流企业派出推销人员或委派专职推销机构，向目标市场的消费者和用户对物流产品或服务进行介绍、推广、宣传，以促进产品销售的促销形式。

在物流服务市场中，物流企业可能会委派专门技术人员而不是专业推销人员来推销企业的物流服务。由于物流服务的无形性，推销物流服务比推销产品困难，物流市场的销售人员比产业市场的销售人员更加重要，任务也更加重大。

（1）物流服务人员推销的优势

①灵活性。物流服务人员推销可以根据各类目标客户的特殊需求，设计有针对性的推销策略，容易诱发目标客户的购买欲望，促成购买。

②针对性。物流服务人员推销在对目标客户调查的基础上，可以直接针对潜在目标客户进行推销，从而提高推销效果。

③完整性。物流服务人员推销在推销商品过程中，承担着寻找客户、传递信息、销售产品、提供服务、收集信息、分配货源等多重功能，这是其他促销手段所没有的。

④情感性。物流服务人员推销注重人际关系，要与目标客户进行长期的情感交流。情感的交流与培养，必然使目标客户产生惠顾动机，从而与物流企业建立稳定的购销关系。

（2）物流服务促销人员的工作任务

物流服务促销人员的主要工作任务包括：积极寻找和发现更多目标客户；把物流企业服务信息传递给潜在的客户；运用推销技术让客户接受本企业的服务；向物流企业反馈客户的需求；帮助物流企业开发新的服务内容；向客户提供各种增值服务；收集市场信息向物流企业报告市场调研情况。

4. 物流服务公共关系

物流服务公共关系活动是指物流企业为改善与社会公众的关系，促进公众对物流企业的认识、理解和支持，达到树立良好企业形象、促进产品或服务销售目的的一系列促销活动。

物流服务公共关系的实施是一种积极的、有计划的、持久的努力，其直接目标是塑造物流企业的良好形象，以建立和维护物流企业与公众之间的相互了解。

（1）物流服务公共关系的对象

①物流企业内部公众。物流企业内部公众是指物流企业内部沟通、传播的对象，包括物流企业内部全体成员构成的公众群体。

②物流企业外部公众。物流企业外部公众是指物流企业内部公众外的社会群体、组织和个人。对于一般物流企业来讲，常见的物流企业外部公众主要包括：目标客户、物流供应商、物流经销商、媒体、政府、社区公众、一般公众。

（2）物流服务公共关系的主要类型

①建设性公关。建设性公关强调物流企业在与公众互动时，不仅要关注自身的品牌形象和利益，更要积极地对社会、环境和利益相关者产生积极影响，推动社会的进步和发展。这种公关策略旨在建立和维护物流企业与公众之间的长期、互惠的关系，以实现物流企业的可持续发展。

②维系性公关。维系性公关主要用于在物流品牌的稳定发展期间，巩固和维系已建立的良好形象和关系。这种策略持续不断地向社会公众传递组织的各种信息，以达到在公众中潜移默化地维系和增强物流品牌形象的目的。

③进攻及防御型公关。进攻型公关是一种积极主动的公关策略，物流企业以攻为守，通过挑战、质疑或批评竞争对手或其他组织、个人的观点、行为或立场，争取公众的关注和认可。防御型公关则是一种更为稳健和谨慎的公关策略，它在物流企业出现潜在危机或不协调时，采取防御和引导相结合的策略，防止自身公共关系失调。

④矫正性公关。矫正性公关通常在物流企业遭遇公关危机时使用，例如管理不善、防范不力导致的重大伤亡事故，服务质量问题或物流企业的政策和行为引发的信誉危机等。

⑤宣传性公关。宣传性公关通常运用公关广告形式，将物流企业的重大活动、重要的政策以及各种新奇、创新的思路编写成新闻稿，借助报纸、杂志、广播、电视等新闻媒介传播出去，帮助物流企业树立良好形象。

⑥交际性公关。交际性公关指物流企业与目标客户之间通过人与人的直接接触，进行感情上的联络。它通常包括团体交往和个人交往，团体交往包括物流企业组织的招待会、座谈会、宴会、茶话会、慰问会、舞会等，个人交往一般包括交谈、拜访、祝贺、信件往来等。

⑦服务性公关。服务性公关主要以物流企业的实际服务行为作为特殊媒介，吸引公众，感化人心，获取好评，争取合作。这种公关方式的主要目的在于通过物流企业的实际行动使目标公众得到实惠，从而增强物流企业的社会信誉和公众的支持。

⑧社会性公关。社会性公关通常是物流企业通过举办各种社会性、公益性、赞助性活动开展公关，带有战略性特点。

（3）物流服务公共关系的工作内容

对于一般物流企业来说，物流服务公共关系的工作内容主要包括：收集物流企业环境变化的信息、与新闻媒体建立良好的关系、举办或参加专题活动、对外联络协调工作、赞助与支持公益事业等。

❖ 知识点3：制定物流服务促销策略

1. 物流目标市场定位

在制定物流服务促销策略之前，需要先明确目标市场。物流企业需要分析市场数据，确定目标市场的特征、需求和偏好。通过分析消费者的购买历史、搜索记录、社交媒体互动等信息，准确识别潜在客户群体，为促销策略的制定提供有力支持。

2. 物流服务促销目标设定

明确物流企业促销目标是制定策略的关键。物流企业具体的促销目标有提高销售额、增加市场份额、提升品牌知名度等。同时，物流企业还需要评估目标的可行性，并提供实现目标的最佳路径。

3. 物流服务促销方式选择

分析不同物流服务促销方式的优缺点，选择最适合目标市场的促销方式。例如，对于价格敏感型消费者，物流企业可以选择价格折扣或优惠券等促销方式；对于品质追求型消费者，物流企业则可以提供增值服务或延长质保期限等促销手段。

4. 物流服务促销时间规划

物流服务促销时间的选择对促销效果至关重要。物流企业需要分析历史销售数据、市场趋势和消费者行为，为物流企业的促销时间提供建议。例如，在节假日、购物季或产品生命周期的不同阶段，调整物流促销策略以达到最佳效果。

5. 物流预算与成本控制

在制定物流服务促销策略时，预算与成本控制是不可忽视的因素。物流企业需要预测物流服务促销活动的成本，包括广告费用、库存成本、运输成本等，并提供成本优化的建议。通过合理控制成本，物流企业可以确保促销活动在预算范围内进行，实现效益最大化。

6. 物流促销效果评估

物流服务促销活动结束后，物流企业需要评估促销效果。通过收集和分析销售数据、消费者反馈和市场反应等信息，物流企业评估促销活动的成效，并提供改进建议。这有助于物流企业不断优化促销策略，提升促销效果。

7. 目标客户服务优化

在物流服务促销活动中，客户服务的质量对客户满意度和忠诚度至关重要。物流企业需要分析客户服务数据，识别常见问题和投诉点，并提供针对性的解决方案。通过改进客户服务流程、提高响应速度和处理效率，物流企业可以提升客户满意度，增强品牌形象。

8. 物流风险防范与应对

物流服务促销活动可能面临各种风险，如库存积压、价格波动、竞争对手的干扰等。物流企业需要识别和预测潜在风险，并提供应对策略。通过实时监控市场动态和消费者行为，物流企业可以及时调整促销策略，降低风险并抓住机遇。

通过目标市场定位、促销目标设定、促销方式选择、促销时间规划、预算与成本控制、促销效果评估、客户服务优化以及风险防范与应对等方面的综合考虑，物流企业可以制定一套高效且有针对性的物流促销策略，提升市场竞争力并实现可持续发展。

✤ 知识点 4：物流服务促销方法的选择

1. 运费优惠

运费优惠是最直接且常见的物流服务促销手段。通过提供折扣、免费或减免运费的优惠，鼓励消费者增加购买量或选择特定的物流服务。运费优惠可用于新客户、特定商品、特定时间段或达到一定消费额度的客户。

2. 时效保障

时效是物流服务的核心竞争力。在物流服务促销活动中，通过提供明确的时效保障，如限时送达、次日达、当日达等，可以增强客户对物流服务的信心，提升购买意愿。

3. 包装升级

包装升级是一种增值服务，可以提供更好的商品保护并增加商品价值感。在物流服务促销期间，提供免费的包装升级服务，如加固包装、礼盒包装等，可以增加客户对商品的满意度和购买体验。

4. 赠品活动

赠品活动是一种常见的促销手段，可以通过赠送相关商品或实用小礼品来吸引客户购买。在物流服务促销中，赠品可以与物流服务或商品本身相关联，如提供免费的环保购物袋、定制纪念品等。

5. 组合优惠

组合优惠是将不同的商品或服务进行捆绑销售，以更优惠的价格提供给客户。在物流服务促销中，可以组合不同的物流服务产品，如将快递服务与仓储服务打包优惠，或者将物流服务与电商平台上的商品进行组合销售。

6. 满额减免

满额减免是指当客户在一定时间内的消费达到特定金额时，可以享受一定比例的减免优惠。在物流服务促销中，可以设置满额减免的条件，如消费满一定金额即可享受运费减免、服务费用减免等。

7. 会员专享

建立会员制度，为会员客户提供专享的优惠和服务。会员可以享有更优惠的运费、更高效的配送服务、优先处理投诉等特权。通过会员专享的优惠和服务，增加客户黏性，提高客户忠诚度。

物流促销策略可以通过运费优惠、时效保障、包装升级、赠品活动、组合优惠、满额减免和会员专享等多种方式实现。这些促销策略可以单独使用，也可以组合使用，以满足不同客户的需求，提升物流服务的竞争力，促进销售和品牌的发展。

任务执行

步骤1：查找不同类型物流企业的服务促销策略

学生以项目组为单位，通过上网查阅资料和实地考察，选择一家物流企业，对其物流服务促销策略进行调研，并填写表4-11。

表4-11　　　　　　　　　　物流服务促销策略调研

物流企业名称	物流服务促销策略

步骤2：分析物流服务促销策略的优劣

根据查找的资料总结各物流服务促销策略的优劣，分析其合理及欠妥之处。

步骤3：各项目组制作汇报课件，形成调研报告，并推选代表做分享汇报

任务评价

完成上述任务后，教师组织三方进行评价，并对学生的任务执行情况进行点评。学生完成表 4-12 的填写。

表 4-12　　　　　　　　　　　考核评价表

班级		团队名称			学生姓名	
团队成员						
考核项目		分值（分）	要求	学生自评（30%）	团队互评（30%）	教师评定（40%）
知识能力	物流服务促销策略认知	20	区分准确			
	物流服务促销策略优劣分析	20	条理清楚			
	物流服务促销策略优化建议	30	可行性强			
职业素养	文明礼仪	10	举止端庄、使用文明用语			
	团队协作	10	相互协作、互帮互助			
	工作态度	10	严谨认真			
成绩评定		100				

一、单项选择题

1. 下面不属于社交媒体营销的是（　　　）。

A. 天涯论坛营销　　　　　　　　　　B. 搜索引擎营销

C. 微博营销　　　　　　　　　　　　D. 微信营销

2. 物流营销经理要了解客户的态度，了解客户是怎样看待他们的产品和服务的，了解客户是如何看待他们的竞争对手的，了解哪些客观因素对他们有利等，就必须进行（　　　）。

A. 物流市场营销规划　　　　　　　　B. 物流市场营销组合设计

C. 物流市场营销调研　　　　　　　　D. 物流市场需求预测

3. 物流服务促销组合的方式有人员推销、广告促销、营业推广和（　　　）。

A. 分销渠道　　　　　B. 公共关系　　　　　C. 产品价格　　　　　D. 产品组合

二、多项选择题

1. 微观环境中的公众包括哪些？（　　　）

A. 融资公众　　　　　　　　　　　B. 媒介公众

C. 政府公众　　　　　　　　　　　D. 社团公众

2. 关系营销强调，物流企业市场营销的目标不能仅停留在一次交易的实现，而应当努力发展和相关群体之间长期稳定的良好关系，包括（　　　）。

A. 供应商　　　　　　　　　　　　B. 经销商

C. 客户　　　　　　　　　　　　　D. 竞争者

3. 物流服务人员推销的优点包括（　　　）

A. 扩大产品知名度　　　　　　　　B. 双向沟通

C. 有较大灵活性，迅速反应　　　　D. 培养感情

三、判断题

1. 当前许多物流企业实行会员制，为客户专门设立关系经理以及实行信用卡制度等。随着信息网络的广泛应用，还可以运用互联网实行数据库为物流企业和消费者提供很好的沟通渠道。这是生产观念的应用。（　　　）

2. 物流服务促销实质上是一个信息传递过程，即物流企业把产品和服务信息传递给目标客户。（　　　）

3. 物流服务促销不能降低企业的运营成本。（　　　）

四、案例分析题

J企业的物流服务促销策略

J企业并没有像其他B2C企业那样完全将物流外包出去，而是创办了自己的物流体系。目前J企业有两套物流配送系统，一套是自建的，另外一套是和第三方合作的。

2004年到2007年，J企业陆续在北京、上海、广州设立物流配送中心，辐射范围内80%均可做到24小时送货上门。当货物从供应商送达J企业的仓库之后，一切都在IT系统的支持下，实现了标准化的流水作业，在验货、摆货、出库、扫描、打包、发货甚至是发货后的配送环节都设置了监控点，一旦某个环节出现问题，IT系统将立刻报警，相关部门就能查出问题所在，进行快速处理。

另一套系统是和第三方合作的。在北京、上海、广州三座城市之外的其他城市，J企业和当地的快递公司合作，完成产品的配送。而在配送大件产品时，J企业选择与厂商合作。因为厂商在各个城市均建有自己的售后服务网点，并且有自己的物流配送合作伙伴。比如H公司在太原就有自己的仓库和合作的物流公司。

问题与思考。

请问 J 企业的物流服务促销策略给企业带来了哪些优势，对其他商业企业有哪些影响？

五、技能训练题

登录知名物流企业网站，分析该企业采用了哪些物流服务促销策略，为企业带来了哪些机遇。

05
PROJ

项目五
物流客户开发

◎**知识目标**
- 掌握物流客户的概念和类型。
- 掌握识别客户的原则。
- 理解客户购买行为的模式和影响因素。
- 掌握寻找客户的方法。
- 掌握拜访客户的步骤。

※**能力目标**
- 能够使用数据分析工具和方法，了解不同客户的需求特点和偏好，制定有针对性的客户开发策略。
- 能够建立和维护良好的客户关系。
- 能够与其他团队成员有效合作，共同完成客户开发任务。
- 能够不断探索新客户的开发方法和手段，提升物流服务的创新性和差异化程度。

※**素质目标**
- 培养学生的职业责任感和敬业精神。
- 引导学生树立正确的职业观。

物流客户开发
├─ 认知物流客户
│ ├─ 物流客户的概念
│ │ ├─ 物流客户的定义
│ │ ├─ 准客户的定义
│ │ └─ 准客户与客户的区别和联系
│ ├─ 物流客户的类型
│ │ ├─ 按照物流企业营销对象的不同划分
│ │ ├─ 按照客户对物流企业的重要程度划分
│ │ └─ 按照获利能力层次划分——客户金字塔
│ └─ 建立物流客户关系
│   ├─ 客户关系的演变
│   └─ 建立忠诚的客户关系给客户/物流企业带来的收益
├─ 识别物流客户
│ ├─ 识别客户的涵义
│ ├─ 识别客户的原则
│ │ ├─ 客户购买力评价
│ │ ├─ 客户购买资格审查
│ │ └─ 客户购买需求鉴定
│ ├─ 客户购买行为分析
│ │ ├─ 客户购买模式
│ │ ├─ 客户购买行为的类型
│ │ ├─ 影响客户购买行为的因素
│ │ └─ 客户购买决策的过程
│ └─ 寻找客户的方法
│   ├─ 普遍访问法
│   ├─ 链式引荐法
│   ├─ 个人观察法
│   ├─ 广告拉动法
│   ├─ 资料查询法
│   └─ 委托寻访法
└─ 拜访物流客户
   ├─ 约见
   │ ├─ 约见客户的涵义
   │ ├─ 约见客户的作用
   │ └─ 约见客户的内容
   │   ├─ 确定约见对象
   │   ├─ 确定约见事由
   │   └─ 确定拜访时间
   ├─ 面谈
   │ ├─ 面谈前的准备
   │ ├─ 面谈的特点与任务
   │ ├─ 面谈的原则
   │ ├─ 面谈的内容
   │ └─ 面谈的程序
   ├─ 客户异议的处理
   │ ├─ 客户异议产生的原因
   │ │ ├─ 客户原因
   │ │ ├─ 物流服务自身原因
   │ │ ├─ 物流营销人员原因
   │ │ └─ 企业自身原因
   │ ├─ 客户异议产生的类型与分析
   │ ├─ 处理客户异议的原则
   │ │ ├─ 尊重客户异议原则
   │ │ ├─ 耐心倾听原则
   │ │ ├─ 永不争辩原则
   │ │ ├─ 及时反应原则
   │ │ └─ 提供价值和利益原则
   │ ├─ 化解客户异议的步骤
   │ ├─ 化解客户异议的策略
   │ │ ├─ 把握适当时机
   │ │ ├─ 弱化与缓解
   │ │ └─ 调整与让步
   │ └─ 化解客户异议的方法
   └─ 成交
      ├─ 成交信号的识别
      ├─ 促销成交策略
      ├─ 促成成交的方法
      └─ 促成成交的技巧
         ├─ 总结产品优点
         ├─ 突出特定功能
         ├─ 强调最后机会
         ├─ 满足特殊要求
         └─ 争取大额订单

 **岗位分析**

岗位1：物流客户经理

- **岗位职责**：负责维护现有客户关系，开发新客户资源，达成销售目标，促进企业业务增长。
- **典型工作任务**：与客户沟通协调，制订客户拓展计划，了解客户需求，提供物流解决方案。
- **职业素质**：良好的沟通能力、谈判技巧和客户服务意识，对物流行业有深入了解。
- **职业能力**：具备销售技巧，能够建立长期稳定的客户关系，有能力开拓新市场。
- **可持续发展能力**：持续学习物流行业动态，了解客户需求变化，不断提升服务水平和销售能力，实现可持续的客户发展。

岗位2：物流客户拓展专员

- **岗位职责**：负责开发新客户资源，寻找潜在商机，推动销售增长。
- **典型工作任务**：进行市场调研，寻找潜在客户，制订拓展计划，开展销售活动。
- **职业素质**：具备市场分析能力、拓展销售技巧和抗压能力，对物流行业有一定了解。
- **职业能力**：具备开拓市场、洞察客户需求、推动销售的能力，能实现业务增长。
- **可持续发展能力**：关注市场变化，不断寻找新的拓展机会，保持对行业的敏锐度，实现客户资源的可持续开发。

 项目导读

在如今快速变化的商业环境中，物流行业日渐成为连接商业流通各环节的纽带。物流客户开发，作为物流企业获取新客户、拓展业务领域的关键环节，更是决定企业在激烈市场竞争中成败的重要因素。掌握客户开发的理念、方法和技巧，有助于提升个人职业素养，更是未来职业生涯发展的重要动力。

物流客户开发实质上是物流企业运用市场调研、需求分析、产品设计和营销推广等一系列综合性手段，积极主动地去寻找并吸引那些潜在的客户群体，进而通过一系列的服务与沟通，将他们成功转化为企业的实际客户的过程。这一过程并非简单的推销，而是涉及对市场环境的深入了解、对目标客户需求的精准把握，以及对企业自身资源、能力、优势的全面分析和合理配置等多个层面。在物流客户开发的过程中，企业首先要对市场进行详尽的调研，了解行业的整体趋势、竞争对手的情况，以及潜在客户的需求特点。随后，基于这些调研结果，企业会有针对性地进行需求分析，明确目标客户群体的具体需求和期望。在此基础上，企业会进一步设计符合市场需求的物流服务产品，并通过各种营销和推广手段，将这些产品信息有效地传达给目标客户。通过有效的客户开发，物流企业不仅能够拓展业务领域，增加新的收入来源，更能够在市场上建立自己的品牌形象，提升整体的市场占有率。而与客户建立起长期、稳定的关系，则意味着企业能够获得持续的业务机会和口碑传播，为企业的长期发展奠定坚实的基础。同时，客户开发的过程也是企业不断接触市场信息和行业动态的过程。通过与客户的沟通和交流，企业可以及时了解市场的最新动态和客户需求的变化，这对于企业及时调整市场策略、应对市场变化具有极其重要的意义。

物流客户开发是一门既实用又富有挑战性的学科。在本项目中，你将学习到与物流客户开发相关的基本知识和实践方法，希望同学们在学习过程中能够保持积极的心态和持续的努力，不断提高自己的专业素养和实践能力。通过学习和实践，相信你们一定能够在未来的工作中展现自己的才华。

任务一　认知物流客户

物流行业开发
客户的途径

任务描述

任务 1：学生以项目组为单位，通过上网搜索或查阅图书等方式收集物流企业进行客户分类的依据和做法。

任务 2：分析良好客户关系的建立可以给客户和物流企业带来的好处。

任务 3：每个项目组需要将收集的资料加工整理制作成汇报课件，并推选代表做分享汇报。

知识链接

✤ 知识点 1：物流客户的概念

1. 物流客户的定义

客户指用金钱或某种有价值的物品来换取接受财产、服务、产品或某种创意的个人或组织。物流客户指物流企业所提供的产品或服务的接受者。

2. 准客户的定义

准客户，即潜在客户，指既有购买所营销的商品或服务的欲望，又有支付能力的个人或组织。

3. 准客户与客户的区别和联系

准客户与客户是相对而言的。客户是企业生存的根本和基础，能够给企业带来直接的销量和利润，也是物流营销人员证明自己价值的要素，而拥有一定数量的准客户能提高企业的抗风险能力。客户与准客户之间存在着相互影响、相互转化的关系。客户的购买行为、购买评价会影响准客户的未来决策；把准客户转化为客户是物流营销人员的目标之一。

✤ 知识点 2：物流客户的类型

按照不同的划分标准，物流客户可以划分为不同的类型。

1. 按照物流企业营销对象的不同划分

按照物流企业营销对象的不同划分，可以把物流客户分为个人客户和组织客户。

（1）个人客户。个人客户指的是个人或家庭购买产品或服务的最终用户。他们是直接从企业购买商品或服务以满足个人需求或享受个人福利的人群。个人客户可以是任何有购买力的个人，涵盖了广泛的人群，比如上班族、退休人员、学生等。

（2）组织客户。组织客户是指购买产品或服务以供组织或企业内部使用的实体或机构。这些客户代表组织或企业做出购买决策，通常涉及更为复杂和长期的交易。组织客户可以是各种类型的企业、政府机构、非营利组织等。

2. 按照客户对物流企业的重要程度划分

按照客户对物流企业的重要程度划分，可以把物流客户分为一般客户、潜力客户和关键客户。

（1）一般客户：客户的价值比较固定，一般只讲究实惠，看重价格，企业与客户的关系是价格利益的均衡。

（2）潜力客户：通常与企业建立战略伙伴关系，是企业的主要客户源，物流企业的目标是争取提高此类客户的价值。

（3）关键客户：数量上所占比重相对较小，但客户关系稳定，客户价值大，对企业的利润贡献最大。

3. 按照获利能力层次划分——客户金字塔

企业在一定程度上认识到客户对企业盈利能力的影响是不同的，为数不多的客户提供了最高的销售额或利润。这经常被称为80/20法则，即20%的客户提供了80%的销售额或利润。这种80/20法则造成的客户金字塔是一种双层结构，它假定这两个层级内部是相似的。在这种形式的层级下，20%的客户构成了最高层级，他们被认为是企业最有价值的客户。但是其他客户除了与最高层级在盈利方面的不同外，就无法再加以区分了。大多数企业意识到在这一层级内部客户之间还是有差异的，如果企业拥有更充足的数据，就可以细化客户层级，图5-1为四层客户金字塔。

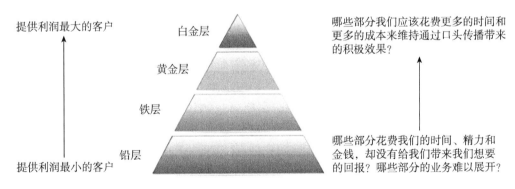

图5-1　四层客户金字塔

（1）白金层描述了对物流企业来说最有价值的客户，尤其是那些大客户，他们对于价格不会过度敏感，愿意购买和尝试新产品或服务，是企业的忠实客户。

（2）黄金层与白金层的不同主要在于其盈利水平不是很高，可能是由于这些客户希望有价格上的折扣，因而边际利润就很有限，他们也不十分忠诚。他们可能是大客户，但是为了使风险最小化，他们往往会选择多个物流服务商而不仅是某一个企业。

（3）铁层包括一些重要的客户，他们的需求可以充分挖掘企业的产能，但是他们在消费水平、忠诚度和回报率这些指标上对企业的贡献还是不够的。

（4）铅层由那些浪费企业资源的客户构成。他们通常要求获得比其应得的更多的回报，有时候他们就是问题客户——向别人抱怨企业却占用企业更多的资源。

✤ 知识点3：建立物流客户关系

1. 客户关系的演变

企业同客户的关系就如同其他的社会关系，会随着时间的推移而发展。学者们提出服务商与客户之间的关系具有从陌生人发展成为朋友或者合作伙伴的潜能。

（1）客户作为陌生人

陌生人是指不了解企业或者还没有和企业有过业务往来的群体。从行业的角度来讲，陌生人可能被定义为还没有介入市场的客户。从企业的角度来讲，陌生人可能包括竞争者的客户。因此，企业对这些潜在客户（陌生人）的最初举措应该是通过交流吸引他们，并取得他们的业务。

（2）客户作为熟人

一旦客户试用了企业的产品或服务，并建立了初步的联系，熟悉度就随之增加了，客户同企业也就成了熟人，这个阶段企业的主要目的是使客户满意。在熟知阶段，企业普遍致力于提供更有竞争力的产品和服务，提供比竞争对手更高的价值。随着交往的增多，客户积累了经验并对企业的产品和服务有了进一步的了解。而反复的交往也增加了企业对客户的认知度，并对销售及服务质量都起到了促进作用。

（3）客户作为朋友

由于客户继续购买企业的产品和服务，物流企业则开始设法获取有关客户需求的特别信息，并依据此信息来为客户提供定制化的产品和服务。这种定制化的产品和服务产生了独特的价值，并将交易关系从熟悉转变为友谊。这种从熟悉到友谊的转变，尤其是在服务交易关系上的转变，是以信任的培养为前提的。由于客户已经成为企业的朋友，他们不但对企业越来越了解，而且也开始相信企业所提供的服务是物超所值的。

（4）客户作为合作伙伴

随着客户同企业的继续交往，客户对企业的信任度也会加深，他们会得到企业更加以客户为导向的产品供应和交易行为。信任感的加深与忠诚度的建立减少了客户"寻找更好的替代者"的想法。在伙伴关系阶段，企业关注的是加强与客户的关系，必须利用客户知识与信息系统来提供有个性且以客户为导向的供应。如果客户觉得企业始终能了解他们不断变化的需求，并且愿意在产品和服务组合方面不断改进和提高，他们就更可能保持这种关系。

2. 建立忠诚的客户关系给客户/物流企业带来的收益

建立忠诚的客户关系不但能给企业带来最大收益，而且客户本身也可以从长期关系中获益。

（1）给客户带来的收益

感知价值是客户在收到与付出的感觉基础上对一种产品的使用价值的总体评价。价值代表了客户在"得到"与"给予"之间的平衡。在得到（质量、满意度和特殊利益）超出付出（货币或非货币成本）时，客户更愿意保持现有关系。当企业不断从客户的观点出发提供价值时，客户会获益并得到激励，将会保持对企业的忠诚。抛开得到的服务价值中的固有利益，客户同样可以在其他方面获益，有时这种关系利益比核心服务的特性更能吸引客户保持对企业的忠诚。建立忠诚的客户关系给客户带来的收益如表5-1所示。

表5-1   建立忠诚的客户关系给客户带来的收益

客户收益	说明
信任利益	表现为客户对供应商的信心，是一种减少焦虑和对期望较为了解的舒适感觉。大多数客户并不愿更换服务提供者，特别是在合作关系上已经有了相当大的投资时。如果现有的物流企业了解客户，知晓客户的偏好，并且长期为满足客户的需求而定制服务，那么更换物流企业就意味着较高的转换成本，包括因业务转变而带来的货币成本、心理成本和与时间相关的成本。大多数客户对其时间和金钱有着竞争性的要求，当他们同现有物流企业维持一种良好关系时，就可以把节省下来的时间用于应对其他关注的或应优先考虑的问题
社会利益	经过长期来往，客户同其服务提供者形成了一种家庭式的关系，这种关系使客户很少更换供应商，即使他们得知一个竞争者可能提供更好的质量或更低的价格。在一些长期的客户关系中，物流企业实际上可能是客户的社会支持系统的一部分，由此形成的社会支持利益对于提升客户价值非常重要，甚至达到或超过服务所提供的技术利益。然而，这种客户关系的潜在威胁是一个有价值的员工离开企业以后会带走他的客户，这会使企业面临失去客户的风险
特殊对待利益	特殊对待包括得到特殊的交易或价格、得到优先接待等。尽管在一些行业中，特殊对待利益对客户忠诚非常重要，但总体而言，相较于其他类型的利益，特殊对待利益对客户来说不是最重要的

（2）给物流企业带来的收益

对于一个组织来说，维护和发展一个忠诚的客户能产生多种收益。除了创造亲密的关系所带来的经济利益外，企业还常常能够得到客户行为及人力资源管理利益。建立忠诚的客户关系给物流企业带来的收益如表5-2所示。

表 5-2   建立忠诚的客户关系给物流企业带来的收益

企业收益	说　明
经济利益	增加销售额。当一家物流企业比其他竞争对手提供的服务更令人满意时，客户会把更多的订单给这家企业，并且随着客户逐步成熟，他们会不断要求更多的特别服务。 降低成本。开发新客户需要更多的启动成本，包括广告和其他促销费用、设置账目和系统的运作费用、熟悉客户的时间成本。有时从短期来看，这些初始基本费用会超过从新客户那里期望获得的销售收入，而固定客户的重复购买能够节省销售费用
客户行为利益	注重忠诚客户对企业产品和服务的口碑。当一款产品很复杂、很难定价，且购买的决策包含了风险时，客户大多让别人建议可考虑的供应商。忠诚客户一般会为企业做强有力的口头宣传，这种形式的广告比企业采用其他形式的付费广告更有效。 帮助物流企业成长，比如提供特殊的市场情报，帮助物流企业培训员工等，这些行为提高了物流企业传递优质服务的能力。虽然任何一个客户都可能做出这种自愿行为，但是那些长期客户更有可能这样做，因为他们希望看到他们的供应商做得更好
人力资源管理利益	客户对物流企业有一定的了解，可以在物流企业提供服务的过程中提供额外的帮助，实现协同生产，并且越有经验的客户越能体会物流企业员工的工作难度。物流企业有稳定的客户将更容易留住其员工，因为人们更愿意为拥有忠诚客户的物流企业工作

任务执行

步骤 1：对物流客户进行分类

学生以项目组为单位，通过上网搜索或查阅图书等方式收集物流企业进行客户分类的依据和做法，填写表 5-3。

表 5-3   物流客户分类

客户分类方式	分类依据	分类做法
分类 1		
分类 2		
分类 3		
…		

步骤 2：分析良好客户关系的益处

分析良好客户关系的建立可以给客户和物流企业带来哪些好处，填写表5-4。

表 5-4   良好客户关系带来的好处

给客户带来的好处	给物流企业带来的好处

步骤 3：各项目组制作汇报课件，并推选代表上台分享

 任务评价

完成上述任务后，教师组织三方进行评价，并对学生的任务执行情况进行点评。学生完成表 5-5 的填写。

表 5-5   考核评价表

班级		团队名称		学生姓名	
团队成员					
考核项目		分值（分）	要求	学生自评（30%）	团队互评（30%）	教师评定（40%）
知识能力	能正确进行客户分类	30	区分准确			
	能准确论述良好客户关系的建立可以给客户和物流企业带来的好处	40	条理清晰、内容丰富			
职业素养	文明礼仪	10	举止端庄、使用文明用语			
	团队协作	10	相互协作、互帮互助			
	工作态度	10	严谨认真			
成绩评定		100				

牛刀小试

一、单项选择题

1. 既有购买所营销的商品或服务的欲望，又有支付能力的个人或组织称为（   ）。

A. 个人客户   B. 组织客户   C. 潜在客户   D. 实际客户

2. 按照客户对物流企业的重要程度不同划分，数量上所占比重相对较小，但客户关系稳定，对企业的利润贡献大的客户称为（   ）。

A. 一般客户   B. 潜力客户   C. 潜在客户   D. 关键客户

3. 按照获利能力层次划分，需求可以充分挖掘企业的产能，但消费水平、忠诚度和回报率这些指标还是较低的客户属于（   ）。

A. 白金层   B. 黄金层   C. 铁层   D. 铅层

4. 在企业与客户关系的演化过程中，从熟悉到友谊的转变的前提是（   ）。

A. 交易   B. 信任

C. 关系资本投入   D. 深入了解客户的行业特点和市场需求

5. 对于物流客户选择的叙述，错误的是（   ）。

A. 规模越大的客户，一定越有价值

B. 客户的口碑和信誉度是选择客户时需要考虑的重要因素

C. 在选择客户时，应充分考虑市场竞争和竞争对手的情况

D. 客户对企业的忠诚度和满意度对合作关系的发展至关重要

二、多项选择题

1. 以下属于组织客户的有（   ）。

A. 各种类型的企业   B. 政府机构

C. 非营利组织   D. 群体消费者

2. 建立忠诚的客户关系给客户带来的关系利益包括（   ）。

A. 经济利益   B. 信任利益   C. 社会利益   D. 特殊对待利益

3. 建立忠诚的客户关系给物流企业带来的收益包括（   ）。

A. 经济利益   B. 社会利益

C. 客户行为利益   D. 人力资源管理利益

4. 在物流业务中，客户的稳定性对企业的影响包括（   ）。

A. 有助于企业规划运营和降低成本

B. 增加企业的市场风险和不确定性

C. 有助于提升企业的服务质量和效率

D. 有助于增强企业的市场竞争力

5. 建立忠诚的客户关系给物流企业带来的经济利益包括（　　　）。

A. 销售额的增加　　　　　　　　　　B. 成本的降低

C. 长期客户口碑　　　　　　　　　　D. 稳定的员工关系

三、判断题

1. 按照客户对物流企业的重要程度不同划分，可分为一般客户、潜力客户和关键客户。（　　　）

2. 个人客户可以是任何有购买力的个人。（　　　）

3. 在评估物流客户的潜在价值时，客户的行业地位和影响力通常不是重要的考虑因素。（　　　）

4. 企业对潜在客户（陌生人）的最初举措应该是通过交流吸引他们，并取得他们的业务。（　　　）

5. 客户的稳定性对物流企业的影响主要体现在降低运营成本和提高运营效率。（　　　）

四、案例分析题

某物流企业近期面临客户选择的问题，现有两个潜在客户，客户 A 和客户 B，企业需要决定与哪个客户建立合作关系。以下是两个客户的基本情况。

客户 A：

一家新兴的电商平台，近年来业务发展迅速，订单量稳步增长。

对物流服务的要求较高，希望提供快速、准确的配送服务。

付款记录良好，但合作时间较短。

客户 B：

一家传统的大型零售商，业务稳定，订单量较大。

对物流服务的要求相对较低，更注重成本控制。

合作时间较长，但近期出现付款延迟的情况。

请根据以上信息，结合你所学的内容，分析并回答以下问题。

（1）在选择物流客户时，应主要考虑哪些因素？

（2）根据客户 A 和客户 B 的基本情况，你认为哪个客户更有合作潜力？为什么？

（3）如果选择与客户 B 合作，针对其近期出现的付款延迟情况，你建议公司如何应对？

五、技能训练题

请论述在物流业务中，应如何全面、深入地认知物流客户，并说明认知物流客户对于企业决策和运营的重要性。

物流企业如何精准找寻客户

任务二　识别物流客户

任务描述

任务 1：学生以项目组为单位，通过上网搜索或查阅图书等方式分析影响客户购买行为的因素有哪些。

任务 2：学生以项目组为单位，通过上网搜索或查阅图书等方式列举物流企业寻找潜在客户的方法，并分析每种方法的适用条件。

任务 3：每个项目组需要将收集的资料加工整理制作成汇报课件，并推选代表做分享汇报。

知识链接

✤ 知识点 1：识别客户的涵义

识别客户，就是对客户资格进行审查、评价，分析该客户是否可能成为本企业的准客户，可能成为本企业哪一类准客户，评估他们的价值与潜力，以决定下一步行动的过程。这样做的好处包括以下两点。

1. 提高效率，降低成本

客户来源于准客户，准确识别准客户，缩小了客户开发的范围，物流营销人员可以进行有针对性的拜访和商务沟通，节约时间和成本，提高效率。

2. 减少失误

物流营销人员不仅要识别个人或组织是否为准客户，还要识别其在未来的商业活动中关注的重点是什么。因为准客户向客户转化的过程，就是物流营销人员与准客户沟通的过程。使用什么沟通媒介、沟通什么、何时沟通等，都需要事先策划好。

✤ 知识点 2：识别客户的原则

营销的第一步就是找准客户。一个精准客户所创造的价值往往大于几个甚至几十个非精准客户创造的价值。在营销中常用 MAN 法则来精准定位客户。MAN 法则认为作为客户的人（Man）是由金钱（Money）、权力（Authority）和需要（Need）这三个要素构成的。

1. 客户购买力评价

客户购买力评价即分析该潜在客户是否有购买资金（Money），是否具有消费此产品或服务的经济能力。如果客户没有支付能力，即使他对产品表现出了较大的兴趣与需求，也不可能实施购买行为，或者无法立即实施购买行为。在评价客户支付能力的时候，物流营销人员易犯两种极端的错误：第一种情况是过分强调支付能力，这样做不利于拓展销售局面，也有可能丢掉有价值的客户，因为客户支付能力的表现形式是多种多样的，特别是在面对组织客户的时候；第二种情况是对评价客户支付能力的重要性认识不足，急于达成交易，形成了经营风险，特别是在一些信用形式交易中（如先发货后付款的交易形式）。

2. 客户购买资格审查

客户购买资格审查，即查明该潜在客户是否有购买决策权（Authority）。在成功的销售过程中，能否准确地了解真正的购买决策人是销售的关键。不论是家庭消费品的购买行为，还是企事业单位的采购活动，购买决策权往往掌握在少数人的手中，其他人只是起到收集、传递信息，提供决策参考建议的作用。面对客户时，要判断客户是否具有决策权。当然，对客户中提参考建议的角色，也应足够重视，他们的意见会影响最终的购买决策。

3. 客户购买需求鉴定

需要（Need）是指存在于人们内心的对某种目标的欲望。客户存在的真实需求是成功销售的基础。客户需求具有层次性、复杂性、无限性、多样性和动态性等特点，它能够反复激发购买决策，而且具有接受信息和重组客户需要结构并修正下一次购买决策的功能。客户的需求有现实需求与潜在需求，现实需求是客户已经感觉到的需求，并且拥有相应的购买力；潜在需求需要激发才能体现出来。只有正确判断客户的需求及其规模，有针对性地展开一系列营销活动，才有可能实现销售。

✤ 知识点 3：客户购买行为分析

客户购买行为是指客户为满足自身需求，在寻找、选择、购买、评估物流服务时的行为表现。物流企业应以客户为导向，通过分析客户的购买行为及其影响因素，适当地调整营销策略，从而促进营销活动的顺利进行。

1. 客户购买模式

（1）"需求—动机—行为"模式

"需求—动机—行为"模式从心理学的角度构建了客户购买行为，如图 5-2 所示。当客户产生需求而未得到满足时，就会引起一定程度的心理紧张。此时如果出现满足需求的目标，客户的需求就会转变为内在的动机，进而驱使客户产生具体的消费行为。当客户的需求通过消费活动得到满足时，内在的紧张感就会消失。

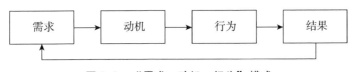

图 5-2 "需求—动机—行为"模式

（2）"刺激—反应"模式

对具体的客户来讲，物流企业能够产生多大作用，对哪些人最为有效，可以通过"刺激—反应"模式反映出来，如图 5-3 所示。

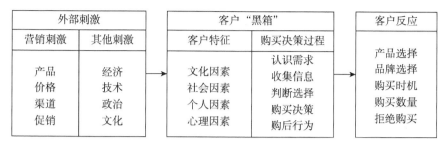

图 5-3　"刺激—反应"模式

从图 5-3 可以看出，具有一定潜在需求的客户首先受到物流企业营销活动的刺激和各种外部环境因素的影响而产生购买倾向；而基于特定的内在因素和决策方式，不同特征的客户面对外界的各种刺激和影响，又会做出不同的反应，从而形成不同的购买意向和购买行为。

其中，外部刺激和客户反应都是可见的，但是客户根据外部刺激进行判断和决策的过程却是不可见的，这就是心理学中所说的"黑箱"效应。分析客户购买行为就是要对这一"黑箱"进行分析，从而了解客户的购买决策过程和影响这一决策过程的各种因素。

2. 客户购买行为的类型

亨利·阿萨尔根据客户介入程度（所花费的时间和精力）和品牌差异程度，将客户购买行为分成四种类型，亨利·阿萨尔客户购买行为分类如表 5-6 所示。

表 5-6　　　　　　　　　　　　亨利·阿萨尔客户购买行为分类

		客户介入程度	
		高	低
品牌差异程度	大	复杂性购买行为	多样性购买行为
		产品品牌之间有明显差异； 客户需花费较多的时间和精力； 可多途径向客户介绍产品功能、特点及独特优势	产品品牌之间有明显差异； 客户不愿花费太多时间和精力购买； 存在购买行为随意性； 可加大广告投入，树立品牌形象，还可以采用多品牌策略
	小	协调性购买行为	习惯性购买行为
		产品品牌之间差异小； 客户购买花费时间和精力较多； 购买后往往会后悔； 应合理定价，向客户提供全方位的产品评价信息，加强售后服务	产品品牌之间差异小； 客户不用花费太多时间和精力； 应实行价格优惠，加大促销力度，突出品牌效应

3. 影响客户购买行为的因素

影响客户购买行为的因素主要包括文化因素、社会因素、个人因素和心理因素，如表

5-7 所示。这四种因素不是孤立的，不是单独地影响客户购买行为，而是在一定购买力前提下，相互关联、相互制约，共同发挥作用。

表 5-7　　　　　　　　　　　　　　　影响客户购买行为的因素

影响因素	子因素	说明
文化因素	文化	人类在社会历史实践中创造的物质财富和精神财富的总和
	亚文化	某一文化群体所属次级群体成员共有的独特信念、价值观和生活习惯等
社会因素	社会阶层	由具有相同或类似社会地位的社会成员组成的相对持久的群体
	相关群体	能直接或间接地影响客户的态度、行为或价值观的各种组织或个人
	家庭	家庭是社会生活的基本单位，也是最重要的消费单位和购买决策单位，对客户购买行为的影响最大
	角色/地位	每个人在生活中都扮演着多种角色，每个角色都代表一定的社会地位
个人因素	年龄	—
	生活方式	生活方式是指人们在成长过程中，在与社会诸因素的相互作用下所表现出来的活动、兴趣和态度模式
	经济条件	—
心理因素	动机	动机是指人们采取某种行为的内在动力
	知觉	知觉是指人脑对直接作用于感觉器官的客观事物的各种属性的整体反映
	学习	由经验引起的个人行为的改变
	态度	态度是指一个人对某些事物或观念长期持有的好与坏的认识评价、情感感受和行动倾向
	个性	个性是指个体在多种情境下表现出来的具有一致性的反应倾向

文化因素中，文化的差异决定了人们消费行为的差异，也会影响客户对物流服务的选择与购买。

社会因素中，影响客户购买行为的因素较多。例如，处于同一社会阶层的客户在价值观念、态度和行为等方面往往具有同质性，这些会影响客户的购买行为；相关群体为客户展示新的生活方式和消费模式，影响客户对某些事物的看法和对某些产品的态度，促使群体内某些个体的行为趋于一致，从而影响客户对产品和品牌的选择；家庭中的每个成员对购买决策都有一定的影响力，客户购买行为还受家庭生命周期的影响，处于不同生命周期阶段的家庭，成员的购买行为和购买偏好有所不同；客户的角色和地位不同，也决定了其购买行为有所不同。

个人因素中，客户对物流服务的需求会随着年龄的增长而不断变化；客户的生活方式不同，对物流服务的需求也会有很大不同；客户的经济条件会强烈影响客户的消费水平和消费范围，并决定客户的需求层次和购买力。客户经济条件较好，就会产生较高层次的需求，享受较为高级的消费。相反，经济条件较差的客户，通常只能先满足最基本的生活需求。

心理因素对客户购买行为的影响主要包括动机、知觉、学习、态度和个性。动机源于需求，当某种强烈的需求未得到满足时，个体会产生一种内在驱动力，进而采取行动；客户有了购买动机之后，随时可以付诸行动，由于每个人吸取、组织和解释知觉信息的方式不尽相同，其行为也有所不同，因此其具体行动取决于对客观情景的知觉；客户在购买物流服务的过程中，不断地积累各种经验或留下各种印象，这些经验和印象又会影响他们下一步的购买行为。客户通过学习建立起对物流品牌的偏爱，形成购买习惯；态度和个性会影响客户对物流服务的判断和评价，以及客户的购买意向，进而影响其购买行为。如果客户对某个物流企业持肯定态度，就可能持续购买该企业的物流服务，甚至向周围的人推荐该企业；一个人的性格特征在消费过程中会有所体现。例如，独立性强的人对市场营销因素不太敏感，一般不轻信广告宣传；而依赖性强的人对市场营销因素较敏感，易于相信广告宣传，从而建立对品牌的信任度和忠诚度。

4. 客户购买决策的过程

客户购买决策的过程一般分为五个步骤：认识需求、收集信息、判断选择、购买决策、购后行为，如图5-4所示。

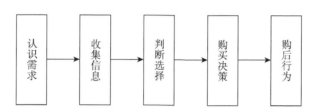

图5-4　客户购买决策的过程

（1）认识需求

客户购买决策从认识需求开始，即客户认识到自己对物流服务的需求。客户要了解货物的种类、运输距离，对时效性、安全性、运输、仓储、包装的要求，能够承受的运输成本等。物流企业要采取适当措施对客户加以引导，以唤起和强化客户的需求，让客户更快、更好地明确自己的需求。

（2）收集信息

客户认识到自己对某项物流服务的需求之后，就会对其产生兴趣，从而有意识地收集相关信息。客户所收集的信息主要包括物流企业的运输线路、运输方式、安全性、运费、效率、员工素质、技术装备水平和信息处理能力等。一般来说，客户可以从以下渠道获取信息。

①相关群体渠道，从家庭成员、朋友、同事、邻居等处获取信息。

②商业渠道，从物流营销人员处或广告中获取信息。

③公共渠道，从报刊、电视等大众媒体的宣传报道及一些专家学者的评论中获取信息。

④个人渠道，从自己的实际经历中获取信息。

其中，商业渠道一般起到通知作用，而相关群体渠道、公共渠道、个人渠道起到评价作用，对客户影响最大的是个人渠道。

（3）判断选择

客户从不同的渠道获取有关信息之后，便可以对可供选择的物流企业进行分析和比较，并对各企业的物流服务做出判断与评价，最后决定是否购买。物流企业营销人员应当深入调查研究客户选择物流服务时所考虑的因素，并重点宣传这些因素，以影响客户的购买行为。

（4）购买决策

经过以上几个阶段，客户会产生购买意向。然而，在购买意向转化为购买行为之前，以下两种因素会影响客户最终的购买决策。

①他人的态度。其他人如果在客户准备购买时提出反对意见或更有吸引力的建议，有可能使客户推迟购买或放弃购买。

②意外的变故。在客户准备购买时出现的一些意外变故，也可能使客户改变或放弃购买决策。

（5）购后行为

客户在享受物流服务之后，便进入了购后阶段。对客户来说，这一阶段既是本次购买行为的终点，也可能是下次购买行为的起点。客户会根据自身的感受对自己购买的物流服务进行评价，这种评价往往会影响物流企业的形象。物流企业应积极收集客户的评价，以改进物流服务，维护企业形象。

✤ 知识点4：寻找客户的方法

寻找客户是企业销售活动的开端，物流营销人员不仅要付出巨大的努力，还要具有一定的业务技能和基本素质。掌握了正确的方法，可以帮助物流营销人员提高工作效率。寻找客户的方法非常多而且具有灵活性和创造性，不同企业、不同行业的物流营销人员又会根据自己面对的实际情况，逐渐形成一套符合自己需要的寻找客户的方法，常见的客户寻找方法如表5-8所示。

表 5-8 常见的客户寻找方法

方法	说明
普遍访问法	物流营销人员在选定的区域、行业内，用上门拜访、发送电子邮件、打电话等方式对该范围内的个人、组织客户无遗漏地进行寻找与确认的方法。 拜访和联系的对象越多，获利的成效机会就越大，两者成正相关
链式引荐法	物流营销人员请求现有客户介绍推荐准客户，或者是现有客户向准客户推荐本企业的产品及物流营销人员，促使准客户联系物流营销人员，从而使物流营销人员能高效拜访准客户，增加成功的机会
个人观察法	物流营销人员依靠个人的知识、经验，通过对周围环境的直接观察和判断，寻找准客户的方法
广告拉动法	通过向可能存在准客户的目标区域发布广告，利用广告把有关产品的信息传递给广大客户，刺激或诱导客户的购买动机和行为，然后物流营销人员再向被广告宣传吸引的客户展开物流营销活动
资料查询法	物流营销人员通过收集、整理、查阅各种现有文献资料寻找准客户的方法
委托寻访法	物流营销人员在自己的业务地区或者客户群中，通过有偿的方式委托特定的个人或组织代为收集信息，了解有关客户和市场的信息。通过咨询的方式寻找客户不仅是一个有效的途径，有时还能够获得这些组织的服务、帮助和支持

任务执行

步骤 1：分析影响客户购买行为的因素

学生以项目组为单位，通过上网搜索或查阅图书等方式分析影响客户购买行为的因素有哪些，并填写表 5-9。

表 5-9 影响客户购买行为的因素

影响因素	说明

步骤2：分析物流企业寻找潜在客户的方法

学生以项目组为单位，通过上网搜索或查阅图书等方式列举物流企业寻找潜在客户的方法，分析每种方法的适用条件，并填写表5-10。

表5-10　　　　　　　　　物流企业寻找潜在客户的方法

寻找方法	说明	适用条件

步骤3：各项目组制作汇报课件，并推选代表上台汇报

任务评价

完成上述任务后，教师组织三方进行评价，并对学生的任务执行情况进行点评。学生完成表5-11的填写。

表5-11　　　　　　　　　考核评价表

班级		团队名称			学生姓名	
团队成员						
考核项目		分值（分）	要求	学生自评（30%）	团队互评（30%）	教师评定（40%）
知识能力	能正确列举影响客户购买行为的因素	30	区分准确、条理清晰			
	能准确列举寻找潜在客户的方法	20	条理清晰			
	能清晰对比各种寻找方法的优缺点	20	内容丰富、条理清晰			
职业素养	文明礼仪	10	举止端庄、使用文明用语			
	团队协作	10	相互协作、互帮互助			
	工作态度	10	严谨认真			
成绩评定		100				

牛刀小试

一、单项选择题

1. 对客户资格进行审查、评价，分析该客户是否可能成为本企业的准客户的行为称为（　　）。

A. 识别客户　　　　B. 寻找客户　　　　C. 拜访客户　　　　D. 鉴定客户

2. 识别物流客户的目的是（　　）。

A. 提高货物运输速度　　　　　　　B. 降低物流成本

C. 优化客户服务体验　　　　　　　D. 增加货物存储量

3. 根据亨利·阿萨尔客户购买行为分类，客户介入程度低，品牌差异程度大的购买行为是（　　）。

A. 复杂性购买行为　　　　　　　　B. 多样性购买行为

C. 协调性购买行为　　　　　　　　D. 习惯性购买行为

4. 物流营销人员在自己的业务地区或者客户群中，通过有偿的方式委托特定的个人或组织代为收集信息，了解有关客户和市场的信息的方法称为（　　）。

A. 资料查询法　　　B. 广告拉动法　　　C. 链式引荐法　　　D. 委托寻访法

5. 根据"刺激—反应"模式，属于营销刺激的是（　　）。

A. 经济　　　　　　B. 技术　　　　　　C. 政治　　　　　　D. 渠道

二、多项选择题

1. 在物流营销中，识别物流客户的重要性包括（　　）。

A. 提高运输效率　　　　　　　　　B. 降低仓储成本

C. 优化客户服务体验　　　　　　　D. 精准制定营销策略

2. 收集物流客户信息的渠道包括（　　）。

A. 相关群体渠道　　　B. 商业渠道　　　C. 公共渠道　　　D. 个人渠道

3. 在运用 MAN 法则来精准定位客户时需要考虑的维度包括（　　）。

A. 人　　　　　　　B. 金钱　　　　　　C. 权力　　　　　　D. 需要

4. 相关群体对客户购买行为的影响包括（　　）。

A. 为客户展示新的生活方式和消费模式

B. 影响客户对某些事物的看法和对某些产品的态度

C. 促使群体内某些个体的行为趋于一致

D. 改变客户的生活方式

5. 影响客户购买行为的因素主要包括（　　　）。

A. 文化因素　　　　　B. 社会因素　　　　　C. 个人因素　　　　　D. 心理因素

三、判断题

1. 识别物流客户时，企业仅需关注客户当前的物流需求，无须考虑其未来潜力。（　　　）

2. 物流客户的识别完全依赖于市场部门的努力，与其他部门无关。（　　　）

3. 多样性购买行为是指产品品牌之间有明显差异，客户不愿花费太多时间和精力购买，而是随意购买的行为。（　　　）

4. 社会阶层是由具有相同或类似社会地位的社会成员组成的相对持久的群体。（　　　）

四、案例分析题

某物流企业接到一位新客户的咨询，这位客户是一家专门生产电子产品的企业。他们打算将自家产品快速、可靠地运送至全国各地的分销商手中。客户明确表达了对物流成本、运输时间以及货物安全方面的高要求，希望找到一家能够满足其需求的合作伙伴。然而，客户也坦言他们目前对物流市场的情况了解相对有限，因此希望能够得到物流企业的专业建议和支持，以确保产品能够高效、安全地抵达各个目的地。这次合作对于双方来说都是一个新的机遇，希望能够通过良好的沟通与合作，实现双赢的局面。

请根据以上信息，结合你所学的内容，分析并回答以下问题。

（1）物流企业可以采取哪些措施识别该客户的具体需求？

（2）针对该客户的需求，物流企业可能提供哪些物流解决方案？

（3）在与该客户沟通时，物流企业应注意哪些问题？

五、开放论述题

如何根据客户的需求和特点，提供更合适的物流解决方案？

任务三 拜访物流客户

拜访客户的作用

任务描述

任务1：学生以项目组为单位，通过上网搜索或查阅图书等方式总结拜访物流客户的流程。

任务2：学生以项目组为单位，情景模拟客户拜访过程，总结客户异议的解决方法。

知识链接

✤ 知识点1：约见

1. 约见客户的涵义

约见客户，是指物流营销人员事先征得客户同意，进行接见的行动过程。约见客户既是对客户的尊重，也是基本的商务礼仪。一般来说，只有通过约见客户，才能成功地接近准客户，顺利开展后续的商务面谈活动。

2. 约见客户的作用

（1）约见客户是正面接触客户的开始

虽然在寻找、确认准客户名单时，物流营销人员已经对潜在客户群开展过研究与分析，但是到约见客户之前，物流营销人员还没有与客户有过实质性的接触，物流营销人员对客户的认识是不完整的，甚至是片面的。只有双方经过实质性接触，建立了双向沟通的渠道之后，面向客户的物流营销活动才真正开始，物流营销人员才能检验之前对准客户的分析是否正确，是否需要调整营销策略等。约见活动就是这种实质性接触的第一步。

（2）约见客户有助于接近客户

除非在特殊的情况下，否则"不约不见"应当成为物流营销人员的职业习惯。因为物流营销人员是以客户为中心开展工作的，客户有自己的作息时间、工作节奏、日程安排，物流营销人员可能会因为约见时间与客户的工作时间、生活时间相冲突而遭到拒绝，或即使勉强会晤，客户可能也会心不在焉，效果不佳。因此，为了成功地接近客户，一般需要事先约见，以赢得客户的信任，使客户配合物流营销人员的工作。

（3）约见客户有助于做好充分的准备

约见客户的过程，是与客户初步接触的过程，在这个过程中，物流营销人员通过观察和分析，能了解到客户更多的情况。例如，使用电子邮件约见客户时，收到客户对邮件的回复后，通过客户在邮件中的措辞，可以揣摩客户的性格、受教育程度；通过电话约见客户时，可以从客户说话的内容、声调、语速、口音等方面，对客户有初步的感性认识；通过客户对约见邀请的回复，可以看出客户对本产品的重视程度和关注的重点。物流营销人员在接近客户的时候，准备工作要做得更充分一些，获取更多信息，使物流营销活动的成功率增大。

（4）约见客户有利于提高效率

物流营销人员虽然看起来工作时间灵活，但实际上有效工作时间极其宝贵，这是因为约见客户，要以客户的工作、生活节奏为主导来寻找时间和机会。即使物流营销人员愿意加班工作，用工作以外的时间多拜访一些客户，可是他们无法要求客户也加班。因此，物流营销人员可利用的有效时间其实并不多，这就要求物流营销人员高效率地工作。通过约见，制定合理的工作日程表，既可以增加销售工作的计划性与有效性，也便于随时检查计划执行的情况。从客户的角度来看，被约见也可以做好充分的准备，如事先安排好合适的时间，使面谈不受打扰；准备好要了解的问题，使面谈的内容更具针对性；安排合适的人员同时参加面谈，避免物流营销人员向客户的不同部门反复解释同样的问题等。

3. 约见客户的内容

约见客户是接近客户的前期准备工作，如何约见客户取决于后期销售活动开展的需要。物流营销人员应该根据每次约见客户的具体情况确定约见内容。一般来说，物流营销人员在计划约见客户时，要考虑以下几个方面的内容。

（1）确定约见对象

约见客户首先要解决的是约见谁的问题，即确定约见对象。约见客户的目的是接近客户、最终达成交易，因此约见对象应当是有决策权的人，或者是对决策者有重要影响力的人。对于个人客户，约见对象通常比较容易确定。对于组织客户，如果是小型组织客户，大小事务都是由企业总负责人亲自决策，那么可以直接约见企业总负责人；如果是大、中型组织客户，机构比较健全、分工明确，则需要物流营销人员找到合适的部门负责人。一般来说，对于大、中型组织客户，在选择约见对象时，可以采取高层约见和逐级约见两种策略。两种约见策略对比如表5-12所示。

表5-12 两种约见策略对比

	高层约见	逐级约见
优点	·高层管理者虽然可能不负责具体事宜，却可能是最终做出决策的人； ·由高层引见具体部门的负责人，可能会引起该部门负责人的重视，使物流营销人员少走弯路，提高效率	·在取得该经办人认可之后，由此人引导约见他的上级领导，这种做法比较稳妥
缺点	·高层管理者比较忙，不易约见； ·可能会引起部门负责人的反感； ·物流营销人员不太容易知道哪位高层管理者分管此项购买事务，需要有充足的信息保障	·逐层上报的效率较低，有时可能会损失交易的机会，特别是在面临激烈竞争的时候

（2）确定约见事由

在约见客户的时候，需要向约见的对象说明拜访的事由，特别是进行陌生拜访。约见事由如表 5-13 所示。

表 5-13　　　　　　　　　　　　　　　　约见事由

约见事由	说明
物流营销	·事先已经明确客户有某种需求后，直接告诉客户希望拜访并介绍、演示、推荐某种产品或服务。 ·这种方式传递的信息简单明确，对确有需求的客户来说，容易激发起兴趣。但当客户没有意识到自己有此项需求；或客户的需求已经明确，但是短时间内有大量的物流营销人员提出约见的请求，客户不胜其扰；或客户对该产品（服务）有过不好的购买体验时，易遭到拒绝
市场调研	·不论物流营销人员真实的拜访目的是否包含物流营销，都可以考虑使用这种事由。 ·这种方式不是直接以物流营销为目的，客户的戒备心理要小得多，可能会愿意向物流营销人员多透露一些信息，双方沟通平台容易搭建起来。 ·信任建立之后，基于对客户的了解，选择适当的机会推介合适的产品，成功的希望就会大一些
提供服务	·容易吸引客户关注，特别是提供免费服务。提供这些服务，既有可能直接带来新的购买者，也可以提升在老客户心中的形象，间接获得或维护了客户。 ·这种方式如果设计、处理不当，或是被滥用，有可能被客户视为销售行为，引起客户的反感
办理业务	·一般用于对老客户的约见，如签订下一年度的销售合同、办理货款结算、处理矛盾与问题、推介新品等
一般性走访	·没有特定目的的走访，不以直接销售为目的，可以让客户少一些"被物流营销"的压力。 ·通过一般性走访收集市场信息，能加强与客户之间的联系，联络感情，发现市场中的问题

（3）确定拜访时间

确定拜访时间是约见客户的重要内容，时间的选择可能会决定拜访的效果。拜访时间的确定应当尊重拜访对象的实际情况，选择适当的时间。确定拜访时间应考虑的因素如图 5-5 所示。

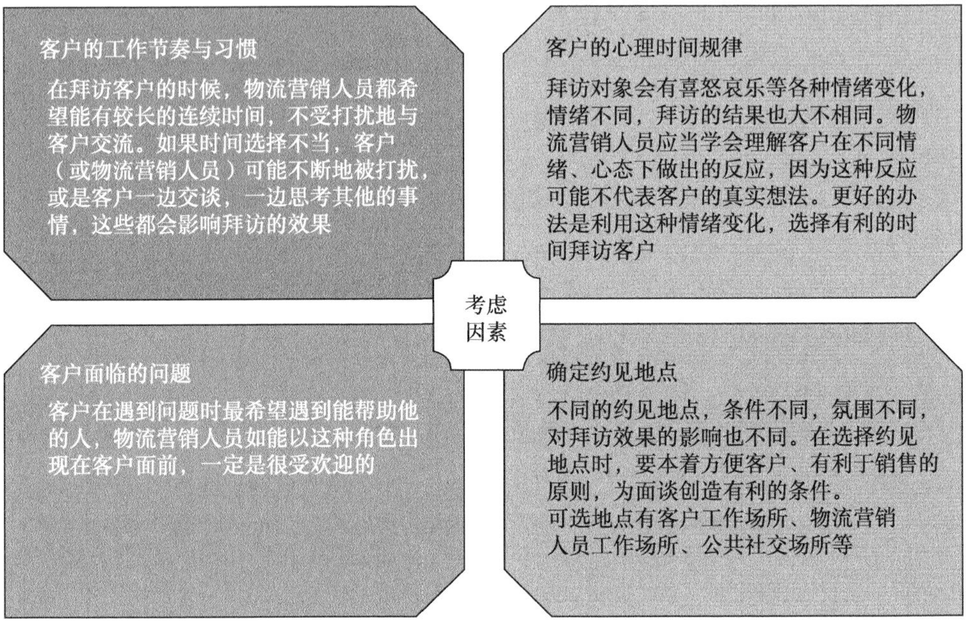

图 5-5　确定拜访时间应考虑的因素

❖ 知识点 2：面谈

1. 面谈前的准备

组织客户大多是专业的购买者，购买产品是为本组织使用。在接近这类客户时，应该做好以下几个方面的准备。

①仪容仪表的准备。

②了解客户的基本情况。如生产经营情况、购买规模与支付能力情况、信用情况、购买决策者的基本情况、客户与竞争对手交易的情况、急需解决的问题等。

③准备适当的辅助设备。如果是上门拜访，便携式的投影设备能把复杂的产品原理、性能、特点等以多媒体的形式形象地展示出来，容易激发客户的兴趣，但成本略高。有时候，简单的模型、图表也能起到类似的效果。

④企业资质证明材料、企业和产品的宣传手册、权威部门的调查报告、媒体相关报道的原件或复印件、老客户的感谢信和推荐信、价格表、物流营销人员的名片、销售合同等有助于促成交易的材料。

⑤根据已经了解的客户情况，预先为客户准备一份简单的方案，该方案以解决客户目前面临的问题为出发点（如降低成本、提高工作效率等）。如果拜访时获得的情况与原先得到的信息基本一致，条件成熟时拿出这份方案，可以体现物流营销人员的专业性和对客户的关心，增加成交的机会。有时这种方案可以在拜访现场一边与客户讨论一边拟定，既为客户定制了方案，又可以让客户高度参与，比较容易获得客户的认可。

⑥客户可能询问的问题与回答方法。

2. 面谈的特点与任务

（1）面谈的特点

由于面谈是一项较为复杂的物流营销业务，它受多种因素的影响，面谈局面可能会错综复杂，必须做好充分的准备工作，准确把握面谈的特点，才有可能实现面谈的预期目的。面谈的特点主要体现在以下三个方面。

①竞争合作性。面谈的手段是说服，通过说服来调和买卖双方的利益，最终达成某种协议。而在这种说服过程中既有竞争，又有合作，只有合作才能实现双赢。

②互动灵活性。面谈具有互动性，是买卖双方共同参与的过程。物流营销人员向客户介绍产品，回答客户提出的各种疑问与异议。只有经过双方反复的沟通协商，不断调整预先的面谈内容与条件，才能最终达成交易。因此，面谈是双方互动的、灵活的交易行为。

③利益相关性。面谈建立在人们为了满足某种需要，积极寻找具体满足物，并和卖方交换意见寻求合作的基础上。这种相互间的满足行为是建立在双方利益实现的基础上的。所以说满足双方需要、实现双方利益共赢是面谈的基础。

（2）面谈的任务

面谈前必须明确任务。面谈者只有明确了面谈的任务，才能把握面谈的节奏与方向，在面谈中把握分寸，保证面谈的顺利进行。面谈的任务如表5-14所示。

表5-14　　　　　　　　　　　　　　　面谈的任务

任务	任务说明
积极寻找客户的需要	面谈的最根本目的就是满足客户需求，因此物流营销人员在面谈之前必须尽量设法找出客户的真正需要，投其所好地开展物流营销活动
介绍产品或服务的信息	由于市场竞争，客户通常面对不止一个物流营销人员。因此在面谈时要重点传递客户最关心、最重视的产品或服务信息，传递本企业产品的特征或优于其他同类产品的信息，才能提高成功的概率
处理客户异议	在物流营销过程中，客户难免会提出一些问题，恰当地处理这些问题是物流营销成功的关键。只有客观真实地说明问题，巧妙把产品的核心优点与存在问题进行比较，突出差异化优势，才能说服客户打消疑虑
促进客户的购买行为	在面谈过程中，物流营销人员必须准确把握客户购买决策的心理冲突，站在客户的角度，有理有据地为他们分析利弊关系，促使其尽快做出购买决策

3. 面谈的原则

面谈实际上是双方寻找利益交叉点的过程。物流营销人员与客户都希望尽快实现自己的目标。因此，面谈应坚持一定的原则，确保实现双赢。

（1）针对性原则

针对性原则是指面谈应该服从物流营销目标和任务，做到有的放矢。

①针对客户的动机特点开展面谈。面谈应该从客户的动机出发，加以引导。客户需要

什么，物流营销人员就营销什么。按照客户的渠道分类：中间商的购买动机是为了赚取利润，他们倾向于选择市场上产销对路、物美价廉的产品；最终客户的购买动机是多种多样的，如有求实、求廉、求新、求美、求异、嗜好等，因此物流营销人员应该以客户需求动机为基础，进行有效的面谈。

②针对不同客户的心理特征开展面谈。不同的客户具有不同的心理特征。如有的内向，有的外向；有的随和，有的固执；有的自卑，有的自傲；有的慎重，有的草率；有的冷淡，有的热情。物流营销人员只有针对不同心理特征的客户采取不同的面谈策略，才能取得实效。

③针对客户的敏感程度开展面谈。不同的客户对产品的敏感程度不一样，比如，有的客户对价格特别敏感；有的客户对产品的质量非常敏感。物流营销人员在组织面谈的过程中，必须根据客户的特点，设计合理的面谈方案，增强产品的竞争能力，从而力争面谈成功。

（2）鼓动性原则

鼓动性原则是指物流营销人员在面谈中用自己的信心、热心和诚心，以自己丰富的知识有效地感染客户，说服和鼓动客户采取购买行动。作为一名物流营销人员，始终要抱定成功的信念，相信自己的产品和服务，热爱自己的事业、产品和客户。同时在面谈中要表现出专家的风范，用广博的知识去说服和鼓动客户，更要善于用具有感染力和鼓动性的语言生动形象地传递非理性信息，打动客户的心。

（3）倾听性原则

倾听性原则是指物流营销人员在面谈过程中，不要只向客户传递物流营销信息，而是要注意倾听客户的意见与要求。为了达到物流营销的目标，物流营销人员切忌滔滔不绝从企业自身的角度去介绍产品，要善于倾听、观察客户的需求。经验告诉我们，有时物流营销人员说得越多反而越会使客户反感，相反，尽量让客户表达出自己的意愿，少说多听有时会取得意想不到的效果。

（4）参与性原则

参与性原则是指物流营销人员在面谈过程中，积极地引导客户参与面谈，促进信息双向沟通。物流营销人员要与客户打成一片，使客户产生认同感和归属感，以提高物流营销效率。例如，引导客户发言，请客户提出和回答问题，认真听取客户的意见，让客户试用物流营销产品等。这些活动都能使客户参与物流营销活动，让客户感到满意，从而充分调动客户的积极性和主动性，创造有利的面谈气氛，提高面谈的成功率。

（5）诚实性原则

物流营销人员在面谈过程中要切实对客户负责，真心诚意地与客户进行推销面谈，如实向客户传递物流营销信息，这是现代物流营销人员的基本准则。物流营销人员在出示有关证明文件时，不能伪造证明，欺骗客户；物流营销人员所推荐的物流产品必须与企业产品完全一致；物流营销人员在介绍产品时，要诚实守信，不能欺骗客户。

（6）平等互利原则

平等互利原则是指物流营销人员与客户要在平等自愿的基础上互惠互利达成交易。贯彻平等互利原则，要求物流营销人员在物流营销活动中尊重客户，不以势压人，不把自己的意志强加给客户。同时，物流营销人员应向客户营销对其有用的产品，通过满足客户的需要实现双方的共同利益。

（7）守法原则

守法原则是指在面谈及合同签订过程中，要遵守有关的政策、法律法规和惯例。遵循守法原则表现在守法和用法两个方面。在面谈过程中，物流营销人员不能有意或无意违反法律法规。在自己的权益受到侵犯时，要利用法律武器保护自己，依法追究对方责任。

4. 面谈的内容

在面谈方案拟订过程中，必须事先确定面谈可能涉及的内容，并且面谈的内容也应围绕客户所关心的问题来确定。一般应该包括以下几个方面。

（1）产品/服务

物流企业所提供的产品/服务是集成了硬件、软件和服务于一体的产品服务系统。对于客户来说，购买的目的就是要得到一定的使用价值，满足其生产生活的需要。物流营销人员要将物流企业所承诺的服务范围准确、真实地传递给客户。告知客户彼此之间的权责范围，以免发生不必要的麻烦。

（2）价格因素

价格是面谈中最敏感的问题，因为它涉及买卖双方的利益。物流营销人员应该认识到，价格并非越低越好，价格低的商品不一定畅销，价格高的商品也不一定没有销路。因为任何客户对商品价格都有自己的理解，客户对价格有时斤斤计较，有时又不十分敏感，主要取决于客户需求的迫切程度、需求层次、支付能力和消费心理等。在价格面谈中，物流营销人员要在不违反公司政策的基础上，灵活运用价格这一敏感的面谈焦点，针对客户的不同要求，巧妙定价。

（3）服务质量

物流企业的服务质量是影响客户购买决策的关键因素之一。在竞争激烈的物流市场中，客户对于服务的要求越来越高，服务质量直接关系到客户对企业的信任度和满意度。首先，物流企业的服务质量直接决定了产品的安全性、及时性。这涉及物流企业的运输、仓储、配送等多个环节。如果企业在这些环节中能够确保产品安全无损、运输时间准确可靠，那么客户对企业的信任度就会大幅提升，从而更愿意选择该企业的服务。其次，服务质量也体现在物流企业的客户服务水平上。这包括售前咨询、售中跟进以及售后服务等多个方面。当客户在咨询过程中能够得到及时、专业的回复，在运输过程中能够随时了解产品的实时状态，以及在出现问题时能够得到迅速有效的解决时，客户就会感受到企业的用心和负责任，从而增强对企业的好感度和忠诚度。此外，随着科技的发展，客户对物流服务的智能化、个性化需求也在不断增加。物流企业如果能够提供智能化的查询系统、定制化的服务方案等，将能够更好地满足客户的个性化需求，进一步提升客户的满意度和购买意愿。

（4）付款结算条件

在面谈方案中，必须先明确结算条件，包括结算的方式和时间。双方应本着互利互惠、互相谅解、讲求信誉的原则进行磋商；面谈中要确定的主要内容是采用现金还是采用本票、汇票、支票方式支付；是一次付清、延期一次付清，还是分期付清以及每次付款的数额；在付款时间方面，是预付，还是货到即付或其他方式。

（5）约束保证条款

约束保证条款明确双方在交易中的权利、义务与责任，它既是一种担保措施，也是解决纠纷的依据。通常情况下为了避免纠纷，双方必须严格、谨慎地签订贸易协议，来保证交易的顺利进行。一些大宗的交易，为了降低风险，双方会更加谨慎地履行约束保证条款，以免引起不必要的麻烦。

5. 面谈的程序

面谈一般可分为面谈的准备阶段、面谈的摸底阶段、面谈的报价阶段、面谈的磋商阶段和面谈的成交阶段 5 个阶段，面谈的阶段如图 5-6 所示。

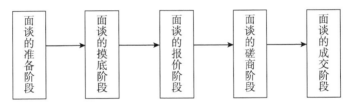

图 5-6　面谈的阶段

（1）面谈的准备阶段

从客户的角度来说，物流营销人员也许是不受欢迎的。许多物流营销人员遭到冷遇后，都患上了不同程度的"面谈恐惧症"，其原因一方面是害怕结果无法预料，如何面对客户的讲话内容，对客户所提的问题如何回答等无法预料；另一方面是担心遭到客户的拒绝而伤害自尊心。产生这种恐惧心理的主要原因是没有做好充分的面谈准备。一个成功的物流营销人员在面谈的准备阶段要锻炼自己的心理承受能力，在面谈前做好充分、具体、全面的面谈准备，才能有备无患。尽管每次面谈的对象、内容千变万化，但客户对同类产品的物流营销反应总是有一定规律的，而且许多反应是可以预料的。因此，物流营销人员的准备工作做得越充分，面谈中就越能灵活应变，取得好的物流营销效果。面谈的准备工作如表 5-15 所示。

表 5-15	面谈的准备工作
所需的准备工作	工作内容
收集信息，充分了解客户	了解客户的基本情况。包括客户的姓名、年龄、职务、性格、爱好、工作作风及其所在公司的状况等
	明确客户的需要
	熟悉产品和服务。包括物流产品和服务的性质、功能、特色、能为客户带来的利益等
制订面谈计划	把握面谈目的。向客户传递信息，诱发客户的购买动机，说服客户做出购买决定
	注意面谈要点。例如，如何吸引客户的注意力，引起客户的购买兴趣，刺激客户的购买欲望，促使客户达成交易
	预期结果评价。对面谈取得的成绩，做一个预期的评价，对面谈可能出现的结果，做一个预先安排
做好面谈的心理和物质准备	自信。一是对自己的物流产品有信心。二是对自己有信心。三是对自己的企业有信心
	诚恳。物流营销人员与客户初次见面时，要消除客户的防范心理，要想达到有效的沟通，必须要有诚恳的态度
	谈吐自然风趣。介绍产品要简明扼要，重点突出，要让客户在短时间内抓住要点
	仪表整洁大方
	仔细检查物流营销用品。在面谈之前，要检查价格表、合同书、订货单、名片、货品的说明书、样品等
面谈地点选择	选择好面谈的地点。面谈地点的选择，对于面谈效果有一定的影响。 己方场所：面谈人员不仅无须分心去熟悉和适应环境，而且可以利用东道主的身份按自己的要求布置面谈场所，掌握面谈的日程安排。面谈中一旦发生难以解决的问题，还可动员企业的其他成员共同参与。 对方场所：面谈人员远离所在企业，可以避免受本企业各种杂事的干扰，全身心地投入面谈；必要时可以借口上级授权有限，手头资料不足，身体不适等理由拖延或暂停面谈；在面谈方案规定的范围内，较好地发挥自己的主观能动性等。 第三方场所：选择在第三方场所进行面谈，双方均无主场与客场之分，但选择第三方场所面谈的程序比较复杂，一般用于为确定正式面谈场所进行准备性试谈
	面谈现场的布置与座位安排。面谈室内的环境要宽敞、优雅、舒适，并有良好的通风条件、照明条件、隔音条件。在安排座位时要掌握对等的原则，不能给人某一方占主导地位的印象。此外，还要尊重客户的习惯和宗教信仰

所需的准备工作	工作内容
模拟面谈	即兴讨论会。由一些具有专门知识和面谈经验的人员组成讨论小组，对已初步拟定的面谈方案进行讨论。每位参会人员都可以畅谈自己的意见，但彼此不交锋，不争论
	排演式会议。面谈小组中的部分成员可以扮演成对方的某个面谈角色，模拟对方的面谈风格，站在对方的利益角度同小组其他成员进行面谈。这样可以使面谈人员身临其境地提出问题和回答问题，促使面谈人员设身处地地考虑和处理问题，甚至找出一些原先被忽略的问题

（2）面谈的摸底阶段

面谈的摸底阶段，谈判双方试探性地提出问题，互相了解对方，旨在建立物流营销的面谈气氛，进行意见交换，做开场陈述。这一阶段一般是从见面入座到面谈实质内容之前，在这一过程中要竭力营造一种轻松、友好、愉快与和谐的面谈气氛，如面谈双方对立或猜忌，将很大程度上影响谈判的结果。因此，在谈判的摸底阶段，谈判双方最好不要直奔主题。应该以一些非业务性、轻松的话题开头，这将对面谈起促进作用，是谈判得以顺利进行的润滑剂。

（3）面谈的报价阶段

面谈的报价阶段是面谈双方分别提出协议的具体交易条件，是开局阶段开场陈述的具体化，它涉及谈判双方的基本利益，因此报价是面谈十分重要的阶段，是面谈的核心和关键。谈判一方在向另一方报价时，首先应该弄清楚报价时机与报价原则。一般而言，在对方对物流营销产品的使用价值有所了解后才报价，对方询问价格时是报价的最好时机，报价时最好按照产品等级报价，价格有高有低，便于对方结合自身情况综合考虑。报价的原则一般要坚持做到表达清楚、明确，态度坚定、果断，不主动对自身价格做解释，尽量留有充分的磋商余地，便于对方讨价还价。

（4）面谈的磋商阶段

面谈的磋商阶段也称"讨价还价"阶段，是指面谈双方为了各自的利益、立场，寻求双方利益的共同点，并对各种具体交易条件进行商讨，以逐步减少彼此分歧的过程。在这一阶段，双方都极力阐述自己的立场、利益的合理性，运用各自的策略，企图说服对方接受自己的主张或做出一定程度的让步。面谈的磋商阶段是双方利益矛盾的交锋阶段，谈判双方之间存在分歧或彼此处于对立状态是不可避免的，因此，双方适当地让步，从而寻求解决彼此分歧达成协议的办法。在此阶段，没有真正把握对方意图和想法的时候，不可轻易妥协。让步时不做无利益的让步，不做同等幅度的让步，不做过早的让步，不做大幅度的让步。

（5）面谈的成交阶段

面谈的成交阶段是面谈的最后阶段，也是收获最终成果的阶段。在面谈的成交阶段，面谈双方基本意见趋于一致，此时，物流营销人员应主动把握好时机，用言语或行为向对方发出成交的信号。当客户明确表示愿意成交时，物流营销人员应对最后成交的有关问题进行归纳和总结，双方最好在磋商阶段形成一个备忘录。备忘录并不视为合同或协议，它只是双方当事人暂时商定的一个意向，是以后达成正式协议的基础。备忘录代表双方的承诺，此时整个谈判过程基本结束，下一步工作就是签订合同或协议。签约时可以参考备忘录的内容，回顾双方达成的原则性协议，对面谈的内容加以归纳、总结、整理，并用准确规范的法律条文进行表述，最后由双方代表正式签字，协议生效。正式协议的条款要求具体、明确、规范、严密，价格、数量、质量要求等要准确；支付方式、交货期限、售后服务及履约责任要明确；标的名称要标准化、规范化，符合法律规范。当谈判协议审核通过之后，谈判双方都要履行正式的签约手续。这样物流营销面谈的成交阶段才视为结束。

✥ 知识点 3：客户异议的处理

1. 客户异议产生的原因

客户异议又叫物流营销障碍或物流营销冲突，具体来说就是在面谈中被客户用来作为拒绝购买理由的各种问题、意见和看法。物流产品必须能为客户带来利益，客户也必须为此付出成本。客户总是处在有限的支付能力与无限的消费欲望的矛盾之中，他必须评价并考虑产品购买给他带来的风险和收益。在交易过程中，物流营销人员和客户都希望通过谈判回避风险并力争自身利益最大化。因此，客户异议是不可避免的，是物流营销活动中的正常现象。为了更科学地预测、控制和处理各种客户异议，物流营销人员应该了解产生客户异议的主要原因，归纳起来主要有以下四个方面。

（1）客户原因

①客户的自我保护。人有本能的自我保护意识，在没弄清楚事情之前，会对陌生人心存恐惧，自然会心存警戒，摆出排斥的态度，以自我保护。当物流营销人员向客户营销时，对于客户来说物流营销人员就是一位不速之客，物流营销产品也是陌生之物。即使客户明白物流营销产品是自己需要的物品，他也会表现出一种本能的拒绝，或者提出各种的问题乃至反对意见。此时，物流营销人员要注意唤起客户的兴趣，提醒客户购买物流营销产品所能带来的利益，才能消除客户的不安，排除障碍，进而达成交易。

②客户不知自己的需要。由于客户没有发现自己存在的问题，没有意识到需要改变现状，而固守原来的消费方式，对于购买对象、购买内容和购买方式墨守成规、不思改变，缺乏对新产品、新服务、新供应商的需求与购买动机。此时，物流营销人员应通过深入全面的调查确认客户的需要，并从关心与服务客户的角度出发，利用各种提示和演示技术，帮助客户了解自己的需要，刺激客户的购买欲望，提供更多的物流营销信息，使之接受新的消费方式和生活方式。

③客户缺乏产品知识。随着现代科技的发展，新产品层出不穷，产品的生命周期日趋缩短。新产品尤其是高科技产品的特点与优势并不能一目了然，需要有一定的有关高科技

产品的基础知识才能够了解，因此会造成一些客户的认知障碍，从而产生客户异议。此时，物流营销人员应当以各种有效的展示与演示方式深入浅出地向客户介绍产品，进行相关的启蒙及普及工作，使客户对产品产生正确的认识，达到消除客户异议的目的。

④客户的情绪欠佳。人的行为有时会受到情绪的影响。若物流营销人员和客户见面时，恰巧客户心情不好，他就很可能提出各种异议，甚至恶意反对，大发牢骚，肆意埋怨。此时，物流营销人员需要理智、冷静地正视这类异议，做到以柔克刚，缓和气氛。

⑤客户的决策权有限。在实际的面谈过程中，物流营销人员会遇到这样的情况，客户说："对不起，这个我说了不算""等××回来再说吧""我们再商量一下"等托词，这可能说明客户确实决策权力不足，或客户有权但不想承担责任，或者是找借口拒绝。此时，物流营销人员要仔细分析，针对不同的情况，区别对待。组织客户由于组织机构方面的原因，也会产生有关政策与决策权的异议。物流营销人员必须在实施物流营销计划之前清楚准客户的有关情况，以避免产生权力异议。

⑥客户缺乏足够的购买力。客户的购买力是指在一定的时期内，客户购买商品的货币支付能力。如果客户缺乏购买力，就会拒绝购买，或者希望得到一定的优惠。有时客户也会以此作为借口来拒绝物流营销人员，有时也会利用其他异议来掩饰缺乏购买力这一真正原因。此时，物流营销人员要认真分析客户缺乏购买力的原因，以便做出适当的调整。

⑦客户的购买经验与成见。偏见与成见往往不符合逻辑，其内容十分复杂并带有强烈的感情色彩，其形成原因不是客户轻易可以消除的。在不影响物流营销的前提下，物流营销人员应尽可能避免讨论偏见、成见或习惯问题。此时，物流营销人员要推销的是新的消费观念和消费方式，引导客户改变落后的生产生活方式。

⑧客户有比较固定的采购渠道。大多数工商企业在长期的生产经营活动中，往往与某些物流营销人员及其所代表的企业形成了比较固定的购销合作关系，双方相互了解和信任。当新的物流营销人员不能让客户确信可以得到更多的利益和更可靠的合作时，客户不敢贸然丢掉以往的供货关系，因而对陌生的物流营销人员和物流营销产品怀有疑惑、排斥的心理。

（2）物流服务自身原因

物流服务自身原因导致客户对物流营销产品产生异议的情况也有很多，一般包括以下几个方面。

①物流营销产品的质量。物流营销产品的质量包括：物流营销产品的适用性、有效性、可靠性、方便性等。如果客户对物流营销产品上述某一方面存在疑虑、不满，便会产生异议。有些异议是由于客户对物流营销产品的质量存在认识上的误区或成见，有些异议是由于客户想获得价格或其他方面的优惠。所以，物流营销人员要耐心听取客户的异议，去伪存真，发掘真实的原因，对症下药，消除异议。

②物流营销产品的价格。绝大多数物流营销人员在物流营销过程中会遇到有价格异议

的客户，有些客户主观上认为物流营销产品价格太高，物非所值；有些客户希望通过价格异议达到自身目的；有些客户无购买能力等。要解决价格异议，物流营销人员必须加强学习，掌握丰富的商品知识、市场知识和物流营销技巧，准确释疑价格异议。

（3）物流营销人员原因

客户的异议可能是由于物流营销人员素质低、能力不足造成的。例如，物流营销人员的礼仪不当、不注重自己的仪表、对物流产品缺乏信心、营销技巧不熟练等。因此，物流营销人员能力、素质的高低，直接关系到面谈的成功与否，物流营销人员一定要重视自身修养，提高业务能力。

（4）企业自身原因

在面谈中，客户的异议有时还来源于企业。企业经营管理水平低、服务态度不好、不守信用、知名度不高等都会影响客户的购买行为，客户对企业没有好的印象，自然对企业生产的商品不会有好的评价，也就不会购买。

2. 客户异议产生的类型与分析

客户异议往往是客户保护自己的行为，虽本质不具有攻击性，但对物流营销的影响可能不止一次，还可能形成舆论，对物流营销活动在更长时间、更大空间范围内产生不利影响。要消除异议的负面影响，首先要识别和区分客户异议的类型，然后采取相应的办法予以处理。

（1）从客户异议性质划分

①真实异议。客户确实有心接受物流营销，但从自己的利益出发往往对物流营销产品或成交条件中涉及的服务内容、服务价格、服务质量等提出疑问。在这种情况下物流营销人员必须做出积极的回应，或有针对性地补充说明产品的有关信息，或对产品存在的问题做出比较分析或承诺。物流营销人员如果回避问题、掩饰不足，将会导致物流营销的失败。承认问题，并提出解决问题的办法，才能解决客户异议，最终达成交易。

②虚假异议。虚假异议又称无效异议。客户并非真的对物流营销产品不满意，而是为了拒绝购买而有意提出的各种意见和看法，是客户对物流营销活动的一种探究性反应。虚假异议有时是客户为了掩饰自己无权做出购买决定的托词。而有的客户已经决定购买其他物流产品，只是为了了解更多物流产品的信息而提出虚假异议。一般情况下，对虚假异议，物流营销人员可以采取一带而过的处理方法，因为虚假异议不会对客户的购买行为产生促进作用。

③破坏性异议。客户不听物流营销人员的解释和建议，完全从主观意愿出发，提出缺乏事实根据或者不合理的意见。对这种类型的异议物流营销人员应引导其将注意力放到对物流产品做出正确的认识上。物流营销人员可以保持沉默或者用本公司服务质量高，服务更有保障回应客户的异议。

（2）从客户异议指向的客体划分

①价格异议。价格异议是指客户认为商品的价格过高或过低而产生的异议。服务价格是客户最敏感的问题，也是最容易提出异议的问题。因为这与客户的切身利益息息相关。因而不论服务的质量如何，总有一些人会说价格太高，不合理。有的客户虽然心里认为价格比较低廉，但也会在口头上提出异议，希望价格再降低从而获得更多的利益。

②需求异议。需求异议是客户提出自己不需要该物流产品。这种异议是对物流营销的一种拒绝，客户根本就不需要面谈如何购买。客户提出这类异议，或许是确实不需要物流营销产品，或许是借口，或许是对物流营销产品给自己带来的利益缺乏认识。物流营销人员应该对客户需求异议做具体分析，弄清客户提出异议的真实原因，妥善加以处理。

③产品异议。这是客户对物流产品的功能、质量、品牌等方面提出的异议。这表明客户已经了解自己的需要，却担心企业的物流产品不能满足自己的需要。这类异议带有一定的主观色彩，主要是客户的认识水平、购买习惯以及其他各种社会成见所造成的，与企业的广告宣传也有一定的关系。物流营销人员应在充分了解产品的基础上，采用适当的方法进行比较说明，消除客户的异议。

④企业异议。这是客户把企业的知名度低、厂址偏僻、规模较小等因素与企业产品质量联系起来而产生的顾虑。特别是客户对物流营销人员代表的企业不了解，受传统的购买习惯约束的情况下容易产生这类顾虑。其实客户是需要该物流产品的，也愿意购买，只是对眼前的生产单位有疑虑，这时物流营销人员应当锲而不舍地增加面谈次数，增进与客户的感情联络。

⑤物流营销人员异议。这是客户针对某些特定的物流营销人员提出的反对意见。这可能是由于物流营销人员本身的不足造成的。客户因对物流营销人员不信任或反感而提出异议，意味着客户并不是不想购买物流产品，只是不愿意向某位特定的物流营销人员购买，物流营销人员异议属于真实的异议。对物流营销人员的异议，客户一般不直截了当地表达出来，而是以其他方式表示出来。

⑥服务异议。服务异议是客户对物流服务质量的异议，如对服务方式、方法、服务延续时间、服务延伸程度、服务实现的保证措施等多方面的意见。客户购买行为的发生，在很大程度上取决于企业能够提供什么服务及服务的质量和水平。优质的服务能够增强客户购买产品的决心。对待客户的服务异议，物流营销人员应诚恳接受并耐心解释，以树立良好的企业形象。

（3）从异议产生的主体划分

①购买时间异议。购买时间异议是客户有意拖延购买而提出的反对意见。一般有三种情况，第一种情况是客户对物流营销产品已经认可，但由于目前经济状况不好，手头资金不足，提出延期付款和改变支付方式的要求，如采取分期付款。第二种情况是客户对产品缺乏认识，还存在各种各样的顾虑，于是告诉物流营销人员"我们考虑一下，过几天再给

你准信""我们不能马上决定，研究以后再说"。第三种情况是客户尚未做出购买决定，所提异议只是一种推诿的借口。客户提出推迟购买时间，说明他不急于购买，还可能提出其他要求，所以物流营销人员对客户提出时间异议要有耐心，但是也必须抓紧时间及时处理。在市场瞬息万变的情况下，客户拖延购买时间过长，可能招致竞争者的介入，给物流营销工作带来更大的困难。

②权力异议。在业务面谈中，有时客户会拿出"我做不了主"等理由来拖延或者拒绝购买。这类关于决策权力或者购买人资格的异议，是客户自认为无权购买物流营销产品的异议，被称为权力异议。就权力异议的性质来看，真实的权力异议是直接成交的主要障碍，说明物流营销人员在客户资格审查时出现了差错，应及时予以纠正，重新选择有关物流营销对象；对于虚假的权力异议，应看作客户拒绝物流营销人员和物流营销产品的一种借口，要采取合适的转化技术予以化解。

③财力异议。财力异议即客户自认为无钱购买物流产品而产生的异议。一般来说，客户不愿意让人知道其财力有限，出现这种异议的真正原因可能是客户早已决定购买其他产品，或者是客户不愿意动用存款，也可能是因为物流营销人员说明不够而使客户没有意识到产品的价值。物流营销人员对此应采取相应措施化解异议。如果客户确实无力购买物流产品，最好的解决办法是物流营销人员暂时停止向其推销。

3. 处理客户异议的原则

物流营销人员在处理客户异议时，为使客户异议能够最大程度消除或者转化，应树立以客户为中心的营销观念，并遵循以下原则。

（1）尊重客户异议原则

尊重客户异议是物流营销人员具有良好修养的体现。只有尊重客户异议，才能做好异议转化工作。无论客户异议有无道理、有无事实依据，物流营销人员都要以温和的语言和欢迎的态度做出合乎理性的解释。这不但会使客户感到物流营销人员对物流营销产品具有信心，本人也具有谦虚的品德，而且会使客户感到物流营销人员对他们的需求与问题足够重视。面谈的过程是人际交流的过程，保持与客户融洽的关系是现代物流营销永恒的原则。

（2）耐心倾听原则

要理解客户，首先应学会聆听客户的诉求。即使一些话题你不感兴趣，只要对方有强烈的表达意愿，出于对客户的尊重，物流营销人员应该保持耐心，不能表现出厌烦的神色。物流营销人员必须牢记：越是善于耐心倾听他人意见的人，物流营销成功的可能性就越大，因为倾听是褒奖对方谈话的一种方式。

（3）永不争辩原则

物流营销过程是人与人之间相互交流、沟通的过程。物流营销人员与客户保持良好、和谐的关系，是物流营销工作顺利展开的重要条件。在实际工作中常用的方法是倾听客户异议，一旦客户有异议，最好不要与之争辩，寻找机会再做下一步的行动。

（4）及时反应原则

对于客户异议，如果物流营销人员能及时答复且能够给客户圆满解决，应及时采取措施化解客户疑虑；如果物流营销人员不知如何回答或者客户情绪激动，可策略性地转移客户的注意力，比如对客户表示同情，进一步了解异议的细节，并告诉客户会尽快向企业反映情况。对于不能直接回答的问题，物流营销人员应及时向企业反映并将有关结果尽快回复客户。物流营销人员应做好客户异议的相关准备，先发制人，在客户提出异议之前及时消除客户的疑虑。

（5）提供价值和利益原则

物流营销人员应坚持客户利益至上。要做到客户利益至上，就要了解客户的需求和意愿，了解客户想得到什么，然后才能有针对性地维护客户利益。可以通过开展客户满意度测评活动，客观地了解客户的需求，找准自己的不足，进而改进物流服务，以便更好地维护客户的利益。

4. 化解客户异议的步骤

物流营销人员要想比较容易和有效地化解客户异议，就应遵循一定的步骤程序，具体如下。

（1）认真听取客户的异议。回答客户异议的前提是要弄清客户究竟提出了什么异议。在不清楚客户说了什么的情况下，要处理好客户异议是有困难的，因此，物流营销人员要做到：

①认真倾听客户谈话内容；

②不要打断客户谈话，让客户把话讲完；

③要带有浓厚的兴趣去听。

（2）回答客户问题之前应有短暂的停顿，这会使客户觉得你的话是经过细致的思考后说的。

（3）要对客户表现出同情心。这意味着你理解他的心情，明白他的观点。但并不意味着完全赞同客户的观点。客户对产品提出异议，通常带着某种主观感情，所以，要向客户表示你已经了解他们的心情，可以向客户表达"很高兴你能提出这个问题""我明白你为什么这样说"等。

（4）复述客户提出的问题。

（5）清晰回答客户问题。

5. 化解客户异议的策略

（1）把握适当时机

物流营销人员在处理客户异议时，要掌握处理客户异议的恰当时机，这是考察物流营销人员能力和素质的重要条件之一，也是物流营销人员必备的基本功，主要体现在以下几个方面。

①在客户异议提出前解答客户异议是消除客户异议的最好方法。物流营销人员在服务过程中会发现，不管是何种情况，客户都会提出某些具有普遍性的异议，因此，物流营销人员可以事先预测客户会提出的异议，事先准备好应答的内容，并抢在客户开口前进行处理与解释。这样可以先发制人，起到预防客户异议的作用。

②客户异议的发生有一定的规律性。有时客户虽没有提出异议，但他们的表情、动作及谈话的语气却可能有所流露，物流营销人员觉察到这些变化，就可以抢先解答。如果物流营销人员能事先做好应对的准备，就可以在客户面前表现得很有信心。

③客户的反对理由一旦提出来，都希望物流营销人员能尊重和听取自己的意见，并能得到满意的答复，所以，物流营销人员此时应马上就客户的异议做出回答，否则客户会产生更大的不满，更加坚定他自己反对的理由。

（2）弱化与缓解

弄清客户异议的性质，物流营销人员态度要温和谦恭，要以宽容的心态弱化和缓解与客户间存在的差异，适当利用时间和场所的变换弱化和缓解客户的异议，因为不管客户心里怎么想，他们的许多异议直接或间接地对物流营销人员的物流营销都有帮助，要善于把客户拒绝购买的理由转化为说服客户购买的理由。

（3）调整与让步

如果物流营销人员从客户询问价格开始，就不能很好地引导客户，从而做出价格的让步，那么物流营销成交的概率极低。比如有礼貌地、坦诚地答复一个略高的、公正的价格，这其实就是一种调整与让步。因此，调整与让步是一个非常重要且关键的物流营销步骤。

6. 化解客户异议的方法

物流营销实践中客户异议是多种多样的，即使是富有经验的物流营销人员，也无法掌握所有客户异议的处理方法。但物流营销人员必须掌握常用的客户异议的处理方法，才能更好地实现物流营销目标。

客户在决定是否购买产品的过程中，由于心理处于矛盾状态，会把对于产品的不满都说出来。许多物流营销人员一听到客户的意见就如临大敌，神色紧张，不知所措，其实这是物流营销人员不够自信的一种表现。物流营销人员应该正面对待客户的异议。正面对待处理法归纳起来有以下几种。

①直接反驳法。物流营销人员以充足的理由和确定的证据直接否定客户的异议。直接反驳法能直接说明有关情况，据理力争，说服力强，可以节省物流营销花费的时间和精力，提高物流营销效率，但也容易使客户产生抵触情绪，甚至得罪客户，造成物流营销人员与客户之间的心理冲突。采用此法时必须谨慎，物流营销人员要态度诚恳、对事不对人，摆事实、讲道理，做到以理服人，而且要做到语气委婉、用词恰当。

②利用处理法。利用处理法是物流营销人员把客户的异议变成劝说客户购买的理由。利用处理法也是将客户异议当作自己论点的一种正面处理方法。以攻为守，变被动为主动，直接引证客户的话，让客户感觉物流营销人员重视自己的观点、意见，有较强的针对性，能及时转化客户异议，有效地促成客户购买。然而，如果使用不当，客户会觉得物流营销人员在钻空子，有损客户的面子，或者觉得物流营销人员强词夺理。

③间接否定处理法。物流营销人员可以利用时间和场所的变换来处理客户的异议。不管客户心里怎么想，他们的许多异议都直接或间接地对物流营销人员的物流营销有帮助。利用异议本身对物流营销有利的一面来处理异议，把客户拒绝购买的理由间接转化为说服客户购买的理由。这种方法可以缓解买卖双方的紧张关系，给客户以充分的时间进行理智思考，有利于转化客户由于情绪不佳而引起的异议，但是这种处理方法拖延的时间太长，容易失去成交的机会。

④补偿处理法。补偿处理法即在承认、肯定客户异议的同时，说明达成交易对客户的有利之处，可以给客户一种实事求是的感觉，增加客户对物流营销人员的信任感，也有利于保持物流营销人员与客户之间的良好沟通。补偿处理法会削弱客户购买信心，增加物流营销劝说的难度，引起客户更大的异议，降低物流营销效率。补偿处理法主要适用于处理客户心理难以达到平衡的状态。

⑤询问理解处理法。物流营销人员对客户异议进行具体观察、询问，让客户自己化解异议。询问处理法可以了解客户的购买心理，明确客户异议的性质，从而更有效地转化客户的异议。询问理解处理法将客户的异议分为有效异议和无效异议两种。有效异议就是有一定道理的异议。无效异议就是没有事实依据和不能成立的异议。询问理解处理法在许多情况下能够把异议直接解决，因为客户有时自己也非真正了解行情，只是道听途说，由于掌握的证据不足，往往被人反问后不再继续坚持自己的观点。询问处理法要分清并把握客户异议的真实性，对自己提出的反对理由必须充分，通过询问能化解客户的异议，交谈中用语恰当，语气委婉，讲究礼仪，询问要适可而止。

❖ 知识点4：成交

物流营销成交是物流营销工作的最终目标，其他阶段只是达到物流营销成交的过程。虽然成交的环境条件各不相同，成交的原因也各有特点，但是达成交易的信号却具有共性特征，物流营销人员善于识别物流营销信号，熟悉促成交易的方法策略，对提高促销成功率有很大帮助。

1. 成交信号的识别

成交就是物流营销人员帮助客户做出使买卖双方都能接受的交易条件的活动过程。成交是面谈所取得的最终成果，是面谈的延续。如果在面谈中解决了所有的客户异议，则达成交易是顺其自然的事，成交只不过是整个物流营销过程中的一个环节。

成交信号是指客户在语言、表情、行为等方面所表现出来的准备购买物流营销产品的一切提示或暗示。在实际物流营销工作中，客户为了保证实现自己所提出的交易条件，取得交易谈判的主动权，一般不会首先提出成交，更不愿主动、明确地提出成交。但是客户的购买意向会通过各种方式表现出来，对于物流营销人员而言，必须善于观察客户的言行，捕捉各种成交信号，及时促成交易。识别客户成交信号，把握成交时机，要求物流营销人员具备一定的直觉判断力与职业敏感度。

客户表现出来的成交信号主要有：表情信号是从客户的面部表情和体态中所表现出来的一种成交信号，客户的语言、行为、表情等表明了客户的想法；语言信号是客户通过询问服务细节，说出"喜欢"和"的确能解决我这个困扰"等语句所表露出来的成交信号；行为信号是由于人的行为习惯，经常会有意无意地从行为上透露一些对成交比较有价值的信息，当出现行为信号时，物流营销人员要抓住良机，勇敢果断地去试探、引导客户签单。

2. 促销成交策略

促销成交策略适用于各种产品或服务的买卖活动，成交的实现，依赖于物流营销人员能够掌握并灵活运用成交策略和成交战术。成交策略如表 5-16 所示。如果客户连续发出购买信号，而物流营销人员无动于衷，那么客户会不再发出购买信号，因为他会觉得物流营销人员不识趣。

表 5-16　　　　　　　　　　　　　　　　　成交策略

成交策略	具体操作
识别购买信号，当即促成交易	通过表情识别购买信号。 当客户表示对产品非常有兴趣时，客户神态轻松，态度友好；眼球转动由慢变快，眼睛发光，神采奕奕；腮部放松；由咬牙深思或托腮变为面部表情明朗轻松、活泼与友好；情感由冷漠、怀疑、深沉变为自然、大方、随和亲切等
	通过动作识别购买信号。 一般而言，如果客户反复阅读文件和说明书；认真观看有关的视听资料，并点头称是；查看、询问合同条款；要求物流营销人员展示样品，并亲手触摸、试用产品；主动请出有决定权的负责人，主动介绍其他部门的负责人；突然给物流营销人员倒水，变得热情起来等都属于成交行为信号
	通过语言识别购买信号。 一般而言，客户对产品给予一定的肯定或称赞；征求别人的意见或者看法；询问交易方式和付款条件；详细了解物流产品的具体情况等都属于成交语言信号

续　表

成交策略	具体操作
保持积极心态，主动促成交易	物流营销人员应以积极、坦然的态度对待交易，真正做到胜不骄、败不馁。客户对物流营销人员说"不"很正常，只要产品确实能为客户解决所面临的问题，就不怕顾客暂时拒绝。即使在提出试探性成交后遭到拒绝，还可以重新推荐产品，再次争取成交的机会
留有余地，适时促成交易	为促成交易，物流营销人员应该留有余地，适时提出物流营销重点，最好不要一次性和盘托出，因为客户从产生兴趣到做出购买决定，需要一定的过程。到成交阶段，物流营销人员如能再突出某个物流营销要点和优惠条件，就有机会促使客户下定最后购买决心
把握一切时机，随时促成交易	即使在面谈要失败时，物流营销人员仍不要放弃努力。此时客户紧张的压力已经得到充分的释放，心情变得愉悦，甚至对"可怜的"的物流营销人员产生一点同情心，会产生购买的念头。这时，物流营销人员要善于察言观色，捕捉客户瞬间的心理活动，抓住一切时机，充分利用一切机会促成双方达成交易
帮助客户权衡利弊，达成满意交易	强化利益。从正面阐述购买产品给客户带来的利益。物流营销人员不能把利益仅仅看成金钱与物质，而应把它理解为某种需要的满足。 反诉利益。从反面阐述不购买产品则失去某种利益。这种方法是强化利益的反用，是唤起人的恐惧。人们不但希望得到利益，而且也怕失去利益。 对比利益。把得与失进行利益对比，排除客户购买的心理障碍。物流营销人员要能够用自己的知识和能力，帮助客户权衡利弊得失，排除客户购买的心理障碍

3. 促成成交的方法

促成成交的方法很多，物流营销人员应熟悉常见的物流营销方法，才能更好地做好物流营销工作，常用的成交方法如表 5-17 所示。

表 5-17　　　　　　　　　　　　　　常用的成交方法

成交方法	说明
请求成交法	请求成交法，就是直接向客户提出若干购买的方案，并请求客户选择其中一种方案。此时客户如没有反对的表示，就可以请求客户签名确认
小狗成交法	又称为先尝后买法，只要方便就可以给客户一个试用的机会。有统计表明，如果准客户能够在实际承诺购买之前，先行拥有该产品，交易的成功率将会大为增加
选择成交法	在假定客户已经接受物流营销建议、同意购买的基础上，提出一些具体的成交问题，直接要求客户购买物流产品的一种方法。从表面上看，选择成交法似乎把成交的主动权交给了客户，而事实上就是让客户在一定的范围内选择，可以有效地促成交易
优惠成交法	通过提供优惠的交易条件来促成交易的方法，它利用了客户在购买服务时，希望获得更大利益的心理，实行让利销售，促成交易

成交方法	说明
从众成交法	利用客户的从众心理促使客户购买物流服务营销产品的一种方法。当一个物流营销人员看到客户的表情不是很愉快时，要强化客户的信心，可以技巧性地、适时地采用此法
问题成交法	利用处理客户异议的机会，直接向客户提出成交要求，促使客户成交的一种方法。如果物流营销人员发现客户的问题正是客户不愿意购买的理由，只要能够成功地消除这个异议和问题，就可以有效地促成交易
体验成交法	为了加深客户对产品的了解，增强客户对产品的信心而采取的试用或者模拟体验的一种成交方法。当物流营销人员和客户商讨完产品、服务保障和交易条件后，为了促成交易，就需要在可能的条件下用形象化的手段直观地展示物流营销产品
诱导成交法	通过物流营销人员语言上的暗示，引导客户将选购的物流服务产品在头脑中进行想象，让客户知晓物流产品及物流营销的过程是为他们特别设计的
小点成交法	指物流营销人员利用成交小点来间接促成交易的方法。这可以减轻客户的成交心理压力，有利于物流营销人员主动尝试成交，保留一定的成交余地，有效地促成交易
最后机会法	营销人员直接向客户提示成交机会而促使客户立即购买产品的一种成交方法。在使用这种方法时要正确把握时机，当客户已被物流营销人员说服，却未能决定购买时，这种方法对促成交易很有帮助

4. 促成成交的技巧

（1）总结产品优点

物流营销人员一般采用证明法以产品本身的演示证明其功能和质量。结合用户证明法和专家证明法来证明产品的功能和质量，并结合舆论证明法以政府有关部门颁发的证书或奖状证明其服务的优良质量，打消客户购买时的顾虑。

（2）突出特定功能

物流营销人员在进行物流营销时有时可突出产品的某个功能去进行重点营销，以寻找卖点，满足客户的某种特殊需求。

（3）强调最后机会

最后机会成交法要求物流营销人员运用购买机会原理，向客户提示"机不可失，时不再来"，给客户施加一定的成交压力，使客户感到应该珍惜时机，尽快采取购买行动。最后机会成交法的关键在于把握有利时机。若使用得当，往往具有很强的说服力，产生立竿见影的效果，并能节省物流营销时间，提高物流营销效率。

（4）满足特殊要求

物流营销人员应该基于客户需求强烈的程度、合作回款方式、服务质量、服务跟踪、配送时间等不同需求进行具体的有差别安排，最大限度地满足客户，满足其特殊需求。

（5）争取大额订单

争取大额订单对于一位物流营销人员来说也是非常重要的，交易太小意味着客户并不看重物流营销人员所在企业及其产品。物流营销人员登门造访客户时，如果只求获得一份很小的象征性订单，就可能适得其反，遭到客户的冷遇，甚至断了将来再与之合作的可能性。争取大额订单的做法是明智的，即使有些时候意味着"鸡飞蛋打"，但与获得小额订单的机会相比，这种风险还是要小得多。

任务执行

步骤1：总结拜访客户的流程

学生以项目组为单位，通过上网搜索或查阅图书等方式写出拜访物流客户的流程，参考图5-7。

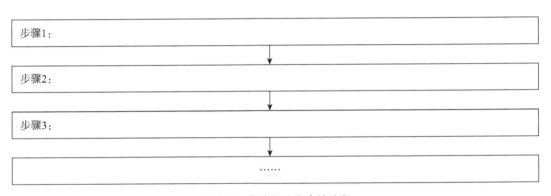

图5-7　拜访物流客户的流程

步骤2：分析客户异议的解决方法

学生以项目组为单位，情景模拟客户拜访过程，总结客户异议的解决方法，填写表5-18。

表5-18　　　　　　　　　　　　客户异议的解决方法

客户异议的解决方法	方法说明

任务评价

　　完成上述任务后，教师组织三方进行评价，并对学生的任务执行情况进行点评。学生完成表 5-19 的填写。

表 5-19　　　　　　　　　　　　　考核评价表

班级		团队名称			学生姓名	
团队成员						
考核项目		分值（分）	要求	学生自评（30%）	团队互评（30%）	教师评定（40%）
知识能力	能准确列出拜访客户的流程	30	流程正确			
	能准确界定客户异议	20	区分准确			
	掌握不同类型客户异议的处理方法	20	方法使用得当			
职业素养	文明礼仪	10	举止端庄、使用文明用语			
	团队协作	10	相互协作、互帮互助			
	工作态度	10	严谨认真			
成绩评定		100				

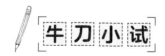

一、单项选择题

1. 拜访物流客户时，最重要的准备事项是（　　　）。

A. 了解客户行业背景　　　　　　　　　B. 准备精美的礼物

C. 随便准备一些资料　　　　　　　　　D. 无须准备，直接前往

2. 物流营销人员事先征得客户同意，进行接见的行动过程是（　　　）。

A. 了解客户　　　B. 约见客户　　　C. 拜访客户　　　D. 邀请客户

3. 在取得该经办人认可之后，由此人引导约见他的上级领导的做法是（　　　）。

A. 高层约见　　　B. 逐级约见　　　C. 当面约见　　　D. 托人约见

4. 以签订下一年度的销售合同、办理货款结算、处理矛盾与问题、推介新品等为约

见理由拜访客户的方式属于（　　　）。

 A. 市场调研   B. 提供服务   C. 办理业务   D. 一般性走访

5. 在与物流客户沟通时，遇到客户提出的需求与公司产品不符，应该采取的措施是（　　　）。

 A. 直接拒绝并解释原因   B. 尝试引导客户改变需求

 C. 承诺尽快开发符合需求的产品 D. 寻找其他可能的解决方案

二、多项选择题

1. 面谈的特点主要包括（　　　）。

 A. 竞争合作性   B. 互动灵活性

 C. 利益相关性   D. 目标明确性

2. 在拜访物流客户时，以下做法有助于建立良好的客户关系的有（　　　）。

 A. 提前了解客户的业务需求和痛点

 B. 准时到达拜访地点

 C. 在拜访过程中只谈论自己的产品和服务

 D. 认真倾听客户的意见和建议

3. 约见客户的作用包括（　　　）。

 A. 约见客户是正面接触客户的开始

 B. 约见客户有助于接近客户

 C. 约见客户有助于做好充分的准备

 D. 约见客户有利于提高效率

4. 确定拜访时间应考虑的因素有（　　　）。

 A. 确定约见地点   B. 客户面临的问题

 C. 客户的心理时间规律   D. 客户的需求

5. 客户异议产生的原因包括（　　　）。

 A. 物流营销人员原因   B. 个人因素

 C. 物流服务自身原因   D. 客户原因

三、判断题

1. 没有特定目的的走访，不以直接销售为目的，可以让客户少一些"被物流营销"的压力。（　　　）

2. 面谈的鼓动性原则是指面谈应该服从物流营销目标和任务，做到有的放矢。（　　　）

3. 对于客户异议，无论物流营销人员能不能给出圆满答复，都应立即答复以化解客户的疑虑。（　　　）

4. 面谈时选择第三方场所的目的是为确定正式面谈场所进行准备性试谈。（　　　）

5. 权力异议是指客户自认为无钱购买物流营销产品而产生的异议。（　　　）

四、案例分析题

某物流公司计划拓展其业务，并锁定了一家重要的潜在客户 C。为了成功与 C 公司建立合作关系，物流公司决定派遣其资深销售经理张先生前往拜访。请根据以下案例背景，分析张先生的拜访策略及其可能产生的影响。

案例背景：

C 公司是一家知名的电商平台，近年来业务量持续增长，对物流服务的需求也日益旺盛。然而，C 公司对物流服务的要求极高，对合作伙伴的选择非常谨慎。

张先生作为物流公司的资深销售经理，具有丰富的客户拜访经验和专业的物流知识。在准备拜访 C 公司之前，他做了大量的调研工作，了解了 C 公司的业务模式、物流需求以及当前合作伙伴的情况。

在拜访过程中，张先生采取了以下策略。

1. 提前预约，确保与 C 公司的关键决策人员进行面对面交流。

2. 准备详尽的物流解决方案，根据 C 公司的具体需求进行定制。

3. 积极倾听 C 公司的意见和建议，了解其业务痛点和发展规划。

4. 展示物流公司的成功案例和服务优势，增强 C 公司的信任感。

请根据以上信息，结合你所学的内容，分析并回答以下问题。

（1）张先生拜访 C 公司的策略有哪些优点和不足？

（2）张先生在拜访过程中应如何更好地展示物流公司的实力和服务优势？

（3）如果 C 公司对当前物流服务存在不满，张先生应如何利用这一机会提出自己的解决方案？

（4）请分析拜访物流客户时，除了专业能力和服务方案外，还有哪些因素会影响合作关系的建立？

五、开放论述题

论述拜访物流客户的重要性，并举例说明如何通过拜访建立有效的合作关系。

06 项目六
物流客户关系维护

◎ **知识目标**

● 掌握物流客户关系管理的内容及有效管理客户档案的方法。

● 掌握客户满意的基本含义及客户满意管理的方法。

● 掌握客户忠诚的基本含义，理解客户忠诚与客户满意之间的关系。

● 了解物流企业客户投诉产生的原因，掌握处理客户投诉的方法。

● 了解物流企业客户的分级与定位管理，掌握避免客户流失的方法。

※ **能力目标**

● 能够提供客户满意的产品和优质的服务，有效处理客户的不满。

● 能够分析忠诚客户的价值，培育忠诚客户，预防客户流失。

● 能够正确受理客户的投诉，妥善解决并完成后续的跟进服务。

● 能够进行市场预测，做好物流大客户管理与客户流失管理。

※ **素质目标**

● 培养学生强烈的集体荣誉感，客户至上的服务理念。

● 培养学生全心全意为客户服务，让客户满意的意识。

● 引导学生树立正确的世界观、人生观与价值观。

物流客户关系维护

- 管理客户档案
  - 建立物流客户档案
    - 客户信息的收集
    - 物流客户档案分析
    - 物流客户档案动态管理
  - 管理物流客户档案
    - 管理物流客户档案的注意事项
  - 分析物流客户价值
    - 认知物流客户生命周期
    - 分析物流客户价值的方法
  - 更新与借阅客户档案
    - 更新客户档案
    - 借阅客户档案

- 处理客户投诉
  - 正视客户投拆
    - 倾听客户投诉
    - 分析物流客户投诉产生的原因
    - 辨别客户投诉
  - 解决客户投诉
    - 处理客户投诉的流程
    - 处理客户投诉的方法
    - 处理客户投诉的技巧
  - 跟进客户投诉
    - 客户回访目的
    - 客户回访流程

- 获得客户满意
  - 认识客户满意
    - 客户满意的概念
    - 客户满意度的特征
    - 影响客户满意度的因素
    - 客户满意的意义
  - 调查客户满意度
    - 构建客户满意度调查指标体系
    - 设计调查问卷
    - 实施调查
    - 客户满意度分析汇总
  - 提升客户满意度
    - 妥善处理客户不满
    - 提升客户满意度的方法

- 赢得忠诚客户
  - 分辨客户忠诚
    - 认识客户忠诚
    - 客户忠诚的影响因素
    - 测量客户忠诚
  - 培育忠诚客户
    - 客户忠诚与客户满意的关系
    - 培育忠诚客户的方法

- 应对客户流失
  - 分析物流客户流失
    - 物流客户流失的概念
    - 物流客户流失的形成过程
    - 正确认识客户流失
  - 避免客户流失
    - 客户流失的原因分析
    - 防范物流客户流失的策略
  - 物流客户的挽留
    - 物流客户挽留的含义
    - 物流客户挽留的策略
    - 物流客户挽留的流程

 **岗位分析**

岗位1：物流客户关系管理专员

- **岗位职责**：深入学习物流客户服务相关技能；具备出色的客户关系管理与客户价值分析能力；具备机会管理技能；能够有效地处理好客户投诉，维护客户关系。

- **典型工作任务**：物流客户分类管理、物流客户服务满意度调研、客户关系管理等。

- **职业素质**：服务意识、学习意识、团队意识、协作意识。

- **职业能力**：能够敏锐地发现问题，精准定位客户，具备较强的沟通能力，提高客户满意度、忠诚度。

- **可持续发展能力**：持续的学习能力，较强的抗压能力。

岗位2：物流客户服务售后专员

- **岗位职责**：维护客户关系，妥善解决客户投诉；签订销售合同，协调签约相关环节可能产生的问题；解决客户提出的投诉；与运营和客服部门对接，进行业务交接。

- **典型工作任务**：物流客户投诉处理、售后服务支持、售后数据分析汇总、客户服务流程优化等。

- **职业素质**：创新意识、服务意识、团队意识、协作意识。

- **职业能力**：具备丰富的售后问题处理经验，有较强的应变能力和人际沟通能力，全心全意为客户服务，提高客户服务水平。

- **可持续发展能力**：培养严谨、踏实的工作习惯；提高分析、处理问题的应变能力和沟通能力。

 项目导读

现代物流营销理念认为营销是为了满足市场需求。满足谁的需求、如何满足需求，从根本上说是如何使客户满意的问题。获得客户满意与客户忠诚是物流营销的最终目标，因此客户满意营销也成为越来越重要的营销方式之一。

随着经济全球化的快速发展，以及电子商务、物流业务的飞速扩展，企业之间的竞争达到了前所未有的激烈程度。这一切促使企业竞争的焦点由价格、产品、技术转变为客户，客户成为企业最重要的资源。留住老客户、锁定大客户、提升客户满意度与忠诚度、减少客户流失成为企业共识。信息技术的应用与发展，不仅为物流营销与客户关系管理的应用提供了技术支持，同时也大大促进了客户关系管理的普及与提升。基于以上经济社会环境及趋势明确的发展进程，企业需要认识到：目前拥有的客户关系并不是一成不变的。这就需要我们花费大力气来研究客户管理，维系客户忠诚。

在本项目中，你将学习到物流客户关系维护的相关知识。在学习过程中，你还需要将职业道德、职业礼仪、自我管理与沟通合作等内容融入本项目的学习中，把仓储、运输等环节较为成熟的物流岗位与客户服务的理念相融合，强化市场拓展、客户管理等企业比较关注的核心技能，满足未来的岗位要求和职业生涯发展的需要。希望在未来的学习中，同学们能够通过不断的学习和实践，在物流市场的客户关系管理中充分展现自己的能力。

任务一 管理客户档案

淘宝网的 Oracle
客户数据库

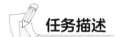

任务描述

任务1：学生以项目组为单位，每组选择一个熟悉的企业客户，比如京东、顺丰等物流企业，通过上网搜索或查阅图书等方式了解企业客户的基本情况等。

任务2：结合学习内容以及查阅到的相关资料，以项目组为单位，有针对性地设计一份企业客户基本信息调查表。

任务3：各项目组需要将收集的资料加工整理制作成汇报课件，并推选代表做分享汇报。

知识链接

❖ **知识点1：建立物流客户档案**

建立物流客户档案是指建立客户数据库管理系统，对客户各方面资料进行收集、汇总，分类建档，针对特殊客户进行分析，为企业物流营销策略、客户服务策略的完善提供依据。具体包含以下三个方面的内容。

1. 客户信息的收集

客户信息的收集需要做好物流客户原始记录。在信息技术的支持下建立的客户档案是一个系统的、可互动的营销数据库。客户信息的内容包括以下三方面。

①主要客户的基本资料、信用等级、经营状况等。

②与客户沟通的信息记录、销售进展情况。

③市场调研和客户研究方面的基础资料等。

收集客户信息的主要方法有市场调研，如打电话、发送电子邮件进行调查；向咨询机构购买；信息交换；网上调查。

2. 物流客户档案分析

将收集的客户信息进行整理并汇总，建立动态管理的客户档案。并根据客户档案上面的客户交易次数、交易量、维系成本、信用等级、忠诚度等重要信息进行分析，以便实施差异化客户服务。

（1）客户细分

根据客户档案信息，对客户进行细分，分辨企业的重要客户、一般客户和小客户。

（2）需求定位

根据客户档案信息制定客户服务方案，满足客户的个性化需求。

（3）策略制定

研究供应链上的个人客户、零售商、经销商等不同类型客户的消费偏好、需求变化和行为习惯等信息，指导企业进行营销策略的制定。

3. 物流客户档案动态管理

建立物流客户档案是为企业管理决策和经营策略提供依据。所以，无论是选择客户档案的类型，还是确定收集信息的内容，都必须使之适应管理决策和经营策略的实际需求，保证客户管理工作有目的、有针对性地进行。

（1）有效的客户沟通

借助客户互动中心，与客户保持适时的沟通，在沟通中保持良好的客户关系。

（2）物流客户反馈管理

准确记录客户的反馈，及时发现并处理物流客户服务过程中出现的问题，对客户的行为偏好变化进行记录，并对客户服务方案进行调整，做好动态的档案管理。

❖ **知识点 2：管理物流客户档案**

在实践中，每个企业自身的条件和客户特征等不同，其建立档案的类型、收集信息的途径与方法也有特殊性。但是，为了保证客户档案的质量、适用性、经济性等，在管理客户档案的过程中一定要注意档案管理的性质。管理物流客户档案的注意事项如下所示。

（1）适用性和及时性

在管理物流客户档案时，应注意保证客户档案管理工作有目的、有针对性地进行。管理客户档案还必须有时间意识，以适应市场竞争和客户情况的不断变化，随时反映客户的动态信息，有利于企业及时采取对策、调整策略，取得竞争优势。

（2）完整性和一致性

为了全面反映企业各类客户的情况，以及便于客户档案的使用和不断完善，在档案管理过程中还应注意档案的完整性和一致性。从完整性方面看，就是要使客户档案在种类、内容方面齐全完整，使其成为一个有机整体，系统地反映企业客户类别层次及每个层次的信息内容结构等。保持客户档案的一致性也是十分重要的，这不仅关系到客户信息的质量，还关系到信息的分析利用。只有明确规定客户档案的内容标准、层次和分类标准等，才能对不同的信息进行数据处理，并进行分析比较，从而得出科学的结论，将其用于管理决策。

（3）档案保密与法律保护

客户档案是企业的宝贵财产，所以在管理物流客户档案的过程中，应时刻注意客户档案的保护。在管理物流客户档案时应遵循保密制度，明确规定档案的保管方法和使用范围、查阅手续等，并采取相应措施防止客户名单等信息遗失和披露。同时，要积极寻求客户档案的法律保护。在采取保密措施的条件下，客户档案成为企业商业秘密的一部分，所以一旦发现非法披露、使用本企业客户名单等行为，可以及时向工商管理部门进行投诉，以争取得到法律的保护。

（4）价值性和优化性

当客户档案发展到一定规模时，档案管理的重点应当从数量转向实用价值，适时进行客户档案的筛选和重点补充，实现既控制档案管理成本，又满足管理决策的需要，提高档案管理的经济效益。此外，在管理物流客户档案时，还应充分结合企业的运营情况，进行有效的客户价值分析。在将客户进行细分定位后，针对重要程度的不同制定有针对性的客户服务计划。

❖ 知识点 3：分析物流客户价值

在物流客户档案管理过程中，要精准地对客户价值进行分析，选择适当的方法测评客户价值，最后要按照客户价值的大小对客户进行分类，为服务价值大的客户做重点准备。

1. 认知物流客户生命周期

客户生命周期，通常也被称为客户关系生命周期，是指从客户开始对企业进行了解或企业欲与客户建立业务关系直到客户与企业完全终止关系的全过程。客户生命周期可分为引入期、成长期、稳定期、衰退期和流失期 5 个阶段，如图 6-1 所示。在客户的整个生命周期中，引入期、成长期、稳定期的客户关系水平不断提高，其中稳定期是企业期望达到的理想阶段。在稳定期，企业与客户的交易量以及交易额都达到了最大值，而且这种状况可以维持较长的一段时间。但客户关系的发展具有不可跳跃性，客户关系必须经历引入期和成长期才能进入稳定期。

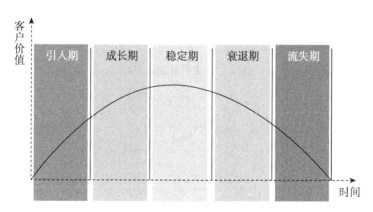

图 6-1　客户生命周期的演变

2. 分析物流客户价值的方法

客户的分类是企业依据客户对企业的不同价值，将客户区分为不同的类别，从而为企业的资源分配提供依据。对客户进行分类的方法有很多，不同行业、不同规模的企业做法也不尽相同，但基本原理都是一样的。我们以某仓储企业的客户分类为例。

某仓储企业根据交易记录，将客户分成 A、B、C 三类，并针对不同类别给予不同待遇。消费金额最低或存在严重违约的 C 类客户如果提出租赁仓库的服务要求，就必须预付 25 美元作为定金，而 A 类客户和 B 类客户则无须预付定金。仓储企业的负责人对其做出解释：过滤掉随口咨询或者三心二意的客户，我们才能把大量的时间用于服务重要的客户。

（1）物流客户的 ABC 分类

ABC 分类法又称帕累托分析法或者主次因素分析法、分类管理法、重点管理法。它是根据事物在技术或经济方面的主要特征进行分类排序，分清主次，从而有区别地确定管理方式的一种分析方法。对于客户，我们可以按照成交额或客户的发展潜力来划分。通过 ABC 分类法，我们把客户划分为不同的等级，并针对性地采取不同的管理方法，客户分类金字塔如图 6-2 所示。

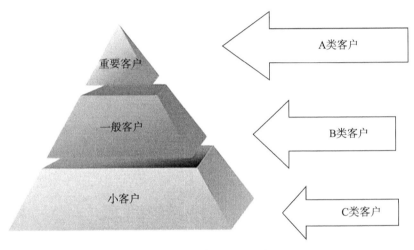

图 6-2　客户分类金字塔

①A 类客户（重要客户）

A 类客户是能够给企业带来极大价值的金字塔尖的客户，他们的购买金额能达到企业销售总额的 70%～80%。而这类客户往往只占企业总客户数的极少部分，通常重要客户数量只占到客户总量 10%～20%。A 类客户往往对企业忠诚，是企业客户资产中最稳定的部分，长期为企业提供大部分的利润。

②B 类客户（一般客户）

B 类客户是除了物流企业的重要客户外，能够给企业带来较大价值的那部分客户，这部分客户位于金字塔的次高层，他们的购买金额通常能够达到企业销售总额的 30% 左右，是企业产品的中度使用者。

③C 类客户（小客户）

C 类客户是位于金字塔最底层的这部分客户，他们通常数量众多，能够达到企业客户总量的 70% 左右，但是能够给企业带来的效益却较低。这类客户购买数量不多，购买金额较小，偶尔还可能出现延迟支付的现象，消耗企业的有限资源。

因此，我们要结合客户档案的相关信息，科学地分析客户，动态地管理客户。对待 A 类客户，我们应成立专门的重要客户服务中心，经常与企业的重要客户进行沟通交流，对客户的意见和建议进行跟踪，为企业的重要客户提供优质的服务。对于 B 类客户，企业则需要甄别这类客户是否有升级的可能。在采取维持战略的基础上，制订优惠计划，提升客户的忠诚度。对于 C 类客户，则可以将信用不良的客户进行剔除，进行一般管理，节约企业资源。

（2）订单有效性分析

当企业的资源有限时，我们应分析客户的信用额度，将有限的资源分配给那些价值大、信用好的客户。这就是我们所说的订单有效性分析。

订单有效性分析需要根据客户的档案信息，查找客户的信用额度，并将信用额度与客户的累计应收账款（应收账款+本次订单金额）相比较。如果累计应收账款大于客户的信用额度，则本次订单无效，反之有效。我们通过表 6-1 的示例来进行解析。

表 6-1　　　　　　　　　　　　　　订单有效性分析

客户名称	黄河超市	金鹰超市	岭南超市	惠民超市
本次订单金额（万元）	1.13	3.2	2.83	3.16
应收账款（万元）	15	10	12.8	11.5
信用额度	16	15	15	14
订单有效性	无效	有效	无效	无效
无效原因	本次订单金额+应收账款>信用额度	未超出信用额度	本次订单金额+应收账款>信用额度	本次订单金额+应收账款>信用额度

我们对上述客户订单以及档案里的信用额度等相关信息进行综合分析，不难发现，客户金鹰超市的累计应收账款未超出信用额度，我们判定其订单有效。而黄河超市、岭南超市和惠民超市的累计应收账款均超出其信用额度，因此我们判定订单无效。

订单有效性分析根据客户档案信息分析客户价值，方便企业对客户进行档案分类管理，也能够为物流企业和客户的后续合作提供参考。

❖ 知识点 4：更新与借阅客户档案

1. 更新客户档案

原有客户档案收集整理完毕后，各项目客户档案的更新由各项目客户经理负责，进行收集与整理。以每半年一次（不同企业有所不同）的频率进行更新整理，然后交接给客户档案管理人员进行归档管理，并严格填写客户档案更新表，如表 6-2 所示，此表与档案一起封装在档案盒内。

表 6-2 客户档案更新表

客户档案目录	更新部门	更新人员	接收部门	接收人员	更新日期	备注
前期拜访资料						
运作成本测算资料						
投标文件资料						
业务合同资料						
客户拜访记录						
客户满意度调查资料	订单中心	潘国文	订单中心	刘丹	2023.8.13	无
客户投诉处理资料	订单中心	潘国文	订单中心	刘丹	2023.8.13	无

2. 借阅客户档案

（1）客户档案资料仅限公司内部人员查询借阅

查询借阅人员需在客户档案管理员所在部门填写客户档案查询借阅表，如表 6-3 所示，由档案保管部门负责人审批同意后方可查询借阅。

表 6-3 客户档案查询借阅表

查询借阅档案名称	查询借阅部门	查询借阅人员	保管部门领导审批	查询借阅日期	预计归还日期	实际归还日期	备注
业务合同资料	订单中心	潘××	单×	2023.8.17	2023.8.17	2023.8.17	

查询借阅人员负责查询借阅期间的保管工作，必须确保档案完好，不得在档案上涂改、圈点等，档案不得缺页、遗失，并确保如期归还。如不能按期归还，还需办理延期手续，逾期未还者记入查询借阅黑名单，将影响其以后的查询借阅。

（2）档案归还情况须在客户档案查询借阅表上记录

一份准确、完备、客观的客户档案，对公司来说就像有了一双眼睛，能随时洞察客户，大大减少公司管理的盲目性，有利于了解客户的动态并提高办事效率，增强公司的竞争力。

客户是公司的命脉，因此应积极建立客户档案，管理并合理使用客户档案，对于档案的维护、查阅、更新等流程都应该有规范的审批和记录。而客户档案的泄密势必影响公司的经营安全，所以随着信息化技术的广泛应用，公司在市场开拓和客户开发的同时还必须注意新老客户档案的管理和保密。

任务执行

步骤1：收集客户资料

学生以项目组为单位，每组选择一个熟悉的企业客户，比如京东、顺丰等物流企业，通过上网搜索或查阅图书等方式了解企业客户的基本情况等。

步骤2：整合客户档案

结合学习内容以及查阅到的相关资料，以项目组为单位，有针对性地设计一份企业客户基本信息调查表，并将信息填入表6-4。

表6-4 企业客户基本信息调查表

单位		电话		地址			
人员情况	负责人：	电话		年龄		性格	
	总经理：	电话		年龄		性格	
	接洽人：	电话		职位		负责事项	
	备注：						
经营状况	经营方式	□积极 □保守 □踏实 □投机 □不定					
	业务	□兴隆 □成长 □稳定 □衰退 □不定					
	业务范围						
	销售对象						
	价格	□合理 □偏高 □偏低					
	业务金额	_____元/年，_____元/月（淡季），_____元/月（旺季）					
	组织形式	□股份公司 □有限责任公司 □合伙店铺 □独资					
	员工人数	管理人员____人，技术人员____人，工人____人，合计____人					
	同业地位	□领导者 □有影响 □一级 □二级 □三级					
付款方式	态度						
	付款期						
	方式						
	手续						

续 表

	年度	主要采购产品	旺季金额/每月	淡季金额/每月
与本公司往来				

步骤3：各项目组制作汇报课件，并推选代表上台分享

 任务评价

完成上述任务后，教师组织三方进行评价，并对学生的任务执行情况进行点评。学生完成表6-5的填写。

表6-5　　　　　　　　　考核评价表

班级		团队名称		学生姓名	
团队成员					

考核项目		分值（分）	要求	学生自评（30%）	团队互评（30%）	教师评定（40%）
知识能力	客户信息收集	20	全面准确			
	客户档案编制	30	条理清晰			
	汇报分享	20	内容丰富			
职业素养	文明礼仪	10	举止端庄、使用文明用语			
	团队协作	10	相互协作、互帮互助			
	工作态度	10	严谨认真			
成绩评定		100				

牛刀小试

一、单项选择题

1. 企业的 A 类客户是指（　　）。

A. 人数众多的客户　　　　　　　　B. 具有多次购买行为的客户

C. 能够给企业带来极大价值的客户　　D. 购买金额较小的客户

2. 客户生命周期中，企业理想的客户阶段是（　　）。

A. 成长期　　　　　B. 稳定期　　　　　C. 衰退期　　　　　D. 流失期

3. 企业内部人员如果想要借阅客户档案，需要填写（　　）。

A. 客户档案查询借阅表　　　　　　B. 客户档案信息表

C. 客户订单有效性分析表　　　　　D. 客户档案更新表

二、多项选择题

1. 收集客户信息的主要方法有（　　）。

A. 市场调研　　　　B. 网上调查　　　　C. 向咨询机构购买　　D. 信息交换

2. 管理物流客户档案的注意事项包括（　　）。

A. 适用性和及时性　　　　　　　　B. 完整性和一致性

C. 档案保密与法律保护　　　　　　D. 价值性和优化性

3. 在对客户订单有效性进行分析时，需要比较（　　）与客户信用额度的大小，以确定订单是否有效。

A. 本次订单金额　　　　　　　　　B. 客户等级

C. 应收账款　　　　　　　　　　　D. 客户交易次数

三、判断题

1. 客户档案整合完毕归档存储后不需要定期更新。（　　）

2. 客户关系必须经历引入期和成长期才能进入稳定期。（　　）

3. C 类客户数量众多，带给企业的收益却较低。（　　）

四、案例分析题

某仓储企业，年利润为 500 万元，有 10 位相对稳定的企业客户。其中，2 号客户和 3 号客户每年能够为该仓储企业提供利润为 350 万元的仓储业务；1 号客户、7 号客户和 10 号客户可以为该企业提供利润为 100 万元的仓储业务；其余 5 位客户一共可以为企业带来 50 万元年利润的业务量。

请根据 ABC 分类法的分类原则，帮助该仓储企业做出正确的客户分类管理。

五、技能训练题

以下是 A 物流企业的两家客户，万家乐超市与红日超市的采购订单（见表 6-6、表 6-7）以及客户档案（见表 6-8、表 6-9）。请结合客户档案进行分析，判断哪位客户的订单是有效的。

表 6-6 　　　　　　　　　　　　　　**万家乐超市采购订单**

序号	商品名称	单位	单价（元）	订购数量	金额（元）
1	利鑫达板栗	箱	240	7	1680
2	蜂圣牌蜂王浆冻干粉片	箱	260	11	2860
3	休闲黑瓜子	箱	110	6	660
4	金多多婴儿营养米粉	箱	400	8	3200
5	大王牌大豆酶解蛋白粉	箱	420	8	3360
	合计			40	11760

表 6-7 　　　　　　　　　　　　　　**红日超市采购订单**

序号	商品名称	单位	单价（元）	订购数量	金额（元）
1	蜂圣牌蜂王浆冻干粉片	箱	260	20	5200
2	大王牌大豆酶解蛋白粉	箱	420	50	21000
	合计			70	26200

表 6-8 　　　　　　　　　　　　　　**客户档案一**

客户编号	2018160902						
公司名称	万家乐超市				助记码	WJL	
证件类型	营业执照	证件编号	××××××××××××××			营销区域	塘汉大
公司地址	×××××××××××			邮编	×××××	联系人	范×
办公电话	××××××		家庭电话	×××××		传真号码	××××××
开户银行	津广银行			银行账号	××××××××××××		
公司性质	中外合资	所属行业	零售业		注册资金	3600 万元	经营范围	食品、日用品
信用额度	150 万元	忠诚度	一般		满意度	高	应收账款	125 万元
客户类型	普通型			客户级别	B		
建档时间	2018 年 8 月			维护时间	2024 年 4 月		
备注：							

表 6-9　　　　　　　　　　　　　　　　客户档案二

客户编号	210055055						
公司名称	红日超市				助记码		HR
证件类型	营业执照	证件编号	××××××××××××××		营销区域		塘汉大
公司地址	×××××××××			邮编	××××××	联系人	高×
办公电话	×××××××		家庭电话	×××××××		传真号码	×××××××
开户银行	天津商业银行			银行账号	××××××××××××		
公司性质	民营	所属行业	零售	注册资金	200 万元	经营范围	日用品、食品
信用额度	10 万元	忠诚度	一般	满意度	高	应收账款	9.8 万元
客户类型	普通型			客户级别	B		
建档时间	2016 年 6 月			维护时间	2024 年 3 月		

备注：

任务二 处理客户投诉

为什么物流企业
要重视质量管理

任务描述

任务1：学生以项目组为单位，分成5~6组。其中1~2组同学扮演客户群体，针对物流营销及服务过程中遇到的问题进行投诉；其余项目组扮演物流服务企业，负责解决客户的投诉。由客户组从解决问题的态度、效率、结果满意度等角度为物流服务组打分，并由各组同学共同研究可以让客户满意的服务行为。

任务2：结合学习内容以及查阅到的相关资料，由各客户组有针对性地设计一份客户投诉回访表，并由客服组同学进行评价。

任务3：每个项目组需要将收集的资料加工整理制作成汇报课件，并推选代表做分享汇报。

知识链接

❖ 知识点1：正视客户投诉

客户的投诉只是最后结果的表现，实际上投诉之前就已经产生了隐性抱怨，即对产品或服务存在某种不满。隐性抱怨随着时间的推移就会逐渐变成显性抱怨，最终在一定的刺激下转化为客户的投诉行为。客户投诉的产生过程如图6-3所示。

隐性抱怨 ⟶ 显性抱怨 ⟶ 潜在投诉 ⟶ 投诉

图6-3 客户投诉的产生过程

客户对物流营销服务的不满或投诉实则是给了企业与客户深入沟通、建立客户忠诚的机会。客户的投诉中往往蕴含着巨大的商机。当物流客户投诉产生后，正确地分析客户的投诉可以使商家更容易抓住商机，提高业绩。当客户未得到满足的需求能够被企业新开发的产品或服务满足时，带来的经济利益是不可估量的。企业要正视客户的投诉，从客户的不满举动中分析、发现客户的需求，并以此为源头，提升企业自身的服务水平和价值。

1. 倾听客户投诉

在客户对物流企业进行投诉时，企业的客服人员应迅速了解客户不满的原因，这就需要客服人员以诚恳、专注的态度听取客户对产品、服务的意见，听取他们的不满，平息客户的怒火。倾听客户不满的过程中需要客服人员注视客户，使其感到企业对他们的意见非常重视。如有必要，还应用笔记下客户的意见重点。同时需要确认自己理解的投诉内容与客户所说是否一致，并带着同理心，站在客户的立场理解问题。这虽然不能彻底地解决客户的投诉，却能够平息客户心中的怒火，防止事态进一步扩大。

客户投诉的产生可以归结为客户的四种需求。

（1）被关心

客户需要客服人员对他表现出关心与关切，而不是不理不睬或应付。客户希望自己受到重视和善待。他们希望接触的人是真正关心他们的要求或能替他们解决问题的人。

（2）被倾听

客户需要公平的待遇，而不是埋怨、否认或找借口。客服人员要认真倾听，针对问题找出解决之道。

（3）客服人员专业化

客户需要一个善于思考且真正为其解决问题的专业客服人员，一个不仅知道怎样解决，而且能负责任地解决问题的服务人员。

（4）迅速反应

客户需要迅速与彻底的反应，而不是拖延或沉默。客户希望听到"我会优先考虑处理您的问题"或者"如果我无法立刻解决您的问题，我会告诉您处理的步骤和时间。"

2. 分析物流客户投诉产生的原因

物流客户投诉产生的原因有很多，总结起来主要有以下几类。

（1）销售人员操作失误

例如，结算价格与所报价格有差别；与承诺的服务不符；对货物运输过程监控不力；与客户沟通不够；有意欺骗客户等。

（2）物流业务人员操作失误

例如，计费重量确认有误；货物包装破损；单据制作不合格；报关/报验出现失误；运输时间延误；结关单据未及时返回；舱位无法保障；运输过程中货物出现丢失或损坏等情况。

（3）客户自身失误

例如，客户方的业务员有自己的物流渠道，由于上司的压力而被迫合作，但在合作中有意刁难；客户方自身的操作失误，但为免于处罚而转嫁给货代或物流公司等。

（4）不可抗力

天气、战争、罢工、事故等造成的延误、损失等。

3. 辨别客户投诉

分析了物流客户投诉的产生原因，就可以有效地辨别物流客户投诉。有些客户往往由于主观原因不满意，为了达到自己的目的而进行投诉。例如，有些客户在购买产品后想法发生改变，单纯因为不喜欢了而产生退货的想法。为了节省退货的运费，客户会强调产品或物流服务存在问题。这时，就需要客服人员在倾听客户投诉的过程中，辨别客户的真正意图，识别有效投诉，并有针对性地进行处理。

（1）认准善意不满

大多数客户投诉时确实对企业的产品或服务感到不满，认为企业的工作应该改进，其出发点并无恶意，比如物流服务确实存在严重超时；运输过程中包装破损造成商品损坏；企业的产品质量与客户的要求不符。这些原因造成的客户不满，企业若经过认真处理，是可以增加客户忠诚度的。

（2）识别恶意不满

随着物流行业的发展，市场竞争的白热化，物流企业之间的"价格战、速度战、服务战"都已打响，竞争的手段也更加复杂。不可否认，有些企业会利用客户不满意这种武器，向竞争对手发动攻击。对于这类不满，客服人员需要有敏锐的感知力，及时判断，将问题控制在一定范围内，并结合实际情况拿出相应措施。

❖ 知识点2：解决客户投诉

面对客户的投诉，客服人员应寻找深层的原因，重视并高效解决客户投诉问题，也可以帮助企业诊断企业内部的经营管理问题，做出改进。

1. 处理客户投诉的流程

（1）建立客户投诉登记表

接到客户投诉或抱怨的信息，在表格上记录下来，如公司名称、地址、电话号码和原因等，并及时将表格传递到相关人员手中，负责记录的客服人员要签名确认，方便后续及时跟进。客户投诉登记表如表6-10所示。

表6-10 客户投诉登记表

编号： 填写日期：___年___月___日

投诉人/公司		签章	
投诉受理时间		处理时间	
处理人		监督人	
投诉方式	□信件 □传真 □电话 □网络 □服务台		
投诉内容	□品质 □数量 □货期 □服务 □其他		
投诉主要受理人			
投诉问题产生原因	□偶发原因 □疏忽大意 □不可抗力 □其他		
投诉处理说明			
处理紧急程度	□特急 □急 □普通		
处理内容及事项			
处理措施			

续　表

投诉处理费用使用说明	
投诉改进措施	

（2）了解客户诉求

客服人员接到客户的投诉后立即通过电话、传真的形式，或到客户所在地进行面对面交流沟通，详细了解客户投诉或抱怨的内容。

（3）分析客户投诉

面对客户在投诉中提出的问题，抓住重要信息并进行分析，向客户做好说明及解释工作，规定与客户沟通协商的时间。

（4）处理客户投诉

将自己有权限处理的投诉问题及时解决，需要向上级请示的投诉问题及时向领导汇报，客服人员提出自己的处理意见，申请领导批准后，要及时答复客户。

（5）客户确认处理方案后，签下处理协议

（6）处理反馈

将协议反馈企业责任部门并进一步落实，如需补偿相关物品，通知仓库出货；如需另送小礼物，通知客服管理人员发出等。

（7）落实跟踪

落实跟踪处理结果，直到客户满意为止。图 6-4 为客户投诉处理流程。

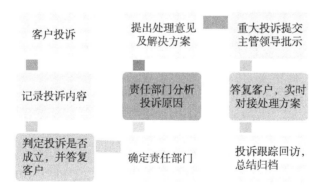

图 6-4　客户投诉处理流程

2. 处理客户投诉的方法

（1）确认问题

认真、耐心地倾听客户投诉的内容，边听边记录，在对方陈述过程中判断问题的起因，抓住关键因素。

尽量了解投诉问题发生的全过程，听不清楚的，要用委婉的语气进行详细询问，注意不要用攻击性言辞，把自己所了解的问题向客户复述一次，让客户予以确认。了解完问题之后征求客户的意见，如他们认为如何处理才合适、他们有什么要求等。

（2）分析问题

在自己没有把握的情况下，现场不要做判断、下结论，也不要轻易承诺。最好与同行服务人员协商，或者向企业领导汇报，共同分析问题，认清客户的需求和心理。客户需求指标体系如图6-5所示。

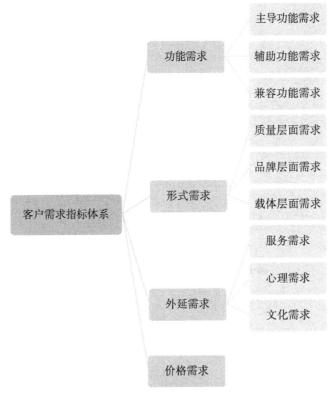

图6-5　客户需求指标体系

（3）相互协商

在与同行服务人员或企业领导协商并得到明确意见之后，由现场的服务人员负责与客户协商。协商之前，要充分考虑发起投诉的客户与企业是不是长期共赢型伙伴、投诉的性质、企业方面有无过错、争执是否会对企业造成影响等因素。如果是企业过失造成的，对受害者的补偿应丰厚一些；如果是客户提出的要求明显不合理，且日后不可能有业务来往，可以明确地向对方说"不"。

与客户协商时同样要注意言辞，尽可能听取客户的意见并观察其反应，抓住要点，妥善解决。

（4）处理及落实处理方案

协商有了结论后，接下来就要做适当的处置。将结论汇报给企业领导并征得领导同意后，要明确、直接地通知客户，并在以后的工作中跟踪落实处理结果。处理方案中涉及本企业其他部门的，要将相关信息传达到执行部门，并进行监督和追踪，直到客户满意为止。

3. 处理客户投诉的技巧

（1）诚恳道歉，理解客户

客户在投诉时会表现出烦恼、失望、泄气、愤怒等情绪，客服人员不应把这些表现理解成对个人的不满。不管何种原因造成的客户投诉，客服人员都要诚恳地向客户致歉，对因此给客户造成的不愉快和损失道歉，站在客户的角度寻找误会产生的原因，才有可能成功地解决投诉问题。如果已经非常诚恳地认识到自己的不足，客户一般也不会不依不饶。

（2）提出补救措施

对于客户的不满，要能及时提出补救措施，并且明确地告诉客户，让客户感觉到你在为他考虑，并且你很重视他的感受。一个及时有效的补救措施，往往能让客户的不满变成感谢和满意。

针对客户投诉，每个企业都应有各种预案。客服人员在提供解决方案时要注意以下几点。

①为客户提供选择。通常一个问题的解决方案不是唯一的，给客户提供选择会让客户感受到尊重；同时，客户选择的解决方案在实施时也会得到来自客户更多的认可和配合。

②诚实地向客户承诺。因为有些问题比较复杂或特殊，客服人员没有权限解决或不确定该如何为客户解决。如果不确定，不要向客户做任何承诺，诚实地告诉客户，会尽快寻找解决的方法，但需要一点时间，然后约定给客户答复的时间。一定要确保准时给客户答复，即使到时仍不能解决问题，也要向客户解释进展，并再次约定答复时间。诚实会更容易得到客户的尊重。

③适当地给客户一些补偿。为弥补企业操作中的一些失误，可以在解决问题之外，给客户一些补偿。很多企业都会给客服人员一定授权，以灵活处理此类问题。但要注意的是，将问题解决后，一定要改进工作，避免今后发生类似的问题。有些处理投诉的部门，一有投诉首先想到用小恩小惠息事宁人，或一定要靠投诉才给客户应得的利益，这样不能从根本上减少类似问题的发生。

（3）与客户达成协议

①确定客户接受的解决方案。达成协议就意味着要确定客户接受的解决方案。比如，客服人员会把一种方案提出来问客户："您看这样可以吗？"这就叫确定客户接受的解决方案。

②达成协议并不意味着一定是最终方案。有的时候达成协议并不意味着就是最终的方案。在很多时候，客服人员所做的只能是一些浅显的工作，如果问题很难解决，就只能先搁置。这时，客服人员只能向客户表示："我很愿意帮助您，但是我的权力有限，我会把您的诉求传达到相关部门，然后尽快给您一个答复，您看行吗?"此时这个服务就结束了。因此，当时达成协议并不意味着就是最终方案，还需要客服人员与客户不断商谈从而达成一致。

（4）与客户商谈

与客户商谈应注意"高度""角度""态度"三个方面。

①商谈要有"高度"。商谈的目的是明确的，企业为客户提供的是双赢的解决方案，为客户解决诉求，提供的是高品质的物流营销服务。

②商谈要有"角度"。在商谈中要不断转变思路，采取灵活的谈判方式，不能一味地妥协，要引导商谈向对己方有利的方向转变，这样才能在商谈中保持主动，从而体现企业解决问题的能力。商谈时，一方面要善于用证据说话，事实胜于雄辩，问题要切中要害、准确到位，解决问题的方案必须有理有据，让对方信服。另一方面可以采用横向的商谈方式。当谈判陷入僵局时，可以适当转移话题重点，先商谈其他方面的问题，求同存异，取得突破。

③商谈要有"态度"。物流客服人员一定要有维护自身利益的决心，要明白双赢不是双方平均得利，而是各取所需。谈判中，为了各自的利益，双方人员很可能产生争执，这时，客服人员应该牢记底线，时刻保持头脑清醒。哪怕在商谈中有所交锋，最终也需赢得客户的信任和尊重。另外，也要适当协调双方的利益，要具备同理心，换位思考，在共赢的基础上提出自己的看法，不要过多站在自身立场上讨价还价、争执不休，这样只会降低谈判的效率，不能体现谈判的水平。

商谈的最终目的是与客户达成一致，有效化解客户投诉。

❖ **知识点 3：跟进客户投诉**

客户投诉问题跟进与回访是企业进行产品或服务满意度调查、客户投诉处理效率调查、客户关系维系的常用方法。在实际应用中，与客户达成一致，解决投诉问题并不意味着客户投诉处理的结束。企业可以在解决客户投诉问题后，针对客户提出的问题进行跟踪回访，以保证此类问题确实被企业认真对待，以免再次发生，也能有效提高客户的满意度。

1. 客户回访目的

（1）掌握客户动态

对客户投诉问题进行跟踪回访，能够准确掌握每个客户的动态，有助于企业提高客户满意度。

（2）理解客户需求变化

对不同客户采取不同方法进行维系和跟踪回访，可以了解客户的需求变化，便于为客户提供更多、更优质的增值服务。

（3）帮助企业发现自身存在的不足，及时改进提高

2. 客户回访流程

（1）实施回访

可以采用电话、书信、电子邮件、QQ 等通信方式进行回访。对于重要客户可以上门回访。特别是为企业建设提出良好建议以及长期共赢的伙伴型客户，一定要上门回访。

（2）记录回访信息

回访工作人员要热情，全面了解客户的需求和对服务的意见，并认真填写客户投诉回访表，回访工作必须日清日结。对回访的客户基本信息、诉求解决过程以及服务评价要有书面记录，对于回访客户所提出的问题，可以通过客户投诉回访表记录，如表6-11 所示。

表 6-11　　　　　　　　　　　　　　客户投诉回访表

投诉人		投诉时间		受理人	
订单号		投诉方式：□来电　　□来信　□其他			
联系电话					
投诉性质	□一般投诉　　□重大投诉				
回访形式	上门□　　电话□　　信函□　　电子邮件□　　其他□				
投诉内容（简述）：					
责任部门（单位）		责任人		处理时限	
原因分析及纠正措施					
部门（班组）责任人					
是否解决：□是 □否	签名：	如未解决，是否向对方解释原因 □是　　　□否			
处理结果回复： □满意 □不满意	验证记录人：				
公司领导意见：					

（3）资料的保存和使用

①营销人员或客服人员对客户回访计划、客户投诉回访表等进行汇总，分类后存入客户档案，以备参考。

②市场开拓和运营管理部门可以参考客户回访的相关资料制订客户开发计划和客户销售策略。

任务执行

步骤1：分组角色扮演

请以项目组为单位，以抽签的方式选定1~2组同学扮演客户组，其余组为客服组。每个客服组需要上网查阅一个物流企业的投诉案例场景，并扮演客服人员，给出投诉处理方案，化解客户的投诉危机，并由客户组为其解决投诉问题的效果进行打分。

步骤2：编制客户投诉回访表

以项目组为单位，每个客户组设计一份客户投诉回访表（参考表6-11），由客服组进行打分，并对客户投诉回访表设计的合理性进行评价。

步骤3：各项目组制作汇报课件，并推选代表上台分享

任务评价

完成上述任务后，教师组织三方进行评价，并对学生的任务执行情况进行点评。学生完成表6-12的填写。

表6-12 考核评价表

班级		团队名称		学生姓名	
团队成员					

考核项目		分值（分）	要求	学生自评（30%）	团队互评（30%）	教师评定（40%）
知识能力	客户投诉处理能力	20	处理得当			
	客户投诉回访表的编制	30	条理清晰			
	汇报分享	20	内容丰富			
职业素养	文明礼仪	10	举止端庄、使用文明用语			
	团队协作	10	相互协作、互帮互助			
	工作态度	10	严谨认真			
成绩评定		100				

牛刀小试

一、单项选择题

1. 在已经解决客户投诉问题后，继续对客户的投诉进行跟踪，需要填写（　　）。

A. 客户投诉登记表　　　　　　　　B. 客户需求与行动关联分析表

C. 客户投诉回访表　　　　　　　　D. 客户拜访表

2. 某物流公司为了节省包装成本，采用简易包装来打包货品，结果在货品运输过程中包装破损，影响了货品价值，导致客户投诉。则引起该投诉的原因属于（　　）。

A. 物流业务人员操作失误　　　　　B. 客户自身失误

C. 销售人员操作失误　　　　　　　D. 不可抗力

3. 某运输公司承接了 A 客户的商品运输任务，客户结账时发现运输费用的结算价格与之前运输公司承诺的价格不一样，此问题久久得不到解决，导致客户投诉。引起这起客户投诉的原因是（　　）。

A. 物流业务人员操作失误　　　　　B. 销售人员操作失误

C. 不可抗力　　　　　　　　　　　D. 客户自身原因

二、多项选择题

1. 与客户商谈要注意的事项包括（　　）。

A. 商谈要有态度　　　　　　　　　B. 商谈要有高度

C. 商谈要有角度　　　　　　　　　D. 商谈要有温度

2. 处理客户投诉的方法包括（　　）。

A. 确认问题　　　　　　　　　　　B. 相互协商

C. 分析问题　　　　　　　　　　　D. 处理及落实处理方案

3. 客户投诉回访可以采用的方式包括（　　）。

A. 电话回访　　　　　B. 电子邮件回访　　　　C. 上门回访　　　　D. 书信回访

三、判断题

1. 与客户达成一致就意味着已经完全完成了客户投诉的处理。（　　）

2. 客户是上帝，因此对于客户提出的任何诉求我们都应欣然接受。（　　）

3. 倾听客户的诉求能够有效化解投诉危机。（　　）

4. 如果属于公司过失造成的，对受害者的补偿应丰厚一些，如果是客户提出的要求明显不合理，且日后不可能有业务来往，客服人员为了安抚客户情绪，也应该同意客户提出的要求。（　　）

四、案例分析题

联邦快递鼓励客户投诉

联邦快递公司保证，针对"次日达"区域范围内的服务，如果在客户递交邮寄次日10点30分前，收件方没收到邮件，则邮递费用全免。并且在此基础上还要增加处理投诉的透明度，设立奖励制度，鼓励客户投诉，从而加强客户与企业、企业与员工、员工与员工之间的理解。

请结合所学的知识，分析联邦快递为什么鼓励客户进行投诉？这样的做法能够为企业带来的好处有哪些？

五、技能训练题

请根据课程所学知识，以及对客户需求的正确分析，将符合下列情境中客户需求的关联行动填入表6-13中。

表6-13　　　　　　　　　　　　客户需求与行动关联分析

客户需求			关联行动
基本需求		● 产品或服务的提供效率 ● 诚实且公平的待遇 ● 真诚有礼 ● 全神贯注 ● 舒适的环境 ● 没有耗时等待 ● 信息透明 ● 兑现承诺	
个性需求	情感需求	● 个人的热情 ● 获得归属感	
	安全需求	● 得到问题的解决方案 ● 相信你站在他们这边 ● 用他们能够完全理解的方式解释 ● 有人能够理解他们的需求 ● 迅速反应 ● 对下一步该怎么做提出详细的建议	
	尊重需求	● 让客户感觉到他们对你很重要 ● 得到重视 ● 感觉你为他们做了一些特殊工作	

任务三 获得客户满意

客户满意度调查问卷常见题型设计

**任务描述**

任务 1：学生以项目组为单位，与校园快递驿站进行联合调研。每组同学可以针对客户服务满意度相关方面，设计本组的调查问卷，并分发给来快递驿站寄取件的同学。发放的问卷定期收回，采样 100 份，并进行问卷分析。

任务 2：结合课程学习内容，以小组为单位，结合客户满意度测评指标体系设计问卷，并根据问卷调查结果，总结影响客户满意度的关键性因素，并给校园快递驿站提出服务改进意见。

任务 3：每个项目组需要将收集的资料加工整理制作成汇报课件，并推选代表做分享汇报。

**知识链接**

✤ 知识点 1：认知客户满意

客户满意度作为企业效益评价的重要指标，在客户营销与服务管理中极为重要。

1. 客户满意的概念

客户满意是指客户通过对产品或服务的可感知效果与他的期望值相比后，形成的愉悦或失望的感觉状态。如果产品或服务的实际状况不如客户的心理预期，则购买者感到不满意；如果产品或服务的实际状况恰如预期，则购买者感到满意；如果产品或服务的实际状况超过预期，则购买者感到非常满意。客户感知与客户满意的关系如图 6-6 所示。

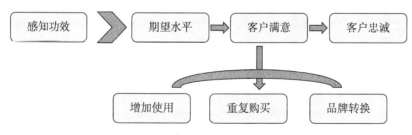

图 6-6 客户感知与客户满意的关系

客户满意可以从三个层次来理解。第一个层次是物质满意，这是客户满意的核心。企业通过提供产品或服务的使用价值来使客户感到物质上的满意。

第二个层次是精神满意，它是客户在消费企业提供的产品形式和外延服务的过程中产生的满意。精神满意主要由企业提供的产品外观、品牌、服务等因素给予支持。

第三个层次是社会满意，它是客户在购买和消费企业提供的产品或服务的过程中能够

实现的对社会利益的维护以及社会文化的和谐。社会满意主要依靠产品所蕴含的道德价值、社会文化价值和生态价值来实现。

2. 客户满意度的特征

客户满意度有主观性、层次性、相对性、阶段性四个基本特征。

（1）主观性

客户的满意度建立在其对产品和服务的体验上，感受的对象是客观的，而结论是主观的。客户满意度与客户的自身条件如知识和经验、收入状况、生活习惯、价值观念等有关。

（2）层次性

处于不同层次需求的人对产品和服务的评价标准不同，因而不同地区、不同阶层的人，在不同条件下对某个产品或某项服务的评价不尽相同。

（3）相对性

客户对产品的技术指标和成本等经济指标通常不熟悉，他们习惯于把购买的产品和同类其他产品，或和以前的消费经验进行比较，由此得到的满意或不满意有相对性。

（4）阶段性

任何产品都具有生命周期，服务也有时间性，客户对产品和服务的满意度来自过程的使用体验，是在过去多次购买和提供的服务中逐渐形成的，因而呈现出阶段性。满足客户要求的责任，只能落在企业身上。客户提出的要求和期望要给予保证，客户没有提出的要求和期望，同样要给予关注和满足。只有超越客户的期望，才能满足客户要求，使客户满意乃至忠诚。

3. 影响客户满意度的因素

影响客户满意度的因素如下。

（1）产品或服务的让渡价值

消费者对产品或服务的满意度很大程度上会受到产品或服务的让渡价值的影响。所谓让渡价值，就是指客户感受得到的实际价值。它的一般表现为客户购买总价值与客户购买总成本之间的差额。

其中客户购买总价值是指客户购买某一产品或服务所期望获得的一组利益，它包括产品价值、服务价值、人员价值和形象价值等。而客户购买总成本则是指客户为购买某一产品所耗费的时间、精神、体力以及所支付的货币资金等。因此，客户购买总成本包括货币成本、时间成本、精神成本和体力成本等。

如果在一次产品或服务的购买行为中，消费者感知到的让渡价值高于他的期望值，他就倾向于满意，差额越大越满意；反之，如果消费者得到的让渡价值低于他的期望值，他就倾向于不满意，差额越大就越不满意。

（2）消费者的情感

消费者的情感同样可以影响其对产品或服务的满意度。这些情感可能是稳定的，事先存在的，比如情绪状态和对生活的态度等。非常愉快的时刻、健康的身心和积极的思考方式，都会对服务的感觉有正面的影响。反之，当消费者正处在一种消极的情绪当中，消沉的情感将被他带入对服务的反应中，并导致他对任何小问题都不放过或感觉失望。

（3）对服务成功或失败的归因

这里的服务包括与有形产品结合的售前、售中和售后服务。归因是指个体对他人或自己行为原因进行解释和推断的过程。当消费者被一种结果（服务比预期好得太多或坏得太多）而震惊时，他们总是试图寻找原因，而他们对原因的评定能够影响其满意度。

如果客户将原因归为"他们因为特别重视我才这样做的"或者"这个品牌是因为特别讲究与客户的感情才这样做的"，那么这项好服务将大幅提升客户的满意度，并进而将这种高度满意扩张到对品牌的信任。

因此，客户只有对产品或服务的质量感知与价值感知均满意的时候，才有可能成为企业的满意客户、忠诚客户。

客户满意度感知模型如图 6-7 所示。

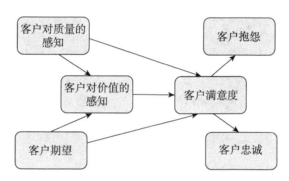

图 6-7　客户满意度感知模型

4. 客户满意的意义

客户满意是企业的生命源泉，也是企业取得长期成功的必要条件之一。客户满意的意义具体表现在以下几个方面。

（1）客户满意可以为企业带来更多的收益

如果客户对产品或服务感到满意，他们可能会愿意为产品或服务支付更高的价格，也会更愿意购买其他附加产品或服务。这一指标体现在客户对企业的评价以及企业的销售率上。满意的客户会对企业的产品或服务赞不绝口，也会提高企业的销售率。

（2）客户满意可以帮助企业提高市场占有率

通过提供优质的产品或服务，企业可以赢得客户的信任和忠诚，增加市场份额和品牌价值。这通常体现在客户的指定度指标和忠诚度指标上。比如，客户对企业的服务建立了高度的满意感，则会在消费过程中放弃其他选择，专门指定该企业进行消费服务。

（3）客户满意可以减少企业的营销成本

如果客户对产品或服务感到满意，企业可能不需要花费大量资金来推广和宣传产品或服务，因为客户会自发宣传并推荐给其他人。企业客户的重复消费率就是客户满意的充分体现。重复消费者，即回头客。客户因对企业的产品或服务满意而再次消费，产生重复购买行为或乐于介绍他人进行消费的比率，即为重复消费率。重复消费率也是衡量客户满意度的一项重要指标。

以往的社会满意度调查数据表明，每个满意的客户会把他满意的购买经历告诉至少12个人，在这12个人中，没有其他因素干扰的情况下，一般会有超过10个人表示一定会光临；而每个不满意的客户会把他不满意的购买经历告诉至少20个人，这些人都表示不愿接受这种恶劣的服务。

✣ 知识点2：调查客户满意度

提升物流企业客户满意度，可以根据物流服务相关指标，构建满意度评价体系，并采集样本，制作满意度调查问卷。根据回收的满意度调查问卷结果，寻找提升客户满意度的关键性因素，并对企业的服务加以改进。

1. 构建客户满意度调查指标体系

构建客户满意度调查指标体系的目的是了解客户的期望和要求，了解客户关注的焦点问题，同时有效测评客户的满意度。在建立过程中必须以客户为中心，选择可测量的指标，突出与竞争者的比较并迎合市场的变化，客户满意度三级指标如表6-14所示。

表6-14 客户满意度三级指标

一级指标	二级指标	三级指标
客户满意度指数	企业形象	企业/品牌总体形象、企业/品牌知名度、企业/品牌特征显著度
	客户预期	总体质量预期、可靠性预期、个性化预期
	产品质量感知	总体产品质量感知、产品质量可靠性感知、产品功能适用性感知、产品款式感知
	服务质量感知	总体服务质量感知、有形性质量感知、可靠性质量感知、保证性质量感知、响应性质量感知、关怀性质量感知
	价值感知	给定质量下对价格的评价、给定价格下对质量的评价、与同层次竞争对手相比之下对价格的评价
	客户满意度	总体满意度、实际感受同预期服务水平相比的满意度、实际感受同理想服务水平相比的满意度、实际感受与同层次竞争对手相比的满意度
	客户抱怨	客户抱怨与否、客户投诉与否、投诉处理满意度
	客户忠诚度	接受服务的可能性、向他人推荐的可能性、价格变动忍耐性

2. 设计调查问卷

（1）设定评价指标权重

客户满意度测评指标体系反映测评对象的质量水平状况和特征，而每次测评指标的变化对客户满意度指数变化的影响程度是有所不同的。反映影响程度的尺度是权重，为了明确各项指标在测评指标体系中的重要程度，需要分别赋予各项指标以不同的权重。

从赋值方式上基本可以分为主观权重和客观权重。主观权重可以根据德尔菲法、层次分析法等进行确定；客观权重则可以根据因子分析法、回归系数法等方法进行确定。在确定了客户满意度测评指标体系及权重之后，有必要邀请有关专家和具有一定代表性的客户，对已确定的测评指标体系和评价标准进行论证，在认真听取意见的基础上，对确定的测评指标体系进行修改，以保证客户满意度测评结果的公正性和有效性。

在条件允许的情况下可以组织一次预调查，对所确定的测评指标体系进行再次验证，以证实其合理性及有效性。可以在小范围内抽取适量的样本，根据拟定好的测评指标体系制作调查表，实施预测评。根据测评的结果和调查过程中遇到的问题，对客户满意度测评指标体系进行必要的、适当的调整和修改。

（2）设计测评级度

一般情况下，客户满意度可以分成7个级度，在问卷设计中应尽可能体现7个级度的过渡。根据心理学的梯级理论，满意度测评7级级度对照表如表6-15所示。

表6-15　　　　　　　　　满意度测评7级级度对照表

级度	指标	表现形式
很满意	满足、感谢	客户的期望不但完全达到、没有任何遗憾，而且大大超出了自己的期望，客户会主动向亲友宣传，介绍推荐，鼓励他人消费
满意	赞扬、愉快	期望与现实基本相符，客户不仅对自己的选择予以肯定，还乐于向亲友推荐
较满意	肯定、赞许	客户内心还算满意，但与更高要求尚有一段距离，而与一些更差的情况相比，又令人安慰
一般	无明显情绪	没有明显正、负情绪的状态，不好也不坏
不太满意	抱怨、遗憾	客户虽心存不满，但也不会有过高要求
不满意	气愤、烦恼	希望通过一定方法进行弥补，有时会进行反宣传，提醒自己的亲友不要去购买同样的产品或服务
极不满意	愤慨、投诉、反宣传	找机会投诉，还会利用一切机会进行反宣传以发泄心中的不快

3. 实施调查

客户满意度调查，不仅是客户服务部的工作，还需要其他部门成员，如售后服务部、营销部人员的共同协作。调查的具体实施过程如下。

（1）选取客户满意度调查对象

客户是产品、服务接受者的统称，包括现实客户、使用者、购买者、中间商客户、内部客户等。在实践中应根据客户满意度测评目的差异，针对不同的类别，确定测评客户的对象范围。

①现实客户。已经实际体验过本企业产品或服务的客户，即为现实客户。这类客户一般为客户满意度调查的主要对象。在实际操作中，很多企业并不是因为没有吸引到足够多的客户导致失败，而是由于未能提供客户满意的产品或服务引起客户流失。因此，调查并提高现实客户的满意度是至关重要的。这种方式投入少，以特定客户为对象，目标固定，效果明显。在客户对象明确的情况下，尤其对于已经建立客户档案、留有客户相关信息的企业，采用这种方法通常可以迅速得到反馈信息。通过纸质问卷进行调查，调查的效率较高。

②使用者和购买者。客户满意度调查是以产品或服务的最终使用者为对象，还是以实际购买者为调查对象，这是需要预先明确的。由于产品或服务的性质不同，最终使用者与实际购买者经常存在差异。一般而言，产品或服务的使用者和购买者是一致的，但也有例外，比如在货运代理服务中，由于真正的服务使用者把购买服务的过程全部交付给代理人来完成，就造成代理商成了货运服务的代理购买者，而实际的使用者才是真正的企业客户。在客户满意度调查中，能够让两者都满意是理想状态，可以将两者都列为调查对象。当很难让两者都满意时也要尽可能使两者达到一定的平衡。

③中间商客户。中间商在产品或服务流转的过程中承担着举足轻重的作用，许多产品与最终用户的见面直接由中间商控制。所以在产品或服务的分配过程中取得中间商的认可与支持是至关重要的。这时客户对产品或服务的满意度，与批发商、零售商等中间商有着很大关系，在调查中也不应忽视对中间商的调查。

④内部客户。客户满意度的调查不仅要包括对传统客户的调查，还要包括对企业内部客户的调查。作为对外提供产品或服务的整体，企业内部各部门之间的相互协作程度、认可程度、满意程度直接影响企业的运作。因此，企业内部客户的满意度是客户满意调查中不可忽视的一方面，只有各部门都能为其他部门提供满意的产品或服务，企业才能最终提供给客户满意的产品或服务。

（2）调查问卷的发放与收集

①线上平台大规模发放。调查问卷的回收率最好达到70%以上，这样收集的数据才具有代表性和可参考性。可以将问卷调查工具提供的问卷二维码或者链接下载下来，在公众号、微博、微信等线上平台大规模发放。但是要注意收集完成后，要对收集的问卷进行筛选，将不符合规定的问卷剔除。

②社群针对性发放。如果是企业或者学校内部想进行问卷调查，可以利用社群的形式进行小规模问卷发放。先对问卷的调查目的进行解释说明，再将问卷的二维码或者链接发

在社群中，也可以采用发放礼品的形式，加快问卷的收集速度。

③面对面精准性发放。如果有充足的时间和资金，也可以选择线下面对面精准发放的形式。采用这种形式收集的问卷，数据会更加准确，并且填写人在填写过程中有任何问题可以随时和问卷发放人沟通，从而保证了问卷质量。

④官网指向性发放。如果企业想对消费客户群体进行满意度或者其他方面的调查，可以直接在物流企业官网中嵌入问卷。客户打开企业网站时会弹出问卷，客户可以直接填写。问卷调查工具会提供每个问卷调查嵌入网站所需的代码。

⑤问卷的回收。客户服务部负责将客户的资料输入客户管理数据库，将接到的客户投诉意见进行预处理和登记，根据计划向客户派发客户满意度调查问卷，落实调研的有关具体工作。其他部门可以辅助收集客户对公司产品、服务、信誉等方面的意见。当调研规模较大时，也可以抽调相关部门的人员加入。调研中注意有关人员对相关指标的理解要统一，便于与客户做到有效沟通。若有专业化的社会组织介入，也需做好沟通工作。

调查结果的收回，一要讲究时效性，即注意调研整体进度的合理展开，不应过于匆忙或冗长；二要注意回收率应得到保证，对客户进行必要的答谢。

4. 客户满意度分析汇总

（1）信息处理

对调查取得的资料，应经过适当的筛选和处理。对于调查取得的一手资料需要进行辨别、审核，以确定其真实性、有效性，并整理归档，录入计算机，利用专业统计软件进行汇总，形成有关的数据表格、数据图形。

（2）资料分析

信息处理完毕，可进行具体的分析。客户满意度分析就是在客户满意度调查的基础上，分析各满意度指标对客户满意度影响的程度，以此来确认改善服务的重心。分析工作主要针对调查目的进行定性、定量分析。

在满意度的定量分析中，数据分析既包括对各满意度指标百分率变化的描述性分析，也包括运用复杂的统计技术，如直接计算法、百分比法、加权评价法等，来确定不同的满意度指标对整体满意度的重要性。同时，可根据历史数据预测整体满意度，以及比较本企业与竞争对手在各满意度指标上的优势和劣势。

在满意度的定性分析中，对满意度调查得到的开放性问题的答案进行分析，可以确定各个满意度指标的评价和重要性，也可以找出客户满意或不满意的主要原因。

✤知识点 3：提升客户满意度

1. 妥善处理客户不满

对于客户提出的不满，若处理不当，就有可能小事变大，甚至殃及企业的生存。若处理得当，客户的不满就会变成满意，客户的忠诚度也会得到进一步提升。

一方面，企业需要真心实意为客户着想。站在客户的角度为客户服务，想客户之所想，急客户之所需，才能把客户的不满转为满意，实现企业与客户的双赢。另一方面，选择处理不满的最佳时机至关重要。在什么时候处理客户的不满才能取得最佳效果？若处理过快，客户可能正在气头上，双方难以进行良好的沟通，而过慢则会使事态扩大，造成客户流失。

若客户的不满是由于企业工作人员的失误而造成的，企业要迅速解决客户的问题，并提供更多的附加值，最大限度地平息客户的不满。

2. 提升客户满意度的方法

（1）发展企业的核心业务，适应客户需求

企业需要重点解决的问题是感动和吸引客户，企业应根据其重点强调的核心内容，采用不同的吸引客户的手段。企业若是把服务质量作为吸引客户的重点，则应在服务的质量管理、创新设计等方面重点分配资源；同时也要注意市场销售的强度、服务和流通体制的配备、资金保证和有关的技能知识等；若重点强调价格核心，则应格外关注成本控制方面。

（2）把握客户的期望

要提高客户满意度，企业必须采取措施引导客户在消费之前对企业的期望，让客户对企业有合理的期望值，这样既可以吸引客户，又不至于让客户期望落空而产生不满。

①不过度承诺。如果企业的承诺过度，客户的期望就会被抬高，从而造成客户感知与客户期望的差距。可见，企业只能谈自己能够做到的事，而不能夸大其词。

②宣传留有余地。企业在宣传时要恰到好处并且留有余地，使客户的预期保持在一个合理的状态，那么客户感知就很可能轻松地超过客户期望，客户就会感到"物超所值"。

（3）以客户为中心，实现客户满意

目前，"以客户为中心"的客户导向理念大多停留在口头上，很少落实在行动上。究其原因，无外乎三个：第一，很多企业根本就不知道什么是客户导向，或者是对客户导向一知半解，要做到客户导向更无从谈起；第二，企业在制度建设上没有跟上，缺乏制度保障；第三，没有将客户导向渗透在企业文化的建设中，没有使客户导向成为一种习惯、一种潜意识的行为，在这种情况下，要真正做到客户导向也很难。

那么，企业怎么才能真正做到客户导向呢？企业要做到客户导向，首先必须有强有力的制度作为保障，企业的所有活动必须围绕客户的需求展开，对非客户导向的行为进行约束。例如，有的物流企业推出了"一站式"仓储服务，在原有的只提供储存、保管服务的基础性仓储服务上增加了分拣组合、包装印刷、贴签刷唛、流通加工等各项增值服务，不仅能够满足客户的个性化需求，利用"一站式"仓储服务方便客户，也能够拓宽企业的业务范围，为企业带来经济效益。其次，企业要真正地做到客户导向，还需要在强化制度保障的基础上，把客户导向融入企业文化中，并使之成为企业文化的核心。最后，企业为强化"以客户为中心"的经营理念，实现客户满意，还必须做到以下几点。

①充分掌握客户信息，实施有针对性的客户满意策略；

②针对不同级别的客户实行不同的客户满意策略；

③与客户进行充分的双向互动和沟通，让客户了解企业，也使企业了解客户；

④要重视对客户投诉和抱怨的及时处理，只有这样才能增进企业与客户的感情。

（4）提升服务质量

物流企业在服务客户的过程中，应时刻保持亲切的服务态度和专业的服务行为，提升服务意识，把握物流企业服务的五个要素，从内在思想意识和思维方式上提升服务质量，如图6-8所示。

图6-8　物流企业服务的五要素

物流服务的质量取决于在满足客户感知时，对服务质量、客户需求的保证程度，以及客服人员随机应变的能力。物流企业应根据客户的产品、市场策略、行业、管理模式采取多样化和个性化的服务模式。物流企业客户服务具体可以从以下几个维度来进行评价。

①服务的可靠性。物流活动中最基本的问题就是如何实现可靠性及提高作业完成能力，这对于有些客户来讲比时间因素重要得多。通常来讲，可靠性可以直接影响客户的缺货成本和存货水平。因此，物流企业无论服务水平如何，都要尽可能保持服务的稳定性。

②服务的及时性。快速反应已成为物流发展的动力之一。快速反应是指在物流及供应链管理中，为了实现共同的目标，使零售商和制造商建立战略伙伴关系，并利用电子交换技术，进行销售时点的信息交换以及订货补充等经营信息的交换，用多频度小数量配送方式连续补充产品，以缩短交货周期，减少库存，提高客户服务水平和企业竞争力的供应链管理方法。在快速反应系统的应用下，供应链上的物流环节减少了，物流过程简化了，物流服务的及时性也得以保障。

③服务的灵活性。物流企业服务的灵活性如何，直接关系到特殊情况下及时妥善地处理问题的能力。需要企业灵活作业的典型事件有很多，比如修改企业基本的服务安排、支持独特的营销方案、新产品引入、产品回收、特殊市场的定制、定制化服务等，这样能够

有效提升客户的感知层次。客户服务的感知层次如图6-9所示。

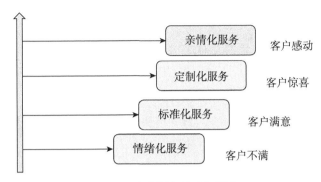

图6-9　客户服务的感知层次

④用客户影响客户。客户之间存在着各种意义的相互影响作用，这种现象有时是由于企业活动促成的，有时是自然发生的，而客户群体对一个企业的互相影响具有合成的作用。在客户之间的相互影响作用中，最明显的是"客户吸引客户"的现象，如某个企业购入一种设备后，其他企业也想购入相同的设备，这些购买企业则成为活广告，吸引更多的同类客户。企业应研究如何有效利用这种客户创造出来的影响效果。

任务执行

步骤1：设计调查问卷

请以项目组为单位，设计调查问卷的指标体系，利用问卷星等软件设计校园快递驿站物流服务满意度调查问卷，采样100份，发放并进行回收。

步骤2：分析调查问卷

根据回收结果进行统计，按照校园快递驿站物流服务满意度调查问卷分析结果，给校园快递驿站提出服务改进意见。问卷形式参考表6-16。

表6-16　　　　　　　　　校园快递驿站物流服务满意度调查问卷

1. 你的年级是？

选项	小计	比例
A. 大一	11	11%
B. 大二	65	65%
C. 大三	24	24%
本题有效填写人次	100	

2. 你知道驿站包含哪些快递公司的快递吗？

选项	小计	比例
A. 全都知道	22	22%
B. 大部分都知道	39	39%
C. 只了解一部分	36	36%
D. 完全不清楚	3	3%
本题有效填写人次	100	

3. 你觉得驿站的包裹摆放是否合理？

选项	小计	比例
A. 合理	45	45%
B. 还行	50	50%
C. 不合理	5	5%
本题有效填写人次	100	

4. 在驿站取快递时，你有遇到过快递损坏或丢失的情况吗？

选项	小计	比例
A. 经常	28	28%
B. 偶尔	62	62%
C. 几乎没有	10	10%
本题有效填写人次	100	

5. 你对驿站的投诉处理速度是否满意？

选项	小计	比例
A. 非常满意	8	8%
B. 较满意	49	49%
C. 一般	32	32%
D. 不满意	11	11%
本题有效填写人次	100	

6. 你对目前驿站的收发件速度是否满意？

选项	小计	比例
A. 非常满意	12	12%

续 表

选项	小计	比例
B. 较满意	45	45%
C. 一般	36	36%
D. 不满意	5	5%
E. 非常不满意	2	2%
本题有效填写人次	100	

7. 你对驿站的取货方式是否满意？

选项	小计	比例
A. 非常满意	11	11%
B. 较满意	34	34%
C. 一般	26	26%
D. 不满意	22	22%
E. 非常不满意	7	7%
本题有效填写人次	100	

8. 你对驿站工作人员的服务态度是否满意？

选项	小计	比例
A. 非常满意	11	11%
B. 较满意	42	42%
C. 一般	38	38%
D. 不满意	7	7%
E. 非常不满意	2	2%
本题有效填写人次	100	

9. 你对驿站的收费标准是否满意？

选项	小计	比例
A. 非常满意	21	21%
B. 较满意	36	36%
C. 一般	24	24%
D. 不满意	16	16%
E. 非常不满意	3	3%
本题有效填写人次	100	

10. 你觉得驿站收取快递不方便的原因有哪些？

选项	小计	比例
A. 距离寝室太远	49	49%
B. 收取快递的手续复杂	17	17%
C. 驿站的收取环境杂乱	11	11%
D. 收取快递的同学无秩序	17	17%
E. 工作人员的反应速度慢	5	5%
F. 其他	1	1%
本题有效填写人次	100	

11. 请你对驿站服务的整体满意度做出评价。

选项	小计	比例
A. 非常满意	17	17%
B. 较满意	49	49%
C. 一般	24	24%
D. 不满意	8	8%
E. 非常不满意	2	2%
本题有效填写人次	100	

12. 你觉得驿站在哪些方面还有待改进？（可多选）

选项	小计	比例
A. 店内布局	8	8%
B. 理货速度	9	9%
C. 取货方式	6	6%
D. 服务态度	5	5%
E. 营业时间	9	9%
F. 快递类型	8	8%
G. 物品保障	19	19%
H. 对客户个人信息的保护	21	21%
I. 快递收费标准	11	11%
J. 其他	4	4%
本题有效填写人次	100	

步骤3：各项目组制作汇报课件，并推选代表上台分享

任务评价

完成上述任务后，教师组织三方进行评价，并对学生的任务执行情况进行点评。学生完成表6-17的填写。

表6-17　　　　　　　　　　考核评价表

班级		团队名称		学生姓名	
团队成员					
考核项目		分值（分）	要求	学生自评（30%）	团队互评（30%）	教师评定（40%）
知识能力	设计客户满意度调查问卷	20	设计合理			
	对调查问卷结果进行分析	30	分析全面			
	汇报分享	20	内容丰富			
职业素养	文明礼仪	10	举止端庄、使用文明用语			
	团队协作	10	相互协作、互帮互助			
	工作态度	10	严谨认真			
成绩评定		100				

一、单项选择题

1. 客户通过对产品或服务的可感知效果与他的期望值相比后，形成的愉悦或失望的感觉状态是（　　　）。

A. 客户满意　　　　B. 客户失望　　　　C. 客户投诉　　　　D. 客户期望

2. 客户满意度调查问卷的回收率最好要达到（　　　）以上，这样收集的数据才具有代表性和可参考性。

A. 90%　　　　　　B. 80%　　　　　　C. 70%　　　　　　D. 60%

3. 如果满意度调查问卷是企业或者学校内部想进行问卷调查，可以利用社群的形式进行小规模问卷发放，这种发放模式称为（　　　）。

A. 社群针对性发放　　B. 随机发放　　　　C. 官网发放　　　　D. 大规模发放

二、多项选择题

1. 客户购买总价值是指客户购买某一产品或服务所期望获得的一组利益，它包括(　　)。

A. 产品价值　　　　B. 服务价值　　　　C. 形象价值　　　　D. 人员价值

2. 物流企业客户服务具体可以从（　　）维度来进行评价。

A. 服务的可靠性　　B. 服务的及时性　　C. 服务的灵活性　　D. 服务的价值

3. 客户满意度的基本特征有（　　）。

A. 主观性　　　　　B. 阶段性　　　　　C. 层次性　　　　　D. 相对性

三、判断题

1. 消费者的情感不会影响其对产品和服务的满意度。(　　)

2. 客户满意度调查只需要针对传统客户，无须针对企业的内部客户。(　　)

3. 重复消费率是产生重复购买行为或乐于介绍他人进行消费的比率，也是满意度调查中重要的衡量指标。(　　)

四、案例分析题

申通快递公司的客户满意度调研

众所周知，申通快递公司是国内最早经营快递业务的公司之一，经过了十多年的发展，申通快递公司在全国范围内形成了完善、流畅的自营速递网络，基本覆盖全国地市级以上城市和发达地区县级以上城市。申通快递公司主要提供跨区域快递业务，市场占有率超过10%，使公司成为国内快递行业的龙头企业之一。随着国内快递需求的多样化，公司紧跟市场，不断进行产品创新，继续提供传统快递服务的同时，也在积极开拓新兴业务，包括电子商务物流配送服务、第三方物流和仓储服务、代收货款业务、贵重物品通道服务等，目前已经成为国内最重要的电子商务物流供应商。随着电子商务以及物流水平的发展，我国很多新兴的快递公司逐渐崛起，如极兔速递、丹鸟快递等，这些快递公司的兴起已经导致市场竞争的白热化，无疑也加大了快递行业之间的"抢人之争"，增加了申通快递公司维系客户的难度。

为了完善申通快递公司的服务质量，提高其服务水平，为申通快递公司留住客户，请同学们在课下查阅资料，结合所学知识分析申通快递公司客户流失的原因，并为申通快递公司提出能够提升客户满意度的策略。

五、技能训练题

通过对上述案例的分析，请大家以小组为单位，利用课余时间对周边大学城使用申通快递的客户进行调研，分析能够影响申通快递客户满意度的关键因素，合理设置指标体系，设计一份有针对性的客户满意度调查问卷。

任务四　赢得忠诚客户

客户关系管理的
"5+5 循环"规则

任务 1：学生以项目组为单位，选择一个知名物流企业进行实地调研，针对企业的客户群体，收集客户忠诚度的相关数据。

任务 2：结合课程学习内容、根据影响客户忠诚度的关键因素和企业的实际服务情况，以小组为单位，编制客户忠诚度调查表，分析企业的客户忠诚度情况。

任务 3：每个项目组需要将收集的资料加工整理制作成汇报课件，并推选代表做分享汇报。

✥ 知识点 1：分辨客户忠诚

1. 认识客户忠诚

（1）客户忠诚的概念

客户忠诚是指客户对企业的产品或服务的依恋或爱慕的感情，它主要通过客户的情感忠诚、行为忠诚和意识忠诚表现出来。其中情感忠诚表现为客户对企业的理念、行为和视觉形象的高度认同和满意；行为忠诚表现为客户再次消费时对企业的产品或服务的重复购买意识；意识忠诚则表现为客户做出的对企业的产品或服务的未来消费意向。

（2）客户忠诚的分类

根据客户对企业的忠诚度不同，将客户的忠诚行为分为冲动型忠诚、情感型忠诚、认知型忠诚、行为型忠诚。

冲动型忠诚是基于意向的忠诚，也就是说客户倾向于购买。冲动型忠诚的客户决策过程比较简单，容易受外在因素的影响，尤其是与价格相关的促销活动。对于冲动型忠诚者来说，往往一个更优惠的价格促销信息就可能把其吸引过去。

情感型忠诚是基于偏好的忠诚，客户是因为喜欢而去购买。情感型忠诚的客户决策主要取决于客户对于企业或企业产品的态度。一位渴望拥有哈雷摩托车的年轻人，可能会一直保持着对哈雷摩托车非常强烈的购买意愿，于是身上穿的衣服、戴的手表都是哈雷戴维森品牌的。

认知型忠诚是基于信息的忠诚，认知型忠诚是理性的忠诚，是客户对于商品的功能特征、性价比等具体信息的了解而产生的购买行为。他们很多时候像一个产品专家，不仅了解产品的功能，还进行各种资料的收集、研究，来了解产品的差异性和技术特性，他们甚至比产品销售人员更清楚产品的性能、哪里存在缺陷等。他们会综合考虑各种因素，最终产生这个产品更适合自己的认知，从而形成忠诚的购买行为。一旦市场上存在更好的产品，他们也会仔细研究和比较。

行为型忠诚是基于行动的忠诚，客户已经形成了一种购买惯性。客户为了购买这样的产品往往需要付出努力，或是克服一定的障碍。行为型忠诚的客户，在一定程度上已经形成了购买企业产品的习惯。这样的客户为了购买企业的产品或服务，愿意克服一些障碍，比如愿意为企业发布的某个新产品排队等待很长时间。

与冲动型忠诚和情感型忠诚相比，认知型忠诚和行为型忠诚都显得更加理性，这样的理性忠诚通常可以持续更长的时间。因此，企业进行物流营销的最终目标也是不断地保持、提高客户的认知忠诚和行为忠诚，使他们成为企业坚定忠诚的客户。客户忠诚分析矩阵如图6-10示。

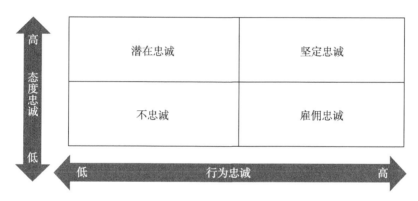

图6-10　客户忠诚分析矩阵

（3）客户忠诚的价值

①节省获得新客户的成本。利用外部营销手段来争取新客户是大多数行业采取的措施。尽管自行开发软件、进行数据收集和分析来维系老客户需要投入相当大的人工成本，但实践证明，获得新客户的成本远高于维系老客户的成本。一般来说，获得新客户的成本是维持一位老客户的成本的5~6倍，并且维系老客户的成本呈下降趋势。显然，忠诚的客户显著地为企业节省了成本。

②获得基本利润。在某些情况下，客户第一年支付的价格就可以将企业的服务成本完全覆盖，并且获得新客户的成本可以用不断累积的利润逐步抵销。然而，在很多服务行业中，头几年甚至若干年内客户所支付的价格都无法弥补企业的服务成本。当然，不同行业的情况是不同的，要对具体行业进行具体分析。

③成本节约。在客户和服务提供者相互了解以后，服务失误率会降低，进而服务速度会提高，最终服务过程变得更加顺利。因此，为每个客户提供服务的成本会减少，企业的利润会增加。

④客户推荐。忠诚的老客户对产品或服务有极高的满意度，往往乐于向亲友推荐。这种口碑推荐的方式给企业带来了新客户，并且降低了吸引新客户的成本。

⑤溢价。在许多行业中，当企业的产品或服务价格较高时，老客户往往愿意接受，而新客户接受的意愿就较低。当然，即使是老客户，也并不总是愿意支付溢价。另外，企业在老客户那里可以省去许多对新客户必须支付的成本。

除上述直接增加企业盈利的效应外，客户忠诚对企业盈利还有间接影响。企业拥有忠诚的客户会增强企业员工和投资者的自豪感和满意感，进而提高员工和股东的保持率。不仅如此，忠诚的员工会展现出更好的服务态度，保留老客户的同时，还可以吸引新客户。同时，忠实的股东会从长远价值来进行投资和考虑，而不是短期利益。由此可见，这无疑将进一步加强客户忠诚，形成一个良性的循环，最终实现总成本的缩减和生产力的提高。

2. 客户忠诚的影响因素

（1）客户满意

客户满意指客户在接受服务期间所感知的整体服务满意度以及在服务消费体验之后对服务的一种购买后评价，如果客户的需求得到满足，产品或服务令人满意，且客户拥有积极的消费体验，那么客户就会满意。

客户满意表现为客户从企业产品或服务中所得到的超出或至少不低于客户的预期。当产品或服务所提供的效用超过了客户要求的范围，客户就会有满足感，这是很容易理解的。客户忠诚是客户消费后对未来交易的意图。虽然我们一般认为满意的客户在很大程度上就是忠诚客户，但实际上两者之间并不像我们想象得那样存在如此强的联系。据《哈佛商业评论》报告显示，对商品满意的客户中，仍有 65%～85% 的客户会选择新的替代品。也就是说客户满意并不一定促成客户忠诚，前者只是后者的必要条件，而非充分条件。

从这个流程来看，从客户满意到客户行为忠诚，中间需要经过客户情感忠诚。这个流程也是消费者对生产商信任度逐步由低到高增长的过程。根据客户消费的一般心理，客户满意一般不会引起客户对产品或服务的强烈的信赖和认同。通常客户在购买产品或接受服务前对所需要的产品或服务都有一个大致的了解，他们已经对将要消费的产品或服务能够带来什么样的效用有了大致概念，如果生产商提供的产品与客户的这一概念一致，那么客户就会感到满意，如果生产商提供的产品能够超出客户的这一概念范围，那么客户就会感到非常满意，随着超出的程度和次数的增加，客户感到满意的程度也会相应地增加。但是这种偶尔的客户满意还不能形成客户对企业产品及其品牌的长期印象，只有让客户认为生产商所提供的产品或服务比较稳定，才能让客户产生信任感，当这种信任感逐步加深后，客户的情感忠诚便渐渐产生了，一般而言，客户的情感忠诚能促成客户的行为忠诚。

（2）关系信任

关系信任是客户对企业履行交易承诺的一种感觉或者信心。如果客户没有对企业产生一定程度的信任，客户关系就不可能保持长久。

信任无疑是影响客户忠诚非常重要的因素之一，没有人希望一段长期关系的建立和维持是没有信任基础的。信任是测评合作伙伴价值的重要评定标准，品牌信任与情感忠诚、行为忠诚都有直接的关系。许多关于忠诚的定义都有一个核心思想：愿意去维护一段有价值并且重要的关系。所以从这个核心理念可以看出：客户忠诚的建立是由相关关系的重要性所决定的。如果一段关系对一个人越重要，那么这个人就越愿意去容忍一些不满意，甚至愿意试图去修复这些不满意；相反，如果这段关系不重要，甚至已经很满意的购买者也会转移到其他的品牌去尝试一些新的产品。关系信任降低了关系中的感知风险和缺陷，使客户对关系具有更高的忠诚度。

（3）企业形象

客户对企业形象的认识刚开始基本着眼于影响品牌形象的各种因素上，如企业的服务属性、商品包装、价格、声誉等。企业形象是企业在竞争中一种产品或服务差异化的集合。每个企业都应像人一样具有个性形象，这种个性形象不是单独由品牌产品或服务的实质性内容确定的，还应该包括一些其他内容，比如其他的附加服务。

企业形象是众多影响因素中相对复杂的因素之一，会在很大程度上影响客户忠诚。客户会选择一些事物代表和体现他们的形象。据心理学家分析，这个选择是由意识和潜意识共同决定的。根据自我延伸理论，人们愿意利用产品去增强自我形象。根据社会身份理论，人们趋向于把自己分为不同的社会种类，然后人们根据社会种类的价值与目标去评估自身的价值与目标，所以大部分人会根据选择产品或服务的品牌去体现自身的价值与目标。因此，该企业形象与客户的形象或客户所期盼的形象吻合的程度越高，其对客户忠诚的正向影响也就越大。

（4）转换成本

由于服务具有地域分散、个性化和用户定制等特征，客户在服务消费中会面临转换成本带来的障碍。转换成本是指客户在改变服务供应商时对所需时间、货币和精力的感知。这些成本不仅包括客户承担因地域分散而产生的服务搜索与评估的成本，还包括心理和情感成本。

转换成本目前公认最早是由迈克·波特在1980年提出来的，指的是当消费者从一个产品或服务的提供者转向另一个提供者时所产生的一次性成本。这种成本不仅是经济上的，也是时间、精力和情感上的，它是构成企业竞争壁垒的重要因素。如果客户从一个企业转向另一个企业，可能会损失大量的时间、精力、金钱和关系，那么即使他们对企业的服务不是完全满意，也会三思而行。

（5）其他因素

除上述4种主要因素外，影响客户忠诚的因素还包括一些随机因素。影响客户忠诚的随机因素如图6-11所示。

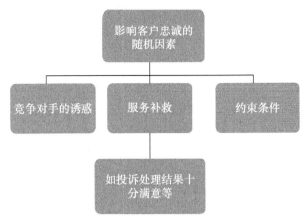

图 6-11　影响客户忠诚的随机因素

3. 测量客户忠诚

测量客户忠诚的指标较多，一般来说，相对重要的测量指标主要有以下 5 种。

（1）客户重复购买率

客户重复购买率是指客户在一段时间内购买企业产品或服务的次数。客户重复购买率与客户忠诚是成正比的，即在确定的时间内，客户购买企业产品或服务的次数越多，自然就说明客户偏好该产品或服务，反之则相反。

值得注意的是，在衡量客户重复购买率这一指标时，首先需要确定是在多长的时间内衡量客户购买次数。这就需要根据产品或服务的用途、性能、必要性等因素来合理地确定衡量时间。其次，在衡量客户重复购买率时，不能局限于同一类产品或服务，而是应当从企业经营的产品品种的角度考虑。如果客户并不是重复购买同一种产品，而是购买企业不同种类或者品牌的产品，那么也应当认为客户具有较高的重复购买率。

（2）客户挑选产品时间的长短

有关消费者行为的研究表明，挑选是大多数客户购买产品的必经环节。在挑选这一环节，客户花费时间用于了解企业产品，同时也是在比较不同企业的产品。如果客户对企业的忠诚度较低，那么客户就会花费较长的时间来收集信息，比较不同企业提供的产品，最后才决定是否购买。相反，如果客户对企业有较高的忠诚度，那么其用于挑选的时间就会大幅缩短，会快速做出购买决策。因此，客户挑选产品时间的长短也是衡量客户忠诚的重要指标。

（3）客户对价格的敏感程度

价格是影响客户购买产品或服务的重要因素之一，事实上，客户对不同产品的价格变动有着不尽相同的态度和反应。许多研究和企业实践都表明，对于客户喜爱和信赖的产品或服务，客户对其价格变动有着较强的承受力，其购买行为受到价格波动的影响较小，即客户对价格的敏感度低；相反，对于客户不喜爱或者不信赖的产品或服务，客户对其价格变动的承受力较弱，往往价格上涨，客户立刻会减少购买行为，即客户对价格的敏感度高。因此，客户对企业产品或服务的价格敏感程度，也可以用来衡量客户忠诚。

（4）客户对产品质量问题的态度

对企业而言，即使有非常仔细的产品质量检查，都无法保证产品百分之百没有问题。因此，不论是知名企业还是一般的中小企业，其生产的任何产品或提供的任何服务都有可能出现质量问题。对企业忠诚度较高的客户面对质量问题时，往往会采取相对宽容的、协商解决的态度；相反，对企业忠诚度较低的客户面对产品或服务的质量问题，则会表现出强烈的不满，会要求企业给予足够的补偿，甚至会通过法律途径解决问题。

（5）客户对待竞争品牌的态度

客户对待竞争品牌的态度也是衡量客户忠诚的重要指标。一般而言，当客户对企业的忠诚度较高时，自然会主动地把更多的时间和精力用于关注本企业的产品或服务，而不会去关注竞争品牌。相反，如果客户对企业的忠诚度不高，那么客户就会对竞争品牌的产品或服务产生兴趣或者好感，并且花费较多的时间了解竞争品牌。

❖ **知识点 2：培育忠诚客户**

1. 客户忠诚与客户满意的关系

客户忠诚是建立在客户满意的基础之上的。

（1）客户满意是客户忠诚的必要条件

一般来说，只有当客户对企业的满意程度达到一定水平时，客户才会忠诚于企业产品或服务，但客户满意度的提高不一定能提高客户的忠诚度。

（2）客户满意不等于客户忠诚

客户满意是客户希望重复购买产品或服务的一种心理倾向，客户忠诚实际上是一种客户购买行为的持续性。前者对于企业来说其本身并不产生直接的价值，而后者对企业来说则具有非常大的价值。

（3）客户忠诚是客户满意的升华

对于大多数企业来说，客户忠诚才是更重要的，才是企业管理者更加需要关注的，企业应该在提升客户满意度的基础上，逐步培育客户的忠诚度。

（4）客户忠诚比客户满意更有价值

客户满意和他们的实际购买行为之间不一定有直接的联系。满意的客户并不一定能保证始终会对企业忠诚，也并不一定会重复购买而给企业带来价值。可见，客户满意与客户忠诚的关系是相辅相成的，客户的忠诚也会因客户满意而提升，如图 6-12 所示。

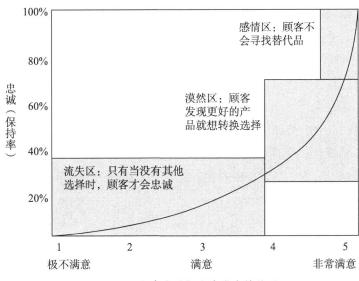

图 6-12　客户忠诚与客户满意的关系

2. 培育忠诚客户的方法

（1）要从思想上认识到客户忠诚的重要性

客户就是上帝，这不是一句空话，而是关系着一个企业的兴衰存亡。许多企业平时口口声声称客户是自己的衣食父母，但在产品或服务的质量保证、售后服务等环节却很难看出其真正认识到客户重要的意识。对此，企业的领导者要关心员工、教育员工、引导员工树立对企业的忠诚。这样，可以依靠员工做好各方面的工作，为客户提供全方位的优良服务，从而取得客户的忠诚和信赖。

（2）通过关系营销培育忠诚客户

企业培育忠诚客户可以借助关系营销，所谓关系营销是指识别、建立、维护和巩固企业与客户关系的活动，并通过企业努力，履行自己的承诺，使双方目标得以实现，达到"双赢"的效果。树立"客户至上"的意识，通过与客户建立起一种稳固的合作信任、互惠互利的关系，使各方利益得到满足，客户才能成为企业的忠诚客户，企业在竞争日益激烈的市场环境中才能生存，才能获得持续的发展。

（3）为忠诚客户提供更多的价值

发现并满足客户需求，能够维系企业与客户之间的合作关系，但对于获得客户对品牌的忠诚度并没有太大作用，要想获得客户忠诚度，企业还必须尽量提供一些其他的"增值产品或服务"，让客户得到"额外"价值。比如，提供更多资讯，协助客户策划各类终端促销活动，并提供其他咨询方案，加强对客户的产品培训和营销培训等。

例如，马士基集团开发了一套精密的在线预警系统，当由于气候原因而发生船期延误时，客户就能获得及时的通知。这些信息优化了客户的生产周期，能够有效避免客户的损失，赢得了客户的信赖。

（4）注重差异化服务

客户的满意需求是个性化的，企业要有意识地接触客户，发现他们的需求，结合企业实际，提供满足客户个性化需求的、有价值的产品或服务。例如，很多物流企业在配送货品过程中，针对配送时效要求极高的客户，制定半日达、极速达的快送服务，而对于那些更追求成本价值的客户，就可以提供普通时效的配送业务。还有的物流企业会在官网或小程序上以积分奖励的形式，鼓励客户填写配送偏好调查表，以获得客户关于配送时间、配送要求等的需求偏好，更好地为客户提供差异化的服务。这样也有利于客户向周围的人群大力宣传，使企业获得口碑效应，从而使企业的忠诚客户群体不断扩大。

此外，获得客户的忠诚还须做到以下几点：不要忽视给客户的第一印象，要善于给客户传递企业独特价值；要定期检查客户数据库，与客户进行有效的沟通，找出客户离开的原因，倾听客户意见；要妥善处理客户的抱怨，不断地改进工作等。

任务执行

步骤 1：收集物流企业数据，进行调研

请以项目组为单位，选择一个知名的物流企业，针对企业的某个服务项目进行调研，针对该项目服务的客户群体进行数据收集和分析，根据影响客户忠诚度的关键因素设计客户忠诚度调查表。

步骤 2：编制客户忠诚度调查表

以项目组为单位，结合学习的理论知识以及调研的物流企业实际情况，按照收集的数据信息，参考表 6-18，编制客户忠诚度调查表，分析该企业的客户忠诚情况。

表 6-18　　　　　　　　　　　客户忠诚度调查表

第一部分：客户基本信息

您的性别	□男　□女
您的年龄	□20~30　□30~40　□40~50　□50~60
您使用的产品或服务项目	
您是否购买过其他企业的产品或服务	□否　□是　请具体说明：

第二部分：客户满意度

客户满意度调查内容	特别不同意	不太同意	基本同意	同意	特别同意
该企业的服务理念很符合我的标准					
我对该企业的产品或服务特别满意					
我很乐于购买该企业的产品或服务					

第三部分：客户价值调查

客户价值调查内容	特别不同意	不太同意	基本同意	同意	特别同意
企业总能提供优质的服务					
企业的产品是高质量的					
企业这款产品或服务能够提高我的自身形象					
这款产品能够给拥有者带来社会认同感					
该企业产品或服务的价格合理，物有所值					
在特殊情况下，产品或服务的质量有保证					

第四部分：客户信任调查

客户信任调查内容	特别不同意	不太同意	基本同意	同意	特别同意
该公司产品或服务的质量和售后服务让人信任					
我信任这家企业，该企业比其他竞争对手有更好的形象					
该企业的员工特别友善，值得信任					
该企业能够完成对客户的承诺					

第五部分：转换成本调查

转换成本调查内容	特别不同意	不太同意	基本同意	同意	特别同意
查找新企业将花费大量时间和精力					
该企业为我提供了其他公司无法得到的特殊优待					
选择新企业的产品或服务将经历一个漫长的学习和认知过程					
我在与该企业建立关系的过程中已经投入很多成本					
新企业的产品或服务性价比可能比较差					

第六部分：客户忠诚调查

客户忠诚调查内容	特别不同意	不太同意	基本同意
相对于具有相同功能的其他企业的产品，我会在这一企业的产品或服务上花费更多的时间和精力			
我总是把这家企业的产品或服务推荐给我的亲友			

续　表

客户忠诚调查内容	特别不同意	不太同意	基本同意
能够体谅企业服务偶发性的过失			
我购买该企业的产品或服务已经很多年			
我很少考虑其他企业的产品或服务			

步骤3：各项目组制作汇报课件，并推选代表上台分享

 任务评价

完成上述任务后，教师组织三方进行评价，并对学生的任务执行情况进行点评。学生完成表6-19的填写。

表6-19　　　　　　　　　　　考核评价表

班级		团队名称			学生姓名	
团队成员						
考核项目		分值（分）	要求	学生自评（30%）	团队互评（30%）	教师评定（40%）
知识能力	分析客户忠诚价值的能力	20	全面准确			
	培育企业忠诚客户的能力	30	条理清晰			
	汇报分享	20	内容丰富			
职业素养	文明礼仪	10	举止端庄、使用文明用语			
	团队协作	10	相互协作、互帮互助			
	工作态度	10	严谨认真			
成绩评定		100				

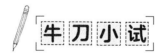

一、单项选择题

1. 某客户本来已经因不满投诉了该企业的服务，在即将放弃该企业时，客服人员对于问题的解决让该客户十分满意，继而产生了后续多次的购买行为。该客户的忠诚行为可能源于（　　）。

A. 服务补救　　　　B. 转换成本　　　　C. 约束条件　　　　D. 企业形象

2. 以下四种客户忠诚类型中，客户忠诚度最高的是（　　　）。

A. 冲动型忠诚　　　B. 认知型忠诚　　　C. 行为型忠诚　　　D. 情感型忠诚

3. 满意的客户（　　　）忠诚。

A. 一定　　　　　　B. 不一定　　　　　C. 一定不　　　　　D. 以上均正确

二、多项选择题

1. 培育忠诚客户的方法包括（　　　）。

A. 通过关系营销培育忠诚客户　　　　　B. 为忠诚客户提供更多的价值

C. 注重差异化服务　　　　　　　　　　D. 要从思想上认识到客户忠诚的重要性

2. 客户忠诚是指客户对企业的产品或服务的依恋或爱慕的感情，它主要通过客户的（　　　）表现出来。

A. 情感忠诚　　　　B. 意识忠诚　　　　C. 行为忠诚　　　　D. 价值忠诚

3. 以下指标能够反映客户忠诚度的有（　　　）。

A. 客户的重复购买率　　　　　　　　　B. 客户挑选产品时间的长短

C. 客户对价格的敏感程度　　　　　　　D. 客户对竞争品牌的态度

三、判断题

1. 客户对企业服务的价格非常敏感，则他可能不是企业的忠诚客户。（　　　）

2. 对企业产品或服务满意的客户一定是企业的忠诚客户。（　　　）

3. 所谓关系营销是指识别、建立、维护和巩固企业与客户关系的活动，并通过企业努力，履行自己的承诺，使双方目标得以实现，达到"双赢"的效果。（　　　）

4. 意识忠诚型客户不会因竞争企业的价格优势放弃现有企业的服务。（　　　）

四、案例分析题

唯品会客户忠诚度分析

相关调查显示，唯品会的客户满意度是比较高的。这与它的服务宗旨密切相关。唯品会的目标在于让每个订单的用户获得最满意的服务，实现真正意义上的"一切为了客户满意"。为此，唯品会选择了全国最具实力的快递公司作为物流合作伙伴，全面支持商品货到付款、开箱验货，并承诺15天无条件免费退换货。相关数据表明，客户对唯品会产品价格和质量的满意度都在95%左右，这取决于它的名牌折扣加正品保证。

但是唯品会在处理客户问题、投诉和留言方面的客户满意度较低，唯品会的服务相对产品质量和价格也并没有达到客户的期望。从调研结果来看，唯品会客户的总体满意度在83%左右，客户继续购买欲望只有64%左右，可见唯品会的客户忠诚度仍待提高。

唯品会作为B2C购物平台，相对于淘宝网等网站，缺少了买家评价这一部分。而这一部分的缺少导致客户不能够通过买家评价来很好地衡量自己的购买行为，以至于购买期望没有达到。同时，虽然有留言板，但所能提供的有价值的信息有限。这也可能是客户对唯品会服务忠诚度比较一般的原因，唯品会的总体客户忠诚度也会因为其服务而受到一定影响。

请上网查阅唯品会的相关资料，结合上述案例进行分析，找出影响唯品会客户忠诚度的主要因素，并为唯品会提出提高客户忠诚度的建议。

五、技能训练题

请根据所学的知识，比较客户满意与客户忠诚之间的关系，并将比较的结果填入表6-20。

表6-20　　　　　　　　　　　客户满意与客户忠诚的比较

项目	客户满意	客户忠诚
比较对象		
表现形式		
可观察的程度		
受竞争对手影响的程度		

任务五 应对客户流失

移动通信业数据
挖掘预测高价值
客户流失倾向

任务描述

任务 1：学生以项目组为单位，与校园快递驿站进行联合调研。针对之前回收的调查问卷表进行分析，找出可能导致客户流失的原因。

任务 2：结合客户可能流失的原因，以小组为单位制订客户挽留计划。

任务 3：每个项目组需要将自己制订的客户挽留计划进行整理，制作成汇报课件，并推选代表做分享汇报。

知识链接

❖ 知识点 1：分析物流客户流失

1. 物流客户流失的概念

物流客户流失是指物流企业的客户由于种种原因不再忠诚，而转向购买其他物流企业的产品或服务的现象。对物流客户流失的界定可以从以下四个方面着手：一是客户因为自身某种原因放弃目前提供过物流服务的企业；二是客户由于不道德行为等原因被目前提供物流服务的企业主动剔除；三是客户从目前提供物流服务的企业转向其他物流企业；四是客户从高价值客户变成低价值客户。

物流客户流失一般包括两种情况：一种是物流客户主动选择转移到另外一个供应商，使用他们的物流产品或服务，我们称之为主动流失的物流客户；另一种是那些由于恶意欠款等原因被物流企业解除服务合同的客户，我们称为被动流失的物流客户。

物流客户背后还有物流客户，流失一位重复购买的物流客户，不仅使物流企业失去这位客户可能带来的利润，还可能损失与受到其影响的物流客户交易的机会。

此外，物流客户流失还可能极大影响物流企业对新客户的开发。因此当物流客户关系出现倒退时，物流企业不应轻易放弃流失的物流客户，而应当重视他们，积极对待他们，尽力挽留他们，促使他们重新购买物流企业的产品或服务，与物流企业继续建立稳定的合作关系。

2. 物流客户流失的形成过程

物流客户流失会导致物流企业的收入损失，失去大量客户会对物流企业的财务状况造成极为不利的影响。同时，当出现客户流失时，物流企业通常还会为了挽留老客户或吸引新客户而增加广告投入。

物流客户流失不但会给物流企业带来经济上的重大损失，而且会给物流企业内部的工作环境带来恶劣影响，同时也会使企业的工作计划和财务预算产生混乱。如果在物流企业业务总量中占很大比重的重要客户突然流失，企业将无法测算当年的收入及人员安排、设备配备。

物流客户流失所产生的更重大的代价是影响物流企业的声誉，长期居高不下的客户流失率势必会大大影响物流企业在市场上的声誉，这种影响使企业很难通过其他营销方法再次赢回声誉。

如果已成为物流企业的客户，说明客户曾经认可物流企业的产品或服务。通常情况下，物流客户在下一次购买物流产品或服务时，首先会与上一次购买进行比较。如果物流产品或服务质量较好，即使价格高一点，物流客户还会重复购买。但是，物流客户如果第一次使用和购买后，发现提供的物流产品或服务的质量与宣传的不一样，或者使用过程中出现问题迟迟得不到解决，或者投诉后无处理结果，在这几种情况下，物流客户就会放弃原物流企业而去选择其竞争对手的产品或服务。物流客户流失一般集中在售后服务出现问题之后，抱怨、投诉得不到解决时。客户流失的形成过程如图 6-13 所示。

图 6-13　客户流失的形成过程

3. 正确认识客户流失

（1）客户流失可能会给企业带来很大的负面影响

客户背后有客户，流失一位重复购买的客户，企业不仅损失这位客户的销售额，还可能影响企业对新客户的开发。因此，面对流失客户，企业一方面要争取"破镜重圆"；另一方面，实在无法"重归于好"的客户，也要将其安抚好，从而有效地阻止无法挽回的流失客户散布负面评价，造成不良影响。

（2）有些客户流失是不可避免的

有些客户的流失是很正常的。这些客户对不同企业提供的产品或服务的差异根本就不在乎，转向其他企业不是因为对原企业不满意，而是因为自己想换"口味"，只是想尝试一下新企业的产品或服务，或者只是想丰富自己的消费经历。对于这种客户流失，企业是很难避免的，流失是必然的，是企业无能为力和无可奈何的。因此，完全避免客户流失是不切实际的，企业应当冷静看待客户流失，确保将客户流失率控制在一个很低的水平。

（3）流失客户有被挽回的可能

有些企业认为客户一旦流失，便会一去不复返，再也不可能挽回，这种认识是片面的。其中的原因主要是：一方面，企业拥有流失客户的信息，他们过去的购买记录会指导企业如何下功夫将其挽回，而企业对潜在客户和目标客户的了解就明显薄弱得多；另一方面，流失客户毕竟曾经是企业的客户，对企业有了解、有认识，只要企业下足功夫，纠正引起他们流失的失误，他们还是有可能回归的。

研究表明，向流失客户销售，每 4 个客户中会有 1 个可能成功，而向潜在客户和目标客户销售，每 16 个客户中才有 1 个成功。可见，争取流失客户的回归比争取新客户要容易得多，而且只要流失客户回归，他们就会继续为企业介绍新客户，从这个意义上讲，企业也不应完全放弃他们。

（4）"亡羊补牢"，为时未晚

如果深入了解、弄清客户流失的原因，企业就可以获得大量珍贵的信息，发现经营管理中存在的问题，也就可以采取必要的措施，及时加以改进，从而避免其他客户的再流失；相反，如果企业没有找到客户流失的原因，或者需要很长时间才能找到原因，企业就不能采取有效措施加以防范，那么这些原因就会不断地"得罪"现有客户而使他们最终流失。

❖ 知识点 2：避免客户流失

1. 客户流失的原因分析

通过有效的客户流失分析，总结出客户流失的原因，归纳客户流失的类型，有利于增加客户对物流企业的品牌认同，同时也能为物流企业再次赢回客户。而赢回的客户已经对企业的产品或服务非常熟悉，物流客服人员对这些老客户的个性化需求非常了解，因而可以向其提供更有针对性的服务。客户流失的原因分析如图 6-14 所示。

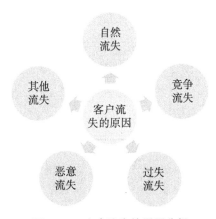

图 6-14 客户流失的原因分析

影响物流客户流失的因素有很多，比如产品或服务的便利性、价格、客户的满意度等，从物流客户价值和物流客户满意的角度来看，主要可以归纳为以下几种。

（1）自然流失

物流客户的经济情况改变或发生地域上的迁移等，将会迫使其与物流企业断绝交易关系。这种类型的物流客户流失不是人为因素造成的，是不可避免的，应该在弹性流失范围之内。

（2）竞争流失

由于物流企业竞争对手的影响而造成的流失称为竞争流失。市场上的竞争突出表现在价格战和服务战上。竞争对手采取优惠、特价、折扣等措施，或者竞争对手推出功能和质量更好的物流产品或服务，将原来属于本企业的物流客户挖走。

（3）过失流失

由于物流企业自身工作中的过失，引起物流客户的不满而造成的流失称为过失流失。如企业形象不佳、产品质量不好、服务态度恶劣等。过失流失在物流客户流失总量中所占的比例最高，但物流企业也可在分析物流客户流失因素的基础上，通过采取一些有效手段来防止或减少这种流失。

（4）恶意流失

恶意流失一般是指物流企业主动放弃客户。由于物流企业产品或服务技术含量提高、升级换代，目标物流客户群体发生改变，从而主动放弃部分原来的物流客户。物流客户的信用度低、物流客户有故意欺诈行为等也会导致物流企业放弃这部分客户。

（5）其他流失

除上述几种情况外，还有很多导致物流客户流失的原因。例如，由于物流企业员工跳槽而带走的物流客户；由于物流企业对市场监控不力、市场出现混乱、物流客户销售企业的产品不能获利而导致物流客户流失等。

2. 防范物流客户流失的策略

（1）实施全面质量管理

关系营销的中心内容就是最大限度地实现物流客户满意。为物流客户创造最大价值而提供高质量的产品和服务，是创造价值和实现物流客户满意的前提。而实施全面质量管理，有效控制影响质量的各个环节、各个因素，是提供优质物流产品或服务的关键。

（2）重视物流客户抱怨

物流客户抱怨是物流客户对企业产品或服务不满的反映，它表明物流企业经营管理中存在缺陷。物流客户抱怨是推动物流企业发展的动力，也是物流企业创新的源泉，物流企业必须妥善处理物流客户抱怨和投诉。

（3）建立内部物流客户体制，提升员工满意度

物流企业提供给客户的物流服务或产品是对负责提供服务员工的满意度的函数。员工满意度的增加会使员工提供给物流客户的服务质量提升，最终会带来满意度的增加。

（4）建立以物流客户为中心的组织机构

拥有忠诚客户的巨大经济效益让许多物流企业深刻认识到，与物流客户互动的最终目标并不是交易，而是建立持久、忠诚的物流客户关系。在这种观念下，不能仅把营销部门看成唯一对物流客户负责的部门，物流企业的每个部门、每个员工都应以客户为中心，所有工作都应建立在让物流客户满意的基础上。

（5）建立物流客户关系的评价体系

物流客户关系的正确评价对于防范物流客户流失有着重要的作用，只有及时地对物流客户关系的牢固程度做出衡量，才有可能在制定防范措施时有的放矢。

（6）提高客户流失成本

一般来讲，如果客户在更换品牌或企业时感到流失成本太高，或客户原来所获得的利益会因为更换品牌或企业而损失，或者将面临新的风险和负担，就可以加强客户忠诚。

客户的流失成本，顾名思义就是指客户从一个企业转向另一个企业需要面临多大的障碍或增加多大的成本，是客户为更换企业所需付出的各种代价的总和。

流失成本可以归纳为以下三类：

①时间和精力上的流失成本，包括学习成本、时间成本、精力成本等；

②经济上的流失成本，包括利益损失成本、金钱损失成本等；

③情感上的流失成本，包括个人关系损失成本、品牌关系损失成本。相比较而言，情感流失成本比起另外两种流失成本更加难以被竞争对手攻破。

因此，如果一个企业给客户带来的流失成本过高，客户很可能会在权衡利弊后放弃转投其他企业的想法。

✤ **知识点 3：物流客户的挽留**

1. 物流客户挽留的含义

物流客户挽留，即物流企业运用科学的方法对那些将要流失的有价值的物流客户采取措施，争取将其留下的营销活动。它将有效地延长物流客户生命周期、保持市场份额和运营效益。

2. 物流客户挽留的策略

（1）服务第一，物流客户为先

优质的物流客户服务可以为物流企业带来更高的利润，并保证物流企业常青。物流企业不能仅通过降低和削减成本来增加收入，因为成本削减总有一个限度，物流企业应该通过重新设计物流服务战略来达到挽留流失客户、稳固公司收入的目的。物流服务策略包括制定全方位的物流客户服务解决方案、建立服务矩阵、加强服务创新和优化服务流程等方面的内容。

物流企业和客户应是双赢关系，而不仅是买卖关系。物流客户服务推广销售和广告宣传更能增加物流企业的营业额和利润。因此，想战胜对手就必须学会站在物流客户的立场和角度去思考问题。

（2）客户关系的培育和积累

为了留住企业的优质物流客户，企业需要处理好与物流客户的关系。

（3）物流客户关怀可以成为核心竞争力

核心竞争力是企业在很长的一段时间内形成的，是企业独具的，支撑企业过去、现在和未来的竞争优势，能使企业长时间在竞争环境中保持领先地位。

（4）不要忽略潜在的优质客户

每个人的精力都是有限的，不可能和所有的人打交道。企业要选择重点，先设立自己的目标，然后围绕这个目标长期、持续地投入精力和时间。但在这一过程中，要反对功利的做法，不应该只重视眼前拥有的客户，不重要的客户就完全忽略。对潜在的优质客户也应该保持持续关注和关心。

3. 物流客户挽留的流程

物流客户挽留的流程主要有下面几步。

（1）调查原因，缓解不满

首先，物流企业要积极与流失的物流客户取得联系，访问流失的物流客户，真诚表达歉意，缓解矛盾；其次，要了解流失的原因，弄清问题究竟出在哪里，并虚心听取他们的意见、看法和要求，让他们感受到物流企业的关心，给他们反映问题的机会。

（2）对症下药，争取挽留

物流企业要根据客户流失的原因制定相应的对策，争取尽早挽回流失的物流客户。

（3）对不同级别物流客户的流失采取不同的策略

物流企业应该根据客户的重要性来分配投入挽留客户的资源，挽留的重点是那些最能盈利的流失物流客户，这样才能达到挽留效益的最大化。

针对下列三种不同级别的流失物流客户，物流企业应当采取的基本态度如下。

①对重要物流客户要极力挽留，对主要物流客户也要尽力挽留。

②对普通物流客户的流失和非常难避免的流失，可见机行事。

③基本放弃对小物流客户的挽留。

（4）彻底放弃根本不值得挽留的流失物流客户

以下四类流失物流客户根本不值得挽留，企业要彻底放弃。

①不可能带来利润的物流客户。

②无法履行合同规定的物流客户。

③损害员工士气的物流客户。

④声望太差，与之建立业务关系会损害企业形象的物流客户。

物流企业应对客户流失的原因以及挽回客户流失的工作进行归纳，总结教训和经验，对于企业的产品和服务查漏补缺，不断进行改进升级，防止客户流失现象的再发生。

任务执行

步骤1：分析调查问卷

请以项目组为单位，针对调查问卷进行分析，总结客户不满意的原因和服务中存在的问题，找到客户流失的原因。

步骤2：制订客户挽留计划

根据客户产生不满的原因和客户流失的原因，制订客户挽留计划，如表6-21所示（各组可根据自己的想法制订，内容不唯一）。

表6-21　　　　　　　　　　　客户挽留计划

序号	客户流失的原因	客户流失比例	客户挽留计划	预期效果
1	驿站寄件业务邮费较贵，不如自主网上下单优惠	30%	联系各快递公司商谈寄件价格，实施大学生寄件优惠政策	通过价格挽留15%左右的流失客户
2	商品因运输损坏，驿站解决速度慢	20%	与各快递公司加强沟通，快速确责；增加专门的客服人员，解决此类售后问题	挽留10%左右的流失客户
3	快递统一存放在驿站，离寝室楼较远，取件不方便	20%	组建校园内部送件服务团队，按照寝室楼分布进行二次配送	挽留15%左右的流失客户
4	菜鸟驿站寄件速度过慢，客户更习惯选择顺丰、京东等高效快递	20%	推荐使用菜鸟官方快递，速度较其他平台快很多	挽留10%左右的流失客户
5	学生毕业等原因，自然流失	10%	做好服务，树立口碑，开发新客户	拥有口碑相传的新客户

步骤3：各项目组制作汇报课件，并推选代表上台分享

任务评价

完成上述任务后，教师组织三方进行评价，并对学生的任务执行情况进行点评。学生完成表6-22的填写。

表 6-22　　　　　　　　　　　　　　考核评价表

班级		团队名称			学生姓名	
团队成员						

考核项目		分值（分）	要求	学生自评（30%）	团队互评（30%）	教师评定（40%）
知识能力	分析客户流失的原因	20	全面准确			
	制订客户挽留计划	30	条理清晰			
	汇报分享	20	内容丰富			
职业素养	文明礼仪	10	举止端庄、使用文明用语			
	团队协作	10	相互协作、互帮互助			
	工作态度	10	严谨认真			
成绩评定		100				

牛刀小试

一、单项选择题

1. 不属于挽留客户基本流程的是（　　）。

A. 对症下药，争取挽留

B. 服务第一，物流客户为先

C. 调查原因，缓解不满

D. 对不同级别物流客户的流失采取不同的策略

2. 下列关于客户流失的认识中，错误的是（　　）。

A. 流失客户可能会给企业带来很大的负面影响

B. 流失客户有被挽回的可能

C. 企业不应该有客户流失

D. 企业的客户流失是不可避免的

3. 物流客户流失是指物流企业的客户由于种种原因不再（　　），而转向购买其他物流企业的产品或服务的现象。

A. 满意　　　　　　　B. 投诉　　　　　　　C. 期待　　　　　　　D. 忠诚

二、多项选择题

1. 物流客户根本不值得挽留，企业要彻底放弃的是（　　　）。

A. 不可能带来利润的物流客户　　　　B. 损害员工士气的物流客户

C. 无法履行合同规定的物流客户　　　　D. 损害企业形象的物流客户

2. 物流企业客户流失的原因可以分为（　　　）。

A. 过失流失　　　　B. 恶意流失　　　　C. 自然流失　　　　D. 竞争流失

3. 属于时间和精力上流失成本的是（　　　）。

A. 学习成本　　　　B. 金钱成本　　　　C. 资源成本　　　　D. 精力成本

三、判断题

1. 提高客户流失成本，可以有效预防客户流失。（　　　）

2. 在客户挽留计划中，不能给企业带来利润的客户也需要挽留。（　　　）

3. 企业客户的恶意流失是指竞争企业以低价竞争吸引客户造成的客户流失。（　　　）

四、案例分析题

某物流企业 A 开发了一款软件，可以帮助客户查询各地可调配车辆的信息及价格，为客户提供有效的服务支持，包括提供免费软件、免费维修保养及事故处理等，并能够培训客户如何正确使用软件。一段时间以后，客户想要转投其他企业的软件，可是考虑到已经学习 A 企业的软件且应用软件花费了大量的时间和精力。如果放弃 A 企业，这将会成为一种流失成本，而且选择其他企业的软件也不能体现出明显的优越性，故客户决定仍然继续使用 A 企业开发的软件。

请分析在本案例中客户没有流失的原因是什么？还有哪些办法或策略可以有效避免企业客户流失？

五、技能训练题

结合学习的知识和技能，模拟物流企业的客服人员，请在表 6-23 中填入下列虚拟事件的拟处理方式和理由。

表 6-23　　　　　　　　　　　　客服虚拟事件处理

情景设置	拟处理方式	理　由
一位老客户将一批酒精制品存储在物流公司的仓库里。半个月的仓储期结束时，客户来提货。验货时，客户称酒精制品挥发量过高，不满足他的收货条件，而这是因为仓库温度偏高，保管不当造成的，需要进行赔偿		
企业工作人员说："我们给您免除 30% 的仓储费用，就算抵扣我们的责任了。"客户说："不行，一定要免除全部的仓储费用。"		

续　表

情景设置	拟处理方式	理　由
后来发现，酒精制品挥发不完全是企业保管条件不当造成的，还因为客户方为了节约包装成本，没有按照严格的密封包装条件对酒精制品进行包装。因为是企业的老客户了，企业在酒精入库时也没有进行很严格的检查		
企业没有答应免除全部仓储费用，没想到客户非常强硬，每天都到企业吵闹生事，影响企业的正常工作		
物流企业是选择按照客户要求，免除全部仓储费用自行承担损失，还是应该坚持自己的立场，只退30%的仓储费用？面临损失这位客户的风险，物流企业一时间难以抉择		

07
PROJ

项目七
撰写物流营销策划书

◎ 知识目标

● 理解物流营销策划的概念。

● 了解物流营销策划的分类。

● 掌握物流营销策划的程序。

● 掌握物流营销策划书的撰写原则、结构与内容。

● 理解撰写物流营销策划书的要点。

※ 能力目标

● 能够针对物流营销策划项目初步分析营销环境、制定营销
战略、战术。

● 能够初步编制物流营销策划书。

● 能够通过流畅的文字表达初步分析、解决物流营销问题。

❀ 素质目标

● 培养学生问题意识、创新意识。

● 培养学生严谨细心、精益求精的职业素养。

撰写物流营销策划书
- 了解物流营销策划
  - 物流营销策划的概念
  - 物流营销策划的分类
    - 按策划对象划分
    - 按企业开拓市场的过程划分
    - 按物流营销的层次划分
  - 物流营销策划的程序
    - 明确策划目标
    - 分析营销环境
      - 微、宏观环境分析
      - SWOT分析
    - 策划营销战略
    - 策划营销战术
    - 撰写营销策划书
    - 实施与控制营销策划
    - 实施效果评估
- 撰写一份物流营销策划书
  - 物流营销策划书的撰写原则
    - 实事求是
    - 严谨规范
    - 简单易行
    - 灵活弹性
    - 逻辑缜密
    - 别出心裁
  - 物流营销策划书的基本撰写方法
    - 制作封面
    - 撰写前言
    - 设计目录
    - 撰写摘要
    - 撰写正文
      - 环境分析
      - 机会分析
      - 战略及行动方案制订
      - 营销成本测算
      - 行动方案控制
      - 结语
    - 编制附录
  - 撰写物流营销策划书的注意要点
    - 寻找理论依据支持观点
    - 适当举例增强说服力
    - 利用数据说明问题
    - 运用图表帮助理解
    - 合理安排版面，美化策划书
    - 注意细节，避免差错

岗位分析

岗位1：物流文案策划专员

●**岗位职责**：对企业产品和各项业务进行全方位宣传，树立企业正面形象，从而实现品牌的传播与创新；制作营销材料，主动挖掘内部产品卖点，开展基金经理调研，进行新业态的探索和尝试，积极推动新媒体合作；负责制作PPT、海报等基本营销材料；负责企业层面公众号、视频号的运营。

●**典型工作任务**：物流营销方案策划、物流企业媒体宣传。

●**职业素质**：创新意识、学习意识、品牌意识。

●**职业能力**：优秀的营销策划能力、深厚的文字功底；良好的审美能力；较强的执行能力。

●**可持续发展能力**：持续的学习能力，活跃的创新思维。

岗位2：活动策划专员

●**岗位职责**：定期收集企业经营数据报表并进行统计分析，协助部门经理对存在的问题进行数据分析；协助部门负责人制定活动方案，做好活动筹备工作；负责活动费用的核算与合理控制；负责活动现场的组织安排与协调工作。

●**典型工作任务**：经营数据分析、物流营销活动策划。

●**职业素质**：市场意识、服务意识、团队意识、协作意识。

●**职业能力**：具有较强的沟通能力，组织、协调能力和团队管理能力。

●**可持续发展能力**：具有较强的事业心及一定的抗压能力。

项目导读

物流企业进行营销策划是为了改变企业现状，达到企业经营目标，借助科学方法与创新思维，分析研究创新设计并确定营销方案的创新性活动。策是指计策、策略，划是指计划、安排，策划即有计划地实施策略。一个企业在进行发展决策时，应该把本企业的物流系统与营销战略或营销策略有机结合起来，从战略的高度去考虑物流运作与市场拓展、市场竞争的关系。物流企业取得可持续发展竞争优势，离不开正确应用营销策略。只有不断优化物流营销活动，才能使物流企业在竞争中不断推出特色服务，使企业立于不败之地。

物流营销策划包括确定策划目标、分析营销环境、策划营销战略、策划营销战术、撰写营销策划书、实施与控制营销策划、实施效果评估等阶段。撰写物流营销策划书是物流企业营销策划的关键步骤，是将营销策划的最终成果整理成书面材料。我们已经掌握了物流市场调研的方法、物流营销策略组合、客户开发、客户关系维护等知识，最后我们需要融会贯通，用这些知识来撰写一份物流营销策划书。

在本项目中，你将学习到物流营销策划的基本知识，掌握撰写物流营销策划书的基本方法，同时你还需要综合运用之前学过的物流营销与客户关系的知识和技能，才能出色地完成本项目的学习任务。

任务一　了解物流营销策划

物流营销策划
的作用

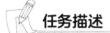 **任务描述**

任务 1：以项目组为单位，对某一校园快递企业开展 SWOT① 分析，并填写表 7-1。

任务 2：根据 SWOT 分析结果，提出企业的营销战略。

任务 3：每个项目组需要将收集的资料加工整理，制作成汇报课件，并推选代表做分享汇报。

知识链接

❖ **知识点 1：物流营销策划的概念**

物流营销策划是指物流企业内部或外部的策划人员，在对企业营销环境准确分析的基础上，有效运用各种资源，为整个企业、企业的某一商品或企业的某一次营销活动做出的计策谋划和计划安排，是对企业将要发生的营销行为进行的超前决策。

物流营销策划的对象可以是物流企业整体，也可以是物流企业提供的某项服务，还可以是物流企业开展的一次活动。物流营销策划的目标是策划人希望达到的预期结果，是策划人把策划的意图具体化后形成的具体行为目标。物流营销策划是以企业自身及其所处的营销环境为基础而设计的策划方案。物流营销策划的资源是策划人在策划时，可控制和使用的一切人力、物力和财力，物流营销策划须充分考虑和合理运用企业现有的资源。物流营销策划的表现形式是物流营销策划书，由市场环境分析和营销活动设定两部分组成。

物流营销策划既可以是影响企业全局的营销战略策划，也可以是对某个具体营销项目的战术策划。物流营销策划上承整个企业的发展战略和竞争战略，下接具体实施部门的实施细节。它是连接企业整体战略与营销部门实施细节的纽带。

❖ **知识点 2：物流营销策划的分类**

1. 按策划对象划分

按策划对象的不同，物流营销策划可分为物流企业策划和物流服务策划。物流企业策划是指对企业整体进行的策划，主要目的在于树立良好的企业形象。物流服务策划是指从更好地满足客户需要的角度出发而进行的策划，主要目的在于提高企业信誉。

2. 按企业开拓市场的过程划分

按企业开拓市场过程的不同，物流营销策划可分为市场选择策划、市场进入策划、市

---

① SWOT 是优势（Strengths）、弱点（Weaknesses）、机会（Opportunities）和威胁（Threats）四个单词的缩写。

场渗透策划、市场扩展策划、市场对抗策划、市场防守策划、市场撤退策划。

3. 按物流营销的层次划分

按物流营销层次的不同，物流营销策划可分为物流营销战略策划和物流营销战术策划。物流营销战略策划是指根据企业战略的要求与规范制定物流营销目标，并通过物流营销目标实现支持和服务于企业战略的策划。物流营销战略策划是物流企业战略体系的核心之一，包括市场定位策划、目标市场策划、市场竞争策划等内容。物流营销战术策划是指依据物流企业营销战术设计的思路，综合运用各种物流营销手段进入和占领目标市场，从而实现企业战略意图的策划。与物流营销战略策划相比，物流营销战术策划是短期的、局部的、个别的、具体的，其内容包括产品策划、价格策划、渠道策划、促销策划。

❖ 知识点3：物流营销策划的程序

物流营销策划的程序是指营销策划运作的先后次序，营销策划是一项很复杂的系统性活动，必须按照合理的策划程序进行。

1. 明确策划目标

物流营销策划目标就是物流营销策划活动要达成的目的。目标的确定通常以问题为出发点。通过调研分析发现问题所在，进而准确界定问题，确定问题的本质，才能设定营销策划目标，决定如何解决问题。营销策划目标应具体、量化、可评估，并具有特定的时间段限制。此环节可分为三步进行，首先进行调查分析，然后明确界定问题，最后设定营销策划目标。

2. 分析营销环境

分析营销环境是进行营销战略战术策划的前提。不同的环境因素对营销活动的影响不尽相同，同样的环境因素对不同的企业所产生的影响也大小不一。认真而详细的营销环境分析有助于策划人员查找问题所在，锁定解决问题的方向。对环境的科学把握和精准分析可为制定相应的营销策略、采取正确的营销手段提供依据。分析营销环境的主要方法包括微观环境分析、宏观环境分析和SWOT分析。通过对微观环境和宏观环境的分析，对于环境因素与企业经营活动之间的关系做进一步掌握和了解，进而用SWOT分析法，从劣势中找到问题并解决，从优势中找出机会并利用。

3. 策划营销战略

策划营销战略是在调查与分析的基础上，根据企业的实际情况，明确企业的营销目标，进行市场细分，确定企业的目标市场，为服务或品牌确定市场地位，也就是市场细分、目标市场和市场定位策划，其本质是使本企业与其他企业区分开，在客户心中占有特殊的位置。

4. 策划营销战术

策划营销战术是指根据企业已经确定的目标市场的特点，对企业可以控制的营销手段进行组合策划。营销战术注重企业营销活动的可操作性，其内容包括营销组合策划和营销项目策划。前者是指根据企业的营销战略，对企业的营销因素进行整合策划；后者是指根据企业营销战略所确定的营销重点可以进行一些项目策划，如市场调研策划、产品策划、价格策划、分销策划、促销策划、广告策划、公关策划等。

5. 撰写营销策划书

营销策划书是为了实施某一营销策划所撰写的书面文件，有时也是策划本身的书面说明。营销策划书的作用是推销自己对某个营销问题的意见和创意，最终达到策划目标。

6. 实施与控制营销策划

物流企业的营销策划完成以后，要通过企业的营销部门组织策划方案的实施。营销策划方案实施是指企业在营销策划方案实施过程中的组织、指挥、协调与控制活动，是把营销策划方案转化成具体行动的过程。营销策划的实施涉及大量的工作、资金和事件安排。营销策划要得以实施还须满足两个条件：一是制定的营销策划案具有实施的现实可能性；二是实施策划的组织和人员必须了解和掌握策划组织实施的科学方法、技巧和程序。

7. 实施效果评估

在营销策划方案实施之后，物流企业的营销管理者以及营销策划者要对方案的实施效果进行评估。其目的在于了解企业营销方案的执行过程，肯定成绩，发现问题，提出解决问题的方案。营销方案实施效果评估的主要内容和步骤包括：设计评估指标体系、收集评估数据、选择评估方法、实施评估和分析结果。

营销策划者需要将营销策划方案的实施过程与结果写成报告，提供给上级或委托方。其中的要点是营销策划的预测与实际结果之间的差异分析。若发现较大的差异，需要做一些重点研究，分析差异产生的原因，找出实施过程中的问题和改进方法，指导企业未来的营销管理和营销策划工作。

物流营销策划的程序如图7-1所示。

图7-1　物流营销策划的程序

任务执行

步骤1：以某一校园快递企业为对象开展SWOT分析

以项目组为单位，对某一校园快递企业开展SWOT分析，并填写表7-1。

表7-1　　　　　　　　　　　　校园快递企业SWOT分析

优势（S）	机会（O）
劣势（W）	挑战（T）

步骤2：提出企业的营销战略

根据SWOT分析结果，提出企业的营销战略。

步骤3：各项目组制作汇报课件，并推选代表上台分享

 任务评价

完成上述任务后，教师组织三方进行评价，并对学生的任务执行情况进行点评。学生完成表7-2的填写。

表 7-2　　　　　　　　　　　　　考核评价表

班级			团队名称		学生姓名	
团队成员						
考核项目		分值（分）	要求	学生自评（30%）	团队互评（30%）	教师评定（40%）
知识能力	SWOT 分析	30	正确全面			
	营销战略	20	符合实际			
	汇报分享	20	内容丰富			
职业素养	文明礼仪	10	举止端庄、使用文明用语			
	团队协作	10	相互协作、互帮互助			
	工作态度	10	严谨认真			
成绩评定		100				

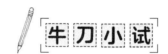

一、单项选择题

1. 物流营销策划的表现形式是（　　）。

A. 物流企业广告文案　　　　　　　B. 物流项目招标书

C. 物流营销策划书　　　　　　　　D. 物流项目投标书

2. 物流服务策划的主要目的是（　　）。

A. 扩大企业规模　　　　　　　　　B. 提高企业信誉

C. 增强核心竞争力　　　　　　　　D. 提升服务质量

3. 目的在于了解企业营销方案的执行过程，肯定成绩，发现问题，提出解决问题方案的物流营销策划程序是（　　）。

A. 实施营销策划　　　　　　　　　B. 策划营销战略

C. 分析营销环境　　　　　　　　　D. 实施效果评估

二、多项选择题

1. 物流营销策划的对象包括（　　）。

A. 物流企业整体　　　　　　　　　B. 物流企业提供的某项服务

C. 物流企业客户　　　　　　　　　D. 物流企业开展的一次活动

2. 与物流营销战略策划相比，物流营销战术策划的特点有（　　　）。

A. 长期性　　　　　　B. 局部性　　　　　　C. 个别性　　　　　　D. 具体性

3. 分析营销环境的方法主要包括（　　　）。

A. 微观环境分析　　　B. PDCA 分析法　　　C. 宏观环境分析　　　D. SWOT 分析法

三、判断题

1. 物流营销策划是对物流企业将要发生的营销行为进行的超前决策。（　　　）

2. 物流营销策划是关系到企业全局的营销战略策划，不包括某个具体营销项目的战术策划。（　　　）

3. 物流营销策划是连接物流企业整体战略与营销部门实施细节的纽带。（　　　）

4. 物流营销策划目标一般是长期的，没有特定的时间段限制。（　　　）

5. 明确物流营销策划目标首先应明确界定策划的问题。（　　　）

四、案例分析题

京东物流"春节也送货"

作为业内首个开展"春节也送货"服务的物流企业，2024 年是京东连续开启这项服务的第 12 年。全国超 2000 个区县市、全球多地的消费者即使是在除夕、大年初一，也可正常下单收货。针对春节期间运力资源紧张，京东物流方面已提前储备了丰富的公路、铁路与航空等运力资源，通过数智技术加持的一体化供应链物流服务，帮助商家安心运营、消费者省心过大年。为了更好地保障商家在春节期间的物流需求，京东物流方面承诺商务仓产品不涨价，全国 7 地分仓商家预计约 85% 订单可实现次日达，同时电商仓产品将为商家提供多方快递灵活切换服务。此外针对大件物流，为消除商家对大件商品理赔难的顾虑，京东物流方面将在春节期间提供 24 小时快速响应、7 天完成赔付的快捷理赔通道，以及不上楼免运费等体验承诺类服务，保障消费者权益。

根据案例材料回答问题。

（1）京东物流开展"春节也送货"服务属于物流企业策划还是物流服务策划？为什么？

（2）京东物流为什么在春节期间运力紧张的条件下仍然连续 12 年开展"春节也送货"物流服务？

五、技能训练题

针对某一物流企业设计物流营销策划的具体程序。

任务二　撰写一份物流营销策划书

 任务描述

任务 1：以项目组为单位，以某一校园快递企业为策划对象，进行环境分析、机会分析，提出营销战略或战术。

任务 2：根据所学知识，为该快递企业撰写一份校园快递营销策划书。

任务 3：每个项目组需要将收集的资料加工整理，制作成汇报课件，并推选代表做分享汇报。

 **知识链接**

✤ **知识点 1：物流营销策划书的撰写原则**

1. 实事求是

由于策划书是一份执行手册，策划书必须务实，符合企业客观条件的实际、员工操作能力的实际、环境变化和竞争格局的实际等。这就要求在设计策划书时一定要坚持实事求是的科学态度。在制订指标、选择方法、划分步骤时，从主客观条件出发，尊重员工和他人的意见，克服设计中自以为是和先入为主的主观主义倾向，用全面的、本质的、发展的观点观察和认识事物。

2. 严谨规范

严谨规范就是要求策划人在设计策划书时一定要严格按照策划书的意图和科学程序办事，策划书是策划人依据策划的内在规律，遵循操作的必然程序，严谨认真、一丝不苟、精心编制而成的。严谨规范原则还表现在一个科学合理的策划书被采纳之后，在实际操作过程中，任何人不得违背或擅自更改策划书。

3. 简单易行

简单易行就是要求人们在设计策划书时一定要做到简单明了、通俗易懂、便于推广、便于操作。任何一个方案的提出都是为了能够在现实中容易操作，并通过操作过程达到预定的目的。为此，我们在策划书各要素的安排和操作程序的编制上要依据主客观条件尽量化繁为简、化难为易，做到既简便易行，又不失其效用。

4. 灵活弹性

灵活弹性就是要求人们在设计策划书时，一定要留有回旋余地，不可定得太死。当今是高速发展的时代，策划书虽然具有科学预见性的特点，但它毕竟与现实和未来存有差距，因此，它在实施过程中难免会遇到突如其来的变化和意想不到的困难。例如，资金未到位，人员没配齐，物资不齐全，时间更改，地点转移，环境变化等。这些因素我们必须预估到，应提出应变措施，并能浸透到方案的各环节之中。一旦情况出现，便可及时对已定方案进行修改、调整。这样，既保证了原有意图在不同程度上得以实现，又避免了因策划案的夭折而造成重大损失。

5. 逻辑缜密

逻辑缜密就是要求策划书的编制要做到逻辑性强。首先是了解企业的现实状况，分析当前市场状况以及目标市场，说明策划的核心目的；其次是阐述策划内容，明确提出解决问题的对策；最后预测实施该策划方案的效果。

6. 别出心裁

别出心裁要求策划书的核心内容要有创意，要与众不同、新颖别致，表现手段也要给人以全新的感受。新颖、与众不同的创意是物流营销策划书的核心。

❖ **知识点 2：物流营销策划书的基本撰写方法**

由于策划专题的不同，物流营销策划书框架并无规定格式或固定模式。但是从营销策划活动的一般规律来看，其中有些要素是共同的。营销策划书的基本框架与要求如表 7-3 所示。

表 7-3　　　　　　　　营销策划书的基本框架与要求

序号	基本框架	要求
1	封面	设计精美
2	前言	简单明了
3	目录	一目了然
4	摘要	高度概括
5	环境分析（正文）	全面深入
6	机会分析（正文）	合理精准
7	战略及行动方案制订（正文）	对症下药
8	营销成本测算（正文）	计算准确
9	行动方案控制（正文）	操作性强
10	结语（正文）	前后呼应
11	附录	资料完整

1. 制作封面

封面是阅读者首先看到的，如果封面能起到强烈的视觉震撼效果，给人留下深刻的第一印象，那么其对策划内容的形象定位将起到辅助作用。封面的设计原则是醒目、整洁，切忌花哨，至于字体、字号、颜色则应根据视觉效果具体考虑。策划书的封面应包括策划书的名称、策划的目标客户、策划机构或策划人的名称、策划完成日期及本策划适用时间段等信息。

封面制作的要点如下。①标出策划委托方。如果是受委托的营销策划，那么在策划书封面要把委托方的名称列出来，如××企业××策划书。②取一个简明扼要的标题。题目要准确又不累赘，使人一目了然。有时为了突出策划的主题或者表现策划的目的，可以加一个副标题或小标题。③标明日期。日期一般以正式提交时间为准。因为营销策划具有时效性，不同时间段市场的状况不同，营销执行效果也不一样。④标明策划者。一般要在封面的最下方标出策划者。如果策划者是企业，则须列出企业名称。

2. 撰写前言

前言一方面是对内容的高度概括性表达，另一方面在于引起阅读者的注意和兴趣。当阅读者看过前言后，能产生急于看正文的强烈欲望，这便是一篇成功的前言。前言的文字以不超过 1 页为宜，其内容可以集中在 3 个方面。①简单交代接受营销策划委托的情况。例如，A 营销策划企业接受 B 企业的委托，承担 20××年度营销策划工作。②阐明策划的原因，即把该营销策划的重要性和必要性表达清楚，这样就能吸引阅读者进一步阅读正文。③概略介绍策划过程，简要说明策划实施后要达到的理想目标。

3. 设计目录

目录的作用是使营销策划书的结构一目了然，同时也使阅读者能方便地查询营销策划书的内容。因此，策划书中的目录不宜省略。如果营销策划书的内容篇幅不是很长，目录可以和前言同列一页。列目录时要注意的是，目录中所标的页码不能和正文的页码有出入，否则会给阅读者造成不便。因此，尽管目录位于策划书中的前列，但实际的操作往往是等策划书全部完成后，再根据策划书的内容与页码来编写的。

4. 撰写摘要

为了使阅读者对营销策划内容有一个非常清晰的概念，使其立刻对策划者的意图与观点予以理解，作为总结性的摘要是必不可少的。换句话说，客户通过摘要，可以大致理解策划内容的要点。摘要的撰写同样要求简明扼要，篇幅不能过长，可以控制在 1 页以内。摘要不是简单地把策划内容予以列举，而是要单独成一个系统，因此，遣词造句等都要仔细斟酌，高度凝练。摘要的撰写一般有两种方法，即在制作营销策划书正文前事先确定和在营销策划书正文结束后事后确定，这两种方法各有利弊。一般来说，前者可以使策划内容的正文撰写有条不紊地进行，从而能有效地防止正文撰写偏离主题或无中心化；后者简单易行，只要把策划书内容归纳提炼好就行。具体采用哪种方法，可由撰写者根据自己的情况确定。

5. 撰写正文

（1）环境分析

环境分析是营销策划的依据与基础，所有营销策划都是以环境分析为出发点的。环境分析一般应在外部环境与内部环境中抓重点，描绘出环境变化的轨迹，形成令人信服的参考资料。环境分析的撰写要点是明了性和准确性。所谓明了性，是指列举的数据和事实要有条理，使人能抓住重点。在具体做环境分析时，往往要收集大量的资料，但所收集的资料并不一定都要放到策划书的环境分析中去，因为过于庞大复杂的资料往往会削弱阅读者的阅读兴趣。如果确需列入大量资料，可以以"参考资料"的名义列在最后的附录里。因此，分析的明了性是策划者必须牢记的一个原则。所谓准确性，是指分析要符合客观实际，不能有太多的主观臆断。任何一个带有结论性的说明或观点都必须建立在客观事实基础上，这也是衡量策划者水平的标准之一。

（2）机会分析

机会分析可以与前面的环境分析看成一个整体。而实际上，在很多场合，一些营销策划书也确实是如此处理的。在这里，要从上面的环境分析中归纳出企业的机会与威胁、优势与劣势，然后找出企业存在的真正问题与潜力，为后面的方案制订打下基础。企业的机会与威胁一般通过外部环境的分析来把握；企业的优势与劣势一般通过内部环境的分析来把握。在确定了机会与威胁、优势与劣势之后，再根据对市场运动轨迹的预测，就可以大致找到企业的问题所在了。

（3）战略及行动方案制订

战略及行动方案制订是策划书中最主要的部分。在撰写这部分内容时，必须非常清楚地提出营销目标、营销战略与具体行动方案。这里可以用医生诊病的例子来说明。医生在询问病情、查看患者症状表现、把脉以及各种常规检查后（这可以看成进行环境分析和机会分析），必须给病人提出治疗方案。医生要根据病人的具体情况为其设定理想的健康目标（如同营销目标）、依据健康目标制订具体的治疗方案（如同营销战略与行动方案）。因此，"对症下药"及"因人制宜"是治疗的基本原则。所谓"因人制宜"，是指要根据病人的健康状况及承受能力下药，药下得太猛，病人承受不了，则适得其反。在制订营销战略及行动方案时，同样要遵循上述两个基本原则。常言道"欲速则不达"，在这里特别要注意的是避免人为提高营销目标以及制订脱离实际难以施行的行动方案。可操作性是衡量此部分内容的主要标准。在制订营销方案的同时，还必须制订出一个时间表作为补充，以使行动方案更具可操作性。此举还可提高策划的可信度。

（4）营销成本测算

营销成本的测算不能马虎，要有根据。像广告宣传的费用等最好列出具体价目表，以示准确。如价目表过细，可作为附录列在最后。在列成本时，要区分不同的项目费用，既不能太粗，又不能太细。用列表的方法标出营销费用也是经常采用的，其优点是醒目。

（5）行动方案控制

行动方案控制的内容不用写得太详细，只要写清楚针对方案实施过程的管理方法与措施即可。另外，由谁实施也要在这里提出。总之，对行动方案控制的设计要有利于决策的组织与施行。

（6）结语

结语主要起到与前言呼应的作用，使策划书有一个圆满的结束，而不致使人感到太突然。结语中再重复一下主要观点并突出要点是常见的。

6. 编制附录

附录的作用在于提供策划客观性的证明。因此，凡是有助于阅读者对策划内容的理解、信任的资料都可以考虑列入附录。但是，为了突出重点，可列可不列的资料以不列为宜。作为附录的另一种形式是提供原始资料，如消费者问卷的样本、座谈会原始照片等。附录也要标明顺序，以便查找。

❖ 知识点 3：撰写物流营销策划书的注意要点

物流营销策划书和一般的报告文章有所不同，它对可信性、可操作性和说服力的要求特别高。因此，要运用撰写技巧提高可信性、可操作性和说服力，这也是策划书撰写追求的目标。

1. 寻找理论依据支持观点

欲提高策划内容的可信性，并使客户接受，就要为策划者的观点寻找理论依据。理论依据要与观点直接相关，纯粹的理论堆砌不仅不能提高可信性，反而会给人脱离实际的感觉。

2. 适当举例增强说服力

这里的举例是指通过正反两方面的例子来证明自己的观点。在策划报告书中适当地加入成功与失败的例子，有助于增强说服力。这里要指出的是，应以多举成功的例子为宜，选择一些国内外先进的经验与做法以印证自己的观点。

3. 利用数据说明问题

策划书是一份指导企业实践的文件，其可靠程度如何是决策者首先要考虑的。报告书的内容不能留下查无凭据之嫌，任何一个论点均要有依据，而数字就是最好的依据。可以利用绝对数和相对数来进行比照论证。数据需有出处，以证明其可靠性。

4. 运用图表帮助理解

运用图表有助于阅读者理解策划的内容，同时，图表还能提高页面的美观性。图表的主要优点在于其有强烈的直观效果，有利于比较分析、概括归纳、辅助说明等。图表还可以增强策划书的可读性，避免单纯文字的呆板问题。

5. 合理安排版面，美化策划书

策划书的视觉效果在一定程度上影响策划效果的呈现。版面安排包括字体、字号、行距以及插图和颜色等。良好的版面可以使策划书重点突出，层次分明。策划者可以先设计几种版面，通过比较分析，确定一种效果最好的设计，然后再正式打印。

6. 注意细节，避免差错

细节往往会被人忽视，但是对于策划书来说却是十分重要的。可以想象，如果一份物流营销策划书中错字、漏字频繁出现，客户怎么可能对策划者抱有好的印象呢？因此，对打印好的策划书要反复仔细地检查，特别是对企业的名称、专业术语、数据图表等更应仔细检查。另外，纸张的质地、打印的质量等都会对物流营销策划书本身产生影响。

任务执行

步骤1：对某一校园快递企业进行环境分析、机会分析，提出营销战略或战术

请以项目组为单位，结合所在学校实际情况，选取一家校园快递企业，设计营销策划思路，填写企业营销环境分析表，可参考表7-4。

表7-4　　　　　　　　　　　企业营销环境分析表

序号	步骤	内容
1	选取企业	
2	环境分析	
3	机会分析	
4	营销战略或战术	

步骤2：为该快递企业撰写一份校园快递营销策划书

请以项目组为单位，做好成员分工，根据所学知识撰写一份校园快递营销策划书。

步骤3：各项目组制作汇报课件，并推选代表上台分享

 任务评价

完成上述任务后，教师组织三方进行评价，并对学生的任务执行情况进行点评。完成表7-5的填写。

表7-5　　　　　　　　　　　　　考核评价表

班级		团队名称			学生姓名	
团队成员						
考核项目		分值 （分）	要求	学生自评 （30%）	团队互评 （30%）	教师评定 （40%）
知识能力	营销策划思路	20	清晰正确			
	营销策划书格式	10	排版规整、 设计精美			
	营销策划书内容	40	观点明确、 结构合理、 语言流畅			
职业素养	文明礼仪	10	举止端庄、 使用文明用语			
	团队协作	10	相互协作、 互帮互助			
	工作态度	10	严谨认真			
成绩评定		100				

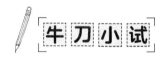

牛刀小试

一、单项选择题

1. 对物流营销策划书摘要的基本要求是（　　）。

A. 设计精美　　　　B. 高度概括　　　　C. 操作性强　　　　D. 合理精准

2. 对物流营销策划书环境分析部分的基本要求是（　　）。

A. 前后呼应　　　　B. 对症下药　　　　C. 操作性强　　　　D. 全面深入

3. 对物流营销策划书营销成本部分的基本要求是（　　）

A. 计算准确　　　　B. 简单明了　　　　C. 追求细致　　　　D. 一目了然

二、多项选择题

1. 制作封面时需要标明（　　）。

A. 日期　　　　　　B. 服务内容　　　　C. 策划者　　　　　D. 策划委托方

2. 物流营销策划书的正文包括（　　）。

A. 前言　　　　　　B. 附录　　　　　　C. 机会分析　　　　D. 行动方案控制

3. 撰写物流营销策划书的注意要点有（　　　　）。

A. 适当举例增强说服力　　　　　　B. 运用图表帮助理解

C. 利用数据说明问题　　　　　　　D. 合理安排版面，美化策划书

三、判断题

1. 新颖、与众不同的创意是物流营销策划书的核心。（　　　）

2. 物流营销策划书的营销成本部分后是战略战术方案及行动方案。（　　　）

3. 物流营销策划书结语部分无须再重复主要观点。（　　　）

四、案例分析题

闪送签约×××，巩固即时物流领先优势

2019 年 7 月，闪送正式宣布签约×××作为品牌代言人。为何会选择×××作为代言人？一方面是×××的影响力，×××的很多粉丝都是跟着他一路成长起来的，也具备相当的收入水准和消费能力，很多都是闪送的客户。邀请×××作为代言人，会拉近闪送和客户之间的距离，促进闪送订单的增长。另一方面是×××的气质与闪送的服务品质非常吻合。在同城速递市场，闪送比较差异化和个性化，×××业内的口碑也非常好，与闪送的定位也很契合。

"我们在签约×××的时候困难也很多，为什么能签下来？因为我们的行业定位与平台创新，得到了他们认可，最打动他的一点还是闪送'用善良递送'的企业文化，就是闪送的善良价值观。"闪送副总裁这样说。闪送的每个订单都是在帮助人，这一点深深感动了×××和他的团队。

根据案例材料回答问题。

（1）闪送为何策划签约×××为品牌代言人？

（2）签约×××为品牌代言人前，编制该项目的物流营销策划书应重点关注哪些问题？

五、技能训练题

请选择一个物流营销策划案例，对该案例进行分析和评价，并说明对你的启示。

参考文献

［1］李克芳，聂元昆．服务营销学［M］．北京：机械工业出版社，2020.

［2］石小平．任翔．物流市场营销［M］．重庆：重庆大学出版社，2019.

［3］史思乡，陈俊杰．物流营销管理［M］．成都：西南交通大学出版社，2016.

［4］张淑君．服务管理［M］.3版．北京：中国市场出版社，2021.

［5］牛艳莉，勾昱．物流营销学［M］．北京：中央广播电视大学出版社，2015.

［6］北京中物联物流采购培训中心．物流管理职业技能等级认证教材（中级）［M］.2版．南京：江苏凤凰教育出版社，2021.

［7］郭伟业，庞英智．物流服务营销［M］．北京：北京师范大学出版社，2017.

［8］何娟，冯耕中．物流金融理论与实务［M］．北京：清华大学出版社，2014.

［9］董千里．物流市场营销学［M］.5版．北京：电子工业出版社，2023.

［10］叶靖，毛锦华，梁露．物流市场营销［M］．北京：中国水利水电出版社，2023.

［11］唐铮．物流营销实务［M］．上海：上海交通大学出版社，2020.

［12］旷健玲，张小桃，李炫林．物流市场营销［M］.2版．北京：电子工业出版社，2020.

［13］胡善珍．现代推销——理论、实务、案例、实训［M］.3版．北京：高等教育出版社，2020.

［14］田春来．推销技术［M］．北京：北京理工大学出版社，2020.

［15］杨俐．物流客户服务与营销［M］．北京：中国财富出版社有限公司，2020.

［16］顾明．客户关系管理应用［M］．北京：机械工业出版社，2011.

［17］郭元．现代市场营销学［M］．北京：北京理工大学出版社，2021.

［18］巫国义，谭蓓．市场营销策划［M］.2版．重庆：重庆大学出版社，2020.

［19］高凤荣．市场营销基础与实务［M］.3版．北京：机械工业出版社，2021.

［20］张延斌．企业营销策划［M］．天津：南开大学出版社，2016.

［21］李芏巍．物流策划［M］．北京：中国物资出版社，2010.

牛刀小试参考答案